Der Norwegerstern ist das weltweit bekannteste Muster auf Winterpullovern. Aber wie ist er entstanden? 1857 wurde er erfunden, und zwar von einer jungen Norwegerin, die beim Ziegenhüten Handschuhe mit zwei verschiedenfarbigen Fäden zu stricken versuchte. Als sie ihre Handschuhe beim Kirchgang trug, fielen sie auf, und bald war der achtzackige Stern ein Markenzeichen für die ganze Region. Im kalten Norwegen trägt er einen poetischen Namen: Achtblattrose.

In vielen solcher Geschichten erzählt Ebba D. Drolshagen vom Stricken: wie und wo es entstand, wie es sich über die Jahrhunderte verändert hat, wer strickte und was gestrickt wurde. Sie erzählt von Broterwerb, Zeitvertreib und Guerillastricken, vom Färben und Spinnen, von alten und neuen Techniken, von Strickcafés, Strickgruppen und natürlich auch davon, wie das Internet das Leben der Strickerinnen verändert hat. Sie weiß, wie der Shetland-Pullover wirklich entstand, und auch, dass Stricken nicht nur Schals und Mützen, sondern auch die unterschiedlichsten Gefühle produzieren kann.

Die erste Kulturgeschichte des Strickens: lehrreich, unterhaltsam, anekdotenreich.

Ebba D. Drolshagen, Übersetzerin und Autorin, publizierte zuletzt den Bestseller *Gebrauchsanweisung für Norwegen* (2014) und *Wie man sich allein auf See einen Zahn zieht* (2015). Das Stricken hat sie als Kind von ihrer Mutter gelernt, sie strickt jeden Tag und hat eine besondere Liebe für Achtblattrosen.

Martina Behm ist eine international erfolgreiche Strickdesignerin, die bei ihren Entwürfen darauf achtet, dass sie einfach zu stricken sind.

EBBA D. DROLSHAGEN

# ZWEI RECHTS, ZWEI LINKS

## GESCHICHTEN VOM STRICKEN

MIT EINEM VORWORT
VON MARTINA BEHM

SUHRKAMP

FÜR GUNVOR UND CARLA

4. Auflage 2023

Erste Auflage 2017
suhrkamp taschenbuch 4814
Originalausgabe
© Suhrkamp Verlag Berlin 2017
© Vorwort bei Martina Behm
Alle Rechte vorbehalten, insbesondere das der Übersetzung,
des öffentlichen Vortrags sowie der Übertragung durch
Rundfunk und Fernsehen, auch einzelner Teile.
Kein Teil des Werkes darf in irgendeiner Form
(durch Fotografie, Mikrofilm oder andere Verfahren)
ohne schriftliche Genehmigung des Verlages
verarbeitet, vervielfältigt oder verbreitet werden.
Umschlaggestaltung:ErlerSkibbeTönsmann/Inga Albers
Satz: Satz-Offizin Hümmer GmbH, Waldbüttelbrunn
Druck: Druckerei Neografia a. s., www.neografia.sk
Printed in Slovakia
ISBN 978-3-518-46814-2

www.suhrkamp.de

Hochgelobt sey der Mann oder das Weib, der oder das die Kunst zu Stricken erfand! Sein Andenken verdient gewiß in allen cultivierten Ländern eine Ehrensäule ... Seine fünf Stricknadeln wurden Wohltäter der Menschheit! Nährer der Armen und Grundstein der nützlichen Industrie so mancher Stadt, so manchen Landes!

*Journal des Luxus und der Moden, 1800*

geschoren
gewaschen
getrocknet
gefärbt
getrocknet
gewogen
gekämmt
gesponnen
gespult
gehaspelt
gewickelt und
geschickt verstrickt.
fertig!

*Heike Gauch*

# INHALT

Vorwort von Martina Behm  9

*Links ist rechts – nur umgekehrt*
Die Maschen  13

*Aus den Tiefen der Geschichte*
Die Anfänge  25

*Zwei Nadeln und ein Faden*
Das Material  43

*In der Wolle gefärbt*
Die Farben  57

*Dafür muss eine alte Frau
lange stricken*
Das Armutsstricken  67

*Blinde Passagiere und
willkommene Fremde*
Die Musterwanderung  81

*Sie sollte mit Verstand stricken*
Das Salonstricken  105

*Stricken ist nicht alles*
Die Passform  125

*Mehr Stopfstelle als Strick*
Die Wertschätzung  135

*Für Geld und ohne*
Das Hobby und die Heimarbeit   143

*Elizabeth Zimmermann und
andere Geniale*
Die Designerinnen   165

*Wolle zu Geld spinnen*
Die Kreativen   177

*Wenn da ein Fräulein gesessen hätte*
Die Männer   189

*Ich stricke, damit ich keinen umbringe*
Die Gesundheit   199

*Es wird wieder mehr gestrickt
und gehäkelt*
Die Strickwellen   209

*Der globale Bauernmarkt*
Die Wundertüte Ravelry   223


Eine Nachbemerkung   235
Einige Namen   237
Einige Buchtitel   241
Abbildungstexte   245
Bildnachweise   251

# VORWORT

Ein langer, langer Faden, zwei spitze Nadeln und eine Idee. Mehr brauche ich nicht, um ein Kleidungsstück zu erschaffen oder eine nützliche, wärmende Mütze herzustellen, mit meinen eigenen Händen. Es macht keinen Lärm, es ist manchmal angenehm repetitiv, manchmal komplex und herausfordernd, und ich kann mir aussuchen, nach welchem Schwierigkeitsgrad mir gerade der Sinn steht. Ein einfaches Tuch nur aus rechten Maschen, wenn der Tag anstrengend war und ich Entspannung suche. Eine drei Seiten lange Strickschrift mit Symbolen, die mir noch völlig unbekannt sind, wenn ich gerade Lust habe, etwas Neues zu lernen. Stricken ist komplett logisch, mathematisch nachvollziehbar und kontrollierbar, und allein schon deshalb hilft es, so manches Chaos im Kopf zu beseitigen. Strickanleitungen funktionieren so ähnlich wie Computerprogramme, bei denen statt bunter Pixel auf dem Bildschirm Socken, Pullover oder hauchzarte Spitzentücher entstehen. Der Prozessor bin ich, die Hardware ist ein weiches, freundliches Naturprodukt und komplett absturzsicher. Das fasziniert mich immer wieder aufs Neue.

Wer strickt, muss gar nicht besonders geduldig sein. Ganz im Gegenteil – Stricken hilft mir, mit meiner Ungeduld zurechtzukommen. Statt im Wartezimmer oder am Flughafen einfach nur auszuharren, kann ich etwas Sinnvolles, Produktives tun. Geduld bräuchte ich, wenn ich mein Strickzeug zuhause vergessen hätte und mich nun mit einem Promi-Klatschblatt langweilen oder mit meinem Smartphone beschäftigen müsste.

Und man stelle sich nur mal vor, wie sich die Welt verändern würde, wenn die Menschen die Zeit, die sie mit Videospielen manchmal zweifelhaften Inhalts oder mit virtuellem Geschwätz verbringen, fürs Stricken nutzten. Ich bin überzeugt, dass manches besser würde, denn die Beschäftigung mit Nadel und Garn lässt uns einsichtiger, klüger und zuversichtlicher werden.

Wer strickt, macht die Erfahrung, dass Kleidung einen Wert hat, dass jede Socke, jeder Schal und jedes T-Shirt menschliche Arbeit, Rohstoffe und viel Zeit kostet. Die Menschen würden das, was sie da tagtäglich am Körper tragen, mehr zu schätzen wissen. Und vielleicht weniger Kleidung kaufen, die unter menschenunwürdigen Bedingungen hergestellt und hier bei uns zu Spottpreisen verramscht wird. Etwas Handgestricktes, Handgemachtes ist unendlich wertvoll, denn es hat die Strickerin nicht nur Geld für Garn und Nadeln, sondern auch Liebe und Lebenszeit gekostet.

Stricken schafft Erfolgserlebnisse, die beflügeln können. Ich erinnere mich an meine ersten kleinen Werke: den Puppenschal. Die Mütze. Die erste Socke, die gepasst hat. Erschaffen mit meinen eigenen Händen. Nützlich, schön und warm. Wer in so kleinem Maßstab erfährt, dass er etwas lernen, erschaffen und bewirken kann, fühlt sich gut – und ist wahrscheinlich motiviert, auch andere Dinge konstruktiv anzupacken.

Wer strickt, lernt, komplexe und bisweilen fremdsprachige Anweisungen zu verstehen und umzusetzen, routiniert mit Zahlen und Maßen umzugehen, er erfährt etwas über seltene Schafsrassen, Spinn- und Färbemethoden. Wer strickt, muss sich bisweilen unvorhergesehenen Problemen stellen und sie lösen (hier ist dann tatsächlich manchmal Geduld und Ausdauer gefragt), statt gleich frustriert aufzugeben. Wer strickt, lernt auch, sich im richtigen Moment Hilfe zu holen; er lernt, zuzugeben, dass er nicht alles kann und weiß, und er lernt auch, Fehler einzugestehen und die Konsequenzen zu tragen – denn manchmal hilft alles nichts, und man muss das bisher Gestrickte wieder ribbeln. Alles Fähigkeiten, die auch in anderen Zusammenhängen sehr nützlich sind.

Und, vielleicht am wichtigsten: Wer strickt, hat genug wärmende Kleidungsstücke im Schrank und kann auch Freunde und Familie mit handgestrickten Pullis und Mützen ausstatten. Wer strickt, erfährt Wärme, Freude und Dankbarkeit, die jedem Menschen guttun.

Wer nun eintauchen möchte in die Welt des Strickens, dem

empfehle ich dieses Buch: Ebba D. Drolshagen schlägt hier auf vergnügliche Weise einen Bogen von Elizabeth I., die ihren Untertanen tatsächlich vorschrieb, an Sonntagen handgestrickte Wollmützen zu tragen, bis hin zu einer Internet-Datenbank für Strickerinnen, deren Aufbau unter Programmierern, die sonst mit Stricken gar nichts am Hut haben, als vorbildlich gilt. *Zwei rechts, zwei links* zeigt deutlich, was ich schon immer vermutet habe: Stricken schafft ungewöhnliche Verbindungen, setzt kreative Kräfte frei und macht auf diese Weise die Welt ein kleines bisschen besser. Viel Spaß beim Lesen – und natürlich beim Stricken!

Martina Behm

## LINKS IST RECHTS – NUR UMGEKEHRT
## DIE MASCHEN

Sie kennen das: Sie sitzen beispielsweise strickend im Zug und Ihr Gegenüber sagt plötzlich, »Also, das ist so kompliziert, ich könnte das nie! Nie!« Vermutlich fühlen Sie sich im ersten Moment ein bisschen geschmeichelt und sagen: »So ein Unsinn, Stricken ist total einfach. Eine rechte Masche und eine linke Masche, das lernt man doch in fünf Minuten.« Nun ja, vielleicht nicht in fünf Minuten, der Anfang kann durchaus etwas holprig sein. Ob man Schreiben oder Skilaufen lernt, den ersten Apfelstrudel backt oder die erste Seminararbeit verfasst: Man muss üben, üben, üben und man braucht Geduld.

Wenn mir das passiert, führe ich meinem Gegenüber in Zeitlupe eine rechte Masche vor – mit der rechten Nadel von vorne in die erste Masche der linken Nadel einstechen, den Faden, der hinter der Arbeit liegt, durch die Masche hindurch zu sich hin ziehen. Dann lasse ich diese Masche auf die rechte Nadel gleiten, noch einmal vorne rein und durch, vorne rein und durch ... Irgendwann mache ich auch eine linke Masche, befördere dafür mit einer winzigen Bewegung der rechten Nadel den Faden vor die Arbeit, ziehe ihn mit der rechten Nadel nach hinten und lasse die Masche auf die rechte Nadel gleiten. (Sollte diese Beschreibung Sie irritieren, weil Sie die linke, womöglich sogar die rechte Masche anders stricken als ich – dazu später mehr.) Die linke Masche führe ich rasch und eher beiläufig vor, was ich damit begründe, dass die zunächst nicht wichtig sei, da man mit der Vorne-rein-und-durch-Masche ziemlich weit kommt. (Der wahre Grund ist natürlich, dass linke Maschen etwas mehr Fingerfertigkeit und Vertrautheit mit Nadeln und Faden erfordern.)

Wer jetzt noch lernt, Maschen anzuschlagen und abzuketten, kann ein Rechteck stricken, und das kann alles Mögliche werden:

Wärmender Schal oder alltagstaugliche Decke, faltet man das Rechteck auf die Hälfte und näht zwei Seiten zusammen, kann man etwas hineinstecken – Kaffeekanne, Füße, oder auch einen Kopf. So schlicht entstanden beispielsweise die pinkfarbenen Pussyhats, die (nicht nur) Amerikanerinnen im Januar 2017 bei Demonstrationen trugen. Zwei große Vierecke ergeben, an den richtigen Stellen zusammengenäht, eine Weste, mit zwei weiteren Vierecken, lang und schmal, bekommt die Weste Ärmel und wird zum Pullover. Voilà! Schal, Mütze, Pullover und Decke sind ein ordentlicher Schutz gegen Kälte. Sollte das nicht ausreichen, können auf die gleiche Weise noch Rock, Jacke, Mantel, ja sogar eine Hose entstehen.

Das wärmt und verhüllt, doch die konsequente Rechteckigkeit macht keine besonders schöne Silhouette – ehrlich gesagt ist diese Garderobe ein wenig plump. Man sollte vielleicht schon beim Stricken berücksichtigen, dass der menschliche Körper, anders als Mehlsack und Brottüte, kaum rechte Winkel, dafür diese und jene Biegung und Rundung hat. Es handelt sich hier nicht um übertriebene Eitelkeit – selbst die Tracht einer Nonne hat Abnäher.

Biegungen und Rundungen sind beim Stricken zum Glück kein Problem. Sobald man weiß, wie man die Maschenzahl verringert und vergrößert (was sich in einer Minute lernen lässt), können Kleidungsstücke entstehen, die Schultern, Ellbogen, Taille, Hüfte und Bauch berücksichtigen. Schon schmiegt sich auch die Mütze, anders als besagte Brottüte, um Kopf und Ohren und rutscht nicht mehr über die Augen.

Die ersten selbstgestrickten Socken liegen in diesem Stadium noch in einiger Entfernung, was kein Wunder ist, denn Sockenstricken ist der Kunstflug des Strickens, wie Katja Petrowskaja in ihrem Roman *Vielleicht Esther* bewundernd schreibt. Aber ein hübsches Oberteil ist in Reichweite.

Nur mit rechten Maschen bekommt man also schon recht viel, und rechts Gestricktes – also ›kraus rechts‹ – sieht auch hübsch aus; die Gleichmäßigkeit der horizontalen Rippen und die graphische Knubbeligkeit können sogar elegant wirken. Das schien mir lange unbestreitbar, aber ich musste mich von einer Mannheimer Freundin eines Besseren belehren lassen. Sie nennt kraus rechts *wäschlumberechts*, also *waschlappenrechts*, was nicht sehr elegant klingt, außerdem zischt sie das Wort fast, weil es sie an die verhassten Handarbeitsstunden erinnert. Die liegen über ein halbes Jahrhundert zurück, doch ihren ersten *Wäschlumbe* hat sie noch. Er zeugt von rührendem Bemühen.

Der Beweis, dass es ganz ohne linke Maschen geht, ist, dass sie (angeblich) erst recht spät erfunden – oder soll man sagen: entdeckt? – wurden. (Ich habe auch schon die Behauptung gehört, es gebe nicht zwei Maschenarten, sondern nur eine, weil die linke Masche die Rückseite der rechten Masche sei. Das lasse ich jetzt einmal auf sich beruhen.)

Sehr viele Strickerinnen mögen linke Maschen nicht. Sie finden sie umständlicher und zeitraubender als rechte Maschen und tun nahezu alles, um sie zu vermeiden. Das ›Problem‹ mit linken Maschen ist, dass dafür der Arbeitsfaden *vor* der Arbeit sein muss, die meisten Strickerinnen ihn aber *hinter* der Arbeit halten. Der Faden muss also Masche für Masche nach vorne geholt werden, was nicht nötig wäre, wenn er da wäre, wo er gebraucht wird: vorn. Tatsächlich gibt es eine altbewährte Technik, bei der das genau so ist, dafür müssen wir nur ein klein wenig über unseren mitteleuropäischen Tellerrand schauen. Vermutlich wissen Sie, dass Frauen in der Türkei, in Ägypten, Bulgarien, Portugal oder auch Peru den Arbeitsfaden um den Hals führen. Wenn Sie sich das vorstellen oder gleich einmal ausprobieren, sehen Sie, dass er dann zwischen Strickstück und Strickerin, also *vor* der Arbeit liegt. Ich habe eine deutsche Freundin, die sich den Faden um den Hals legt, wenn sie viel links stricken muss. Aber Sie ahnen es: Bei dieser Technik sind die rechten Maschen ›aufwendiger‹. In den USA stricken manche rechte Maschen mit dem Faden hinter, linke Maschen mit dem Faden vor der Arbeit, bei dieser Technik wird der Faden Masche für Masche mit der rechten Hand um die Nadel manövriert.

Werden die Hinreihen rechts und die Rückreihen links gestrickt, ergibt sich das klassische Maschenbild *glatt rechts*, das auf einer Seite – der *Vorderseite* – eine vertikale Struktur hat, die wie kleine, ineinandergestapelte Vs aussieht. Glatt rechts ist (bei gleichem Garn) dünner und weicher als kraus rechts, dem es auf der Rückseite ähnelt, auch wenn die Rippen feiner sind.

*Glatt rechts* geht indes auch ohne linke Maschen, wenn man die angeschlagenen Maschen zum Rund schließt und dann im Kreis strickt – immer rechts. Das geht schneller als ›flach‹, also hin- und zurückstricken, und wird oft regelmäßiger. Viele Strickerinnen stricken nämlich rechte und linke Maschen mit einer minimal anderen Fadenspannung, was zu den berühmt-berüchtigten Rillen führt.

Lassen Sie mich rasch ein Wort des Trostes für die einfügen, die unter dem ›Rillen-Look‹ ihres Gestricks leiden: Grämen Sie sich nicht! Die geniale Strickerin Elizabeth Zimmermann, von der noch oft die Rede sein wird, sagte, ein handgestrickter Pullover solle ja keinen maschinengestrickten aus dem Laden imitieren. Außerdem wirkten Spannen, Dämpfen und ein paar Wäschen reine Wunder: »Ich dachte lange, dass früher, in der guten alten Zeit, alle phantastisch ebenmäßig stricken konnten, denn wirklich alte Pullover sind völlig glatt und gleichmäßig. Jetzt weiß ich, dass sie damals vermutlich genau so strickten wie ich, also ziemlich unregelmäßig, und dass für die Unterschiede der große Gleichmacher Zeit verantwortlich ist – Zeit und viele Wäschen.«

Rundstricken produziert einen Schlauch, der, je nach Größe, Socke, Mütze, Handschuh, sogar ein Pullover werden kann – Letzteres allerdings nur, wenn man nach Abschluss der Arbeit Armlöcher hineinschneidet. Diesem erschreckenden Aspekt widmen wir uns an anderer Stelle.

Die gerade erwähnte, 1910 in England geborene Amerikanerin Elizabeth Zimmermann war eine glühende Strickerin und eine Frau mit dezidierten Ansichten: Sie verstrickte ausschließlich Wolle, und da sie linke Maschen hasste, konstruierte sie ziemlich raffinierte Strickstücke, die nur aus rechten Maschen bestehen.

Linke Maschen sind also keineswegs *unverzichtbar*, doch zu ihrer Verteidigung möchte ich anführen, dass sie die Spielwiese, die das Stricken für uns ist, erheblich vergrößern; viele Raffinessen entstehen erst im Nebeneinander und Zusammenspiel *beider* Maschenarten. Stephanie Pearl-McPhee nennt rechte und linke Maschen »das Yin und Yang des Strickens«. Für mich ist die linke Masche wie die Farbe beim Fotografieren: Schwarz-Weiß-Bilder sind eine eigene, ausdrucksstarke Kunstform, Farbe eröffnet andere Räume, andere Möglichkeiten, eine andere Art des Ausdrucks.

Es fasziniert mich, dass mit minimalsten Veränderungen etwas völlig anderes entsteht. Das einfachste Rechts-links-Muster ist der Wechsel von einer rechten und einer linken Masche. Bei gerader Maschenzahl entsteht so das schlichte Pullover-Bündchen. Bei einer ungeraden Maschenzahl aber wird daraus das Perlmuster, das nicht einmal eine entfernte Ähnlichkeit mit dem Bündchen hat. Allein die immer neue Anordnung rechter und linker Maschen schafft zahllose interessante Strukturen, die sich mit dem Lichteinfall verändern. Rechts-links-Muster sind auf elegante Weise schlicht, sie haben keine eindeutige Vorder- und Rückseite und sind daher rundum hübsch. Zudem haben sie so schöne Namen wie Waffelmuster, Flechtmuster, Granitmuster, Mosaikmuster, Rautenmuster, Kachelmuster, Weizenmuster, Cloquémuster, Rhombenmuster oder Streupiqué – zehn beliebig herausgegriffene Muster von dreihundert, die ein neueres Buch versammelt.

Die Sequenzen werden ständig wiederholt, das kann man sich leicht merken, doch es wird nicht langweilig, weil man zählen muss. Dieses Quäntchen Konzentration und Aufmerksamkeit ist wichtig, es vergrößert das Vergnügen. Welche erfahrene Strickerin verstünde nicht Stephanie Pearl-McPhees Satz, an einem schwarzen Schal stricke man länger als an einem interessanten Pullover.

Ein ganz und gar schmuckloser Pullover kann allerdings auch zäh werden. Ist der Empfänger obendrein ein geräumiger Kerl, reden wir hier von einem Liebesbeweis, den der Empfänger hoffentlich zu schätzen weiß. Er möge sich diesen jungen Mann aus Goethes Roman *Wahlverwandtschaften* zum Vorbild nehmen, der widerstrebend einen Ort verlässt, an dem er sich sehr wohl gefühlt hat:

> Zu großer Erheiterung dieser halb traurigen Gefühle machten ihm die Damen beim Abschiede noch ein Geschenk mit einer Weste, an der er sie beide lange Zeit hatte stricken sehen, mit einem stillen Neid über den unbekannten Glücklichen, dem sie dereinst werden könnte. Eine solche Gabe ist die angenehmste, die ein liebender, verehrender Mann erhalten mag; denn wenn er dabei des unermüdeten Spiels der schönen Finger gedenkt, so kann er nicht umhin, sich zu schmeicheln, das Herz werde bei einer so anhaltenden Arbeit doch auch nicht ganz ohne Teilnahme geblieben sein.

Nebenbei bemerkt, haben die meisten Männer in unserer Strickwelt sehr genaue Vorstellungen, was für sie tragbar (will sagen: *männlich*) ist – auch wenn sie das selten in strickmustertaugliche Worte fassen können. Wenn wir sie fragen, »Was für einen Pullover willst du denn, und welche Farbe soll er haben?«, wissen wir, dass Worte wie Birkengrün oder Dottergelb in der Antwort nicht vorkommen werden. Und aussehen? Was heißt ›aussehen‹? Ein Pullover eben. Also glatt rechts in Dunkelblau, Dunkelgrau oder Schwarz. Das in Größe 54 herzustellen, ist so langweilig, dass eine Strickerin, die es dennoch tut, tatsächlich den Goldenen Liebesorden am Bande verdient hat. Vielleicht ließe sich ein dezentes, rechts-links gestricktes Guernsey-Muster oder ein Zopf einschmuggeln (oder gar zwei?). Irische Kunstwerke, die nur aus Zöpfen und Rauten bestehen, bleiben modemutigen und modebewussten Männern vorbehalten.

Nach diesem kleinen Ausflug zu den geschlechtsspezifischen und zwischenmenschlichen Aspekten des Strickens zurück zu rechten und linken Maschen. Ihre Verbindung ermöglicht zahllose Zopf-,

Flecht- und Lochmuster, die auch kombiniert werden können. Alte deutsche Handarbeitsbücher nennen Muster mit (beabsichtigten) Löchern »offene Arbeit« oder auch Durchbruchmuster, die in Spitzen- oder Kunststrickerei einerseits und Ajourmuster andererseits unterteilt werden. In der einen Technik entstehen hauchdünne Stolen, Tischdecken, feine Bordüren usw., Ajourmuster sind Zierlöcher, wie man sie beispielsweise in einen Pullover einstrickt. Die Begriffe werden kaum noch gebraucht, denn auch in der Strickwelt setzen sich englische Bezeichnungen durch, nun werden alle Lochmuster unterschiedslos als ›Lace‹ bezeichnet.

Ajour kann in Hin- und Rückreihen rechts gestrickt werden, das wird ein bisschen knubbelig, kann aber ein Stilelement sein. Für die spinnwebgleiche Leichtigkeit und Brillanz einer zarten Strickspitze hingegen braucht es meist die links gestrickten Rückreihen.

Sie haben es vermutlich schon gemerkt: Ich mag linke Maschen, stricke sie sogar gern. Ob das daran liegt, dass ich sie anders stricke als die meisten Deutschen? Meine norwegische Mutter hat mir das Stricken beigebracht und in Norwegen gehen linke Maschen anders als in Deutschland. Ich halte den Faden in der linken Hand, strecke den Zeigefinger aber nicht in die Luft, er liegt parallel zur linken Nadel und dicht dahinter. Der Faden hat nur wenige Millimeter Abstand zur Arbeit und bleibt beim Rechts- wie beim Linksstricken dort. Für eine linke Masche bewege ich nicht das Garn, sondern die Nadel: Ich manövriere es mit der rechten Nadelspitze an der linken vorbei nach vorn und durch die Masche. Falls Sie sich das nicht vorstellen können (was ich sehr gut verstünde), können Sie sich das *norwegian purl* bei YouTube anschauen. Sollten Sie sich dann kopfschüttelnd fragen, wieso jemand etwas so Futzeliges machen mag, würde ich auch das verstehen. Genau das frage ich mich, wenn ich sehe, wie meine deutschen Freundinnen mit dem Garn hin und her wedeln (was ich im Grunde auch tue, irgendwie muss das Garn ja vor die Nadel, aber bei mir fällt es weniger auf). Und zusammen schütteln wir den Kopf darüber, wie die

Engländerinnen und Amerikanerinnen den Faden in der rechten Hand halten und ›werfen‹. Geht es noch umständlicher?

Durchaus möglich, denn es gibt erstaunlich viele Arten, linke und rechte Maschen zu stricken, wobei die meisten Strickerinnen auf die schwören, die sie als Erste gelernt haben und am besten beherrschen. Nur wenige unterziehen sich der Mühe des Umlernens, daher bewundere ich eine Amerikanerin, die schrieb, sie stricke erst gern, seit sie die schnelle europäische Methode gelernt hat, bei der das Garn in der linken Hand gehalten und die Arme weniger bewegt werden.

Eine Freundin, die ›englisch‹ (und ganz fantastisch) strickt, findet sich bei solchen wertenden Beschreibungen »eher in der Abteilung Vorurteile wieder. Ich glaube nicht, dass ich langsamer stricke als die, die den Faden links führen. Beim englischen Stricken gibt es zwei Arten: Die einen halten die Nadel relativ weit hinten und führen den Faden mit der rechten Hand umständlich um die Nadel herum, wobei die Hand die Nadel loslässt. Die anderen Stickerinnen greifen die Nadeln recht weit vorne, behalten Daumen, Mittel-, Ring- und kleinen Finger an der Nadel und schnicken den Faden nur mit dem Zeigefinger um die Nadel. So kenne ich das auch von den Shetlands, wo man ja Strickgürtel benutzt.« Schließen wir uns der klugen Elizabeth Zimmermann an: »Es gibt keine richtige Art zu stricken, es gibt keine falsche Art zu stricken.«

Aber es gibt durchaus eine Art, Tempo in die Sache zu bringen, und zwar mit dem gerade erwähnten Strickgürtel. Das ist ein gepolsterter, um die Taille getragener Ledergürtel, der auf der rechten Seite ein (beispielsweise mit Pferdehaar) gestopftes Kissen hat. In dem Kissen sind verschieden große Löcher, in die man die rechte Stricknadel steckt. Wenn sie im Gürtel arretiert ist, steht sie vom Körper ab und bewegt sich beim Stricken nicht. Die rechte Hand hält Nadel und Faden, der mit dem rechten Zeigefinger in ›Strickposition‹ geschnickt wird. Es ist bekannt, dass früher Berufsstricker den Gürtel benutzten, die unbewegliche Nadel beschleunigt das Stricken enorm, außerdem hat man rasch eine Hand frei.

Der Strickgürtel wird heute vor allem mit den Shetlandinseln in Verbindung gebracht, wo er auch noch benutzt wird. Es dürfte kein Zufall sein, dass der Guinness-Rekord im Schnellstricken von der Shetländerin Hazel Tindall gehalten wird. Sie strickt rund und selbstverständlich mit knitting belt in drei Minuten 262 Maschen. (Zum Vergleich: Elizabeth Zimmermann schaffte maximal 51 Maschen pro Minute und nannte das »ziemlich schnell«.)

Eine Art von Strickgürtel, Strickscheide genannt, gab es in Deutschland schon im 18. Jahrhundert. Das war ein Röhrchen, manchmal nur fest zusammengebundene Stroh- oder Gänsekielbündel, üblicherweise aber verzierte Futterale aus Holz, Kupfer, Zinn, Knochen, Elfenbein, Silber, Leder oder sogar Gold, »welches an dem Leibe befestigt wird, im Stricken die Stricknadeln darin zu stecken«.

Es ist für eine durchschnittliche Strickerin wie mich ein großes Erlebnis, zuzusehen, wie Frauen mit einem Nadelspiel oder einer Rundnadel mehrfarbige Muster stricken und sich dabei lebhaft unterhalten, ohne auf ihr Strickzeug zu blicken. Ich habe Norwegerinnen erlebt, die plaudernd und lachend Pullover mit Einstrickmuster produzieren, ich habe vor vielen Jahren auf den Shetlandinseln mit Strickerinnen zusammengesessen, in deren Händen bunte Rundpassen wuchsen, während wir miteinander sprachen – bei den zweifarbigen Musterreihen hielten sie eine Farbe in der rechten, die andere in der linken Hand. Ich erinnere mich gut, wie verwirrend ich es fand, dass es zwischen Kopf (reden) und Händen (stricken) keine Verbindung zu geben schien. Wie ihre Mütter, Großmütter und Urgroßmütter beherrschten diese Frauen viele verschiedene Motive wie im Schlaf, es schien, als wüssten ihre Hände, in welcher Reihe sie sich gerade befanden und welche Farbe jeweils dran war.

Ich strickte damals schon, natürlich, ich habe es als Kind gelernt, aber für die Geschichte des Strickens und dessen Traditionen interessierte ich mich erst viele Jahre später, und es sollte noch lange dauern, bis das Strickerbe der Shetlands touristisch vermarktet wurde. So ließ ich damals die einzigartige Gelegenheit, etwas über das Leben dieser Strickerinnen zu erfahren, ungenutzt verstreichen. Aber ich bin sicher, dass niemand auf der Welt schneller stricken kann als diese Shetlanderinnen, jedenfalls nicht mehrfarbige Muster.

Eine echte Strickerin beherrscht äußerst komplizierte Dinge, die kein Anfänger schafft. Sehen Sie sich diese Zeilen an:

> Row 5 (RS): Using C, k3, *brkyobrk, sl1yo (brk1, sl1yo) 7 times, brRsldec, slm, k14, slm, brLsldec, sl1yo, (brk1, sl1yo) 7 times, brkyobrk, slm, k14, slm repeat from * 3 more times, brkyobrk, sl1yo (brk1, sl1yo) 7 times, brRsldec, slm, k14, slm, brLsldec, sl1yo, (brk1, sl1yo) 7 times, brkyobrk, k3. Do not turn. Slide sts to work the same side with color D.

Das ist eine (!) Reihe aus einer Tuch-Anleitung des amerikanischen Strickdesigners Stephen West. Verstehen Sie, was da steht? Oder geht es Ihnen wie einer Strickerin, die dieses Tuch zusammen mit einer Gruppe strickte und mir schrieb: »Wir zerbrechen uns alle die Köpfe und machen Knoten in die Finger«, nur um begeistert hinzuzufügen, die Anleitung sei »hinreißend wie immer«. Auf mein Bitten schickte sie mir die Erklärung der Abkürzungen. Das *brkyobrk* beispielsweise erwies sich als genau so furchterregend, wie es aussieht: *Three stitches spring out of the center of one stitch with this increase. Work a brkyobrk as follows: brk1 (leave stitch on the needle), yo (yarn forward under needle then over needle to back), then brk1 into same stitch. 2 sts increased.* Ja, ein bisschen Englisch sollte man mitbringen ...

Erinnern Sie sich an Ihr Gegenüber im Zug vom Anfang des Kapitels und die Bemerkung, Stricken sei so kompliziert, dass er – oder sie – das niemals lernen könnte? Und an meine Antwort, das sei im Grunde Kinderkram? Wie Sie sehen, haben beide Seiten Recht: Es ist *im Prinzip* sehr einfach und erlaubt mit geringen Vorkenntnissen und geringen Mitteln ein hohes Maß an Kreativität. Das erste Erfolgserlebnis stellt sich rasch ein, und wer mehr möchte als ein Tuch oder einen einfachen Pullover, wird bald entdecken, wie anspruchsvoll und kompliziert Stricken sein kann. Es gibt für Anfängerin wie Könnerin immer noch etwas zu lernen. Es wird nie langweilig, denn es warten immer neue Herausforderungen. Und ich muss meine Aussagen vom Anfang ein wenig korrigieren, vielleicht sollte ich sagen: ergänzen. Wie jedes Handwerk mit langer Tradition, verlangt auch das Handstricken von allen, die es zur Meisterschaft bringen wollen, ein hohes Maß an Präzision, Disziplin und nicht zuletzt Geduld. Erst wer die Anfangsschwierigkeiten gemeistert hat, erkennt den Meister, erst wer sich (halbwegs) erfolgreich durch die erste Socke oder den ersten Schal mit Zopfmuster gekämpft hat, beginnt die unerschöpflichen Möglichkeiten der simplen rechten und linken Maschen zu schätzen, sieht die schwindelerregende Vielfalt, die Stricken zu einer beglückenden, endlos sprudelnden Wundertüte macht.

## *AUS DEN TIEFEN DER GESCHICHTE*
## DIE ANFÄNGE

Das mindeste, was man von einem Buch über Handstricken erwarten sollte, ist die Geschichte seiner Entstehung und seiner Anfänge. Wer hat es erfunden? Wann war das und *wo*? Wer hat gestrickt – Frauen? Männer? Beide? Und *was* strickten sie? Welches Garn hatten sie zur Verfügung, woher kam es? Wie sahen die Nadeln aus, wie wurden sie hergestellt?

Die enttäuschende Antwort lautet, dass wir über die Anfänge des Strickens gar nichts wissen. Während seit vielen tausend Jahren gewebt wird, deutet bis lange nach Christi Geburt nichts eindeutig aufs Stricken hin. Das ist eigenartig. Für die frühen Nomaden, die mit ihren Tieren umherzogen, wären zwei Nadeln und Garn fraglos einfacher zu transportieren gewesen als ein Webrahmen. Haben unsere Vorfahren wirklich auf der Wanderschaft gewebt und erst zu stricken begonnen, als sie sesshaft wurden? Auch auf antiken Vasen und Reliefs finden wir Darstellungen von Frauen mit Handspindel und Webrahmen, nie aber Strickende.

Eine Zeitlang meinte man ein wenig klüger zu sein, denn bei Grabungen im östlichen Mittelmeerraum wurden Textilien und Textilfragmente aus den ersten nachchristlichen Jahrhunderten gefunden, die man zunächst für Gestrick hielt. Eines dieser Fragmente geistert bis heute als »das älteste bekannte Beispiel von Stricken« durch die (Internet)-Welt. Es stammt aus Dura Europos im heutigen Syrien und wird auf 200-256 n. Chr. datiert. Vor Jahren hat die amerikanische Stricklegende Barbara G. Walker das Muster, ein *Bild* des Musters, studiert und eine Rekonstruktion ausgetüftelt, Jahre später veröffentlichte auch ein New Yorker Wollladen ein Schalmuster, das dem Original nachempfunden war. Dank neuerer Untersuchungsmethoden weiß man jetzt, dass es sich um ein Nålbinding-Fragment handelt (auf diese Technik kommen wir zurück). Aber die modernen ›Rekonstruktionen‹ sind wirklich sehr schön.

Auch ein prachtvolles Paar orangeroter Socken im Besitz des Londoner Victoria and Albert Museums war zunächst falsch eingeordnet worden. Die Strümpfe entstanden im 4. oder 5. Jahrhundert n. Chr. und waren eine Grabbeigabe, ihre zweigeteilte Spitze ist so tief eingeschnitten, dass sie wie Hummerscheren aussehen. Über den Sinn dieser bizarren Form ist viel und bisher ohne schlüssiges Ergebnis spekuliert worden (wären es nicht zwei identische, man könnte meinen, dass sie schlicht misslungen sind). Aber auch sie sind nicht gestrickt, sondern nadelgebunden.

Nadelbinden, meist Nålbinding genannt, ist eine sehr alte Technik und ein Vorläufer des Strickens. Das Wort setzt sich aus *nål*, dem skandinavischen Wort für *Nadel*, und *binding* zusammen, was, wie man gleich vermutet, *binden* heißt. In manchen Gegenden Skandinaviens bedeutet *binde* aber bis heute auch *stricken*. Angeblich wurde das Wort Nålbinding erst in den 1970er Jahren erfunden, um die alte Technik und das moderne Stricken eindeutig zu unterscheiden.

Während man mit einem (theoretisch) endlosen Faden und zwei Nadeln strickt, geschieht Nålbinding mit Fadenstücken von einem, vielleicht zwei Meter Länge und einer großen Nähnadel, die früher aus Holz oder Knochen gemacht war. Die Technik erinnert ebenso an Häkeln wie an Nähen. Zu Beginn macht man Schlingenstiche, die einer Luftmaschenreihe ähneln, dann wird, wie beim Nähen, der Faden komplett durch jede Schlinge gezogen; jede weitere Reihe wird in die Maschen der vorherigen gearbeitet. Nålbinding ist zeitraubender als Stricken, das Gewebe ist robust, aber kaum dehnbar und lässt sich nicht aufziehen.

Fans von Mittelalterkleidung stellen mit dieser fast vergessenen Technik historisch korrekte Haarnetze für ihre Kostüme her, die Frauen des Nantistammes in der peruanischen Camisea-Region arbeiten damit Armbänder. Es galt lange als sicher, dass Nålbinding frühestens im 16. Jahrhundert mit den spanischen Eroberern nach Südamerika kam, in letzter Zeit hat man peruanische Nålbinding-Bänder entdeckt, die erheblich älter sind. Aber warum soll diese Technik, ebenso wie Häkeln und Stricken, nicht an mehreren Orten und unabhängig voneinander erfunden worden sein?

Die zweite Technik, die als Vorgänger des Strickens gilt, ist *Sprang*. Dafür werden Fäden auf einen (kleinen) Rahmen gespannt und so miteinander verdrillt, dass ein Netz entsteht; Sprang liegt, sehr grob gesprochen, zwischen Flechten und Weben. Das älteste erhaltene Spranggeflecht wurde in einem dänischen Grabhügel aus der Bronzezeit gefunden: Die Frau, die etwa 1350 vor Christus, also vor über dreitausend Jahren, dort bestattet wurde, war in ein großes, zusammengenähtes Stück Stoff gehüllt, sie trug eine kurze Bluse, eine Haube, zwei gewebte Gürtel sowie ein Sprang-Haarnetz. Das wurde kunstvoll aus feiner Wolle gearbeitet; wer das gemacht hat, beherrschte diese Technik souverän. Bei einer anderen Ausgrabung fand man Sprang-Haarnetze aus Pferdehaar.

Dass die Archäologen sich oft irrten, lag nicht (nur) daran, dass sie vom Stricken keine Ahnung hatten, sondern an den Funden selbst. Zum einen sind sie selten, denn Textilien sind Gebrauchsgegenstände, die vom Tragen verschlissen oder von Schädlingen zerfressen werden, was überdauert, zerfällt erheblich schneller als Tonscherben. Gewebtes ist stabiler als Gestricktes, beides verträgt es ausgesprochen schlecht, viele Jahrhunderte in der Erde zu liegen. Überdies sind die Fragmente meist völlig verfilzt und haben durch die Oxidation des Erdbodens einen braunen Farbton angenommen.

Das Aussehen von Sprang, Nålbinding und Stricken ähnlt sich so stark, dass man bei einem Textilstück, das viele hundert Jahre vergraben lag, oft nicht einmal mit dem Mikroskop zweifelsfrei klären kann, worum es sich handelt. Eventuell ließe sich die Technik bestimmen, wenn man die Stücke völlig auseinandernähme. Das würde sie zerstören, was bei alten und kostbaren Funden natürlich undenkbar ist. Und auch Stricknadeln sind nicht einfach zu erkennen. Wie soll man wissen, wozu ein Stöckchen oder zwei benutzt worden waren, die man gerade ausgebuddelt hat. Nähnadeln haben wenigstens eine Öse.

Die ältesten, zweifellos *gestrickten* Gegenstände, die wir kennen, sind Strümpfe. Doch statt Licht in das Dunkel der Strickgeschichte zu werfen, führen uns diese archäologischen Kostbarkeiten nur ein weiteres Mal unser Unwissen vor Augen. Es handelt sich nämlich keineswegs um windschiefe Probeläppchen, denen man ansieht, dass jemand eine richtig gute Idee, aber keine Ahnung von ihrer Umsetzung hatte. Im Gegenteil. Hier waren Könner am Werk.

Ein solcher Fund sind naturweiße Kniestrümpfe, glatt rechts und offenbar rund gestrickt, mit perfekter Ferse, perfekter Spitze, einer der Wade folgenden Passform und einem präzise gearbeiteten, komplizierten Einstrickmuster in Indigoblau. Sie bestehen, wie ausnahmslos alle sehr frühen Arbeiten, nicht aus Wolle, sondern aus Baumwolle, ihre Entstehung wird auf das 11. bis 13. Jahrhundert n. Chr. geschätzt. Gefunden wurden sie in Ägypten, ob sie dort entstanden, wissen wir nicht. Möglicherweise kamen sie aus Indien.

Ein anderes Fundstück sind Strümpfe, die in kufischer Schrift, eine Form des Arabischen, über Spitze, Knöchel und Schaft das Wort *Allah* eingestrickt haben. Das Victoria and Albert Museum besitzt ein stark zerstörtes Strickfragment aus dem 14.–15. Jahrhundert mit einem Intarsienmuster aus fünf Farben. Was immer wir aus diesen Exponaten schließen mögen, eines ist sicher: Sie stehen am Ende eines langen Lernprozesses. Das Stricken muss viel, viel älter sein.

Natürlich wurde auch in schriftlichen Quellen nach Hinweisen auf die Anfänge des Strickens gesucht. In den überlieferten Dokumenten der Antike findet sich allerdings rein gar nichts. Das ist nicht erstaunlich, weil Alltagsgegenstände und deren Herstellung generell selten erwähnt werden.

Eine weitere mögliche Quelle sind Sagen, Legenden und Märchen, aber um es gleich zu sagen: Auch da ist nichts zu holen. In der *Odyssee*, die an der Wende vom 8. zum 7. Jahrhundert v. Chr. niedergeschrieben wurde, webt Odysseus Ehefrau Penelope bekanntermaßen bei Tag ein Tuch, das sie nachts wieder auftrennt. Die Schicksalsgöttinnen der griechischen Mythologie spinnen ebenso wie die Nornen der nordischen Mythologie die »Schicksalsfäden«, in deutschen Märchen wird viel gesponnen und gelegentlich gewebt: In *Rumpelstilzchen* soll die junge Königin Stroh zu Gold spinnen, die Mädchen bei *Frau Holle* müssen spinnen, *Dornröschen* sticht sich im Turmzimmer an der Spindel der bösen Hexe. In Andersens Märchen *Die wilden Schwäne* kann eine junge Frau ihre verzauberten Brüder nur erlösen, wenn sie Brennnesseln sammelt und jedem Bruder daraus ein Hemd webt. All diese Geschichten wurden jahrhundertelang mündlich überliefert, bevor jemand sie aufschrieb. Dass nirgends gestrickt wird, sehen Volkskundler als Beweis, dass das Stricken nicht sehr alt sein kann.

Zu einem ähnlichen Ergebnis kommen auch die Sprachwissenschaftler. Eine ihrer Grundannahmen lautet, dass jede Sprache eindeutige Wörter für jene Gegenstände und Tätigkeiten ausbildet, die für ihre Sprecher wichtig sind. Zumindest im Altgriechischen und im Lateinischen gibt es offenbar kein Wort für Stricken, es scheint also im alten Griechenland und im Römischen Reich keine Rolle gespielt zu haben. Das Englische und das Deutsche haben erst seit dem 16. Jahrhundert ein eigenes Wort. Das englische Verb *cnyttan* bedeutete ursprünglich *(etwas) knoten*, später auch *weben* und *knüpfen*, die Bedeutung *stricken* kam erst um 1520 hinzu. *Purl stitch*, das englische Wort für die linke Masche, ist sogar erst ab 1825 belegt. (Ausgesprochen klingt *purl* fast wie *pearl*, also *Perle*, und ist möglicherweise davon abgeleitet.)

Auch im Deutschen bedeutete *knytte* neben *stricken* lange Zeit *binden* und *knüpfen*. Ein Wörterbucheintrag von 1868 erklärt erst, »Knütte« sei »das stricken und das strickzeug bei nordd. schriftstellern«, dann, »man findet [knütten] oft knitten geschrieben, woran haupts. das engl. knit schuld sein mag«. Dort steht auch, dass es einen »gemeinsprachlichen gebrauch des wortes« *Stricken* schon vor 1300 gab, was »seit dem 16. jh. erheblich zugenommen« habe. Dem sollte man vielleicht misstrauen, denn diese Behauptung findet sich nur dort.

Wir wissen also nicht, wer wann zum ersten Mal mit zwei Nadeln und einem Faden die erste Masche strickte, ebenso wenig wissen wir, wo das geschah und wie man es nannte. Da die erwähnten Strümpfe eine arabische Inschrift tragen, liegt die Vermutung nahe, dass die Anfänge im Mittleren Osten lagen. Eine amerikanische Strickbloggerin untermauert diese Vermutung mit einer hübschen Beobachtung, dass wir von rechts nach links stricken und Arabisch von rechts nach links geschrieben wird, und meint, dass »die Art, wie wir heute stricken, ein Überbleibsel davon ist«. Ist das möglich? Es ist jedenfalls ein origineller Gedanke, nicht zuletzt, weil wir genügend Beweise dafür haben, dass es spätestens seit dem 12. Jahrhundert im östlichen Mittelmeer eine hochentwickelte Strickkultur gab.

Doch wie gelangte das Wissen nach Europa? An dieser Stelle fallen meist vage Begriffe wie *Handelswege* und *Handelsbeziehungen*, was klingt, als habe jemand eine Kiste voll Stricksachen gepackt, mitgenommen und verkauft – was natürlich durchaus möglich ist. Aber die *Technik* des Strickens reist in einer solchen Kiste nicht mit. Wer vom Stricken keine Ahnung hat, kann die kufischen Strümpfe bis ans Ende seiner Tage inspizieren – und doch niemals ergründen, wie sie gemacht wurden. Dazu braucht es einen Menschen, der stricken kann. Der es lehren kann. Lehren *will*. Die Verbreitung des Strickens, egal, auf welchen geographischen Wegen das geschah, ist immer und grundsätzlich eine Geschichte von Menschen, die miteinander in Kontakt kamen und gewillt waren, etwas miteinander zu teilen.

Kreuzritter könnten es im Nahen Osten erlernt und zu Hause bekannt gemacht haben, vielleicht brachten sie Strickkundige mit, die ihr Wissen, ob aus freien Stücken oder als Gefangene, in Frankreich und Spanien weitergaben. Italien hatte enge Handelsbeziehungen zu Byzanz, Sizilien stand jahrhundertelang unter arabischem Einfluss. Am wahrscheinlichsten ist, dass Mauren und Araber die Fertigkeit nach Spanien brachten, als sie im Jahre 711 auf die Iberische Halbinsel kamen und mehrere Jahrhunderte lang blieben. Sie prägten alle Aspekte des dortigen Lebens, ihr Einfluss blieb spürbar, nachdem sie aus Spanien verdrängt worden waren. Das spanische Königshaus beschäftigte spätestens ab dem 13. Jahrhundert moslemische Stricker. Im nordspanischen Burgos lag in einem Königsgrab von 1275 ein zweifarbiger Kissenbezug aus Seide. Mit etwa achtzig Maschen auf zehn Zentimeter ist ein Wappenmuster und das arabische Wort *baraka* (etwa: Segen) eingestrickt, auch das in kufischer Schrift. Die sehr frühen Stücke bestehen meist aus Seide, einige aus Baumwolle, diese Materialien passen gut zum östlichen Mittelmeerraum. Von Wolle war hier keine Rede.

Mehrere prachtvolle Fingerhandschuhe, die man in verschiedenen Bischofgräbern fand, sind ebenfalls aus Seide. Sie wurden im 16. Jahrhundert bei besonderen rituellen Handlungen getragen und selten benutzt. Als Kostbarkeit waren sie geeignete Grabbeigaben, andere wurden jahrhundertelang in Klöstern, Kirchen und Bischofspalästen umsichtig aufbewahrt. Daher sind relativ viele in gutem Zustand erhalten.

Ein spanisches Handschuhpaar aus roter Seide, das man im Londoner Victoria and Albert Museum sehen kann, ist rundgestrickt und hat ein kompliziertes Einstrickmuster aus silbervergoldetem Garn. Für dieses außerordentlich teure Material werden schmale Silberstreifen spiralförmig um gelbes Seidengarn gewickelt, um Gold vorzutäuschen. Ich kann mir nicht vorstellen, wie das hergestellt wird, etwas besser kann ich mir ausmalen, wie schmerzhaft es gewesen sein muss, das dünne Metall zu verarbeiten – zumal die Handschuhe mit einhundert Maschen und einhundert Reihen auf zehn Quadratzentimeter so fein gestrickt sind, dass man die Maschen mit bloßem Auge kaum erkennen kann.

Die Frage stellt sich natürlich, wie die Stricker ihre feinen Arbeiten überhaupt sehen konnten. Schließlich arbeiteten sie nicht nur bei Tageslicht und im Sonnenschein, sondern auch beim schwachen, flackernden Licht von Kerzen oder Öllampen. Und welche Nadeln hatten sie?

Wo und von wem die ersten Stricker ihr Handwerk erlernt hatten, steht nirgends geschrieben, ebenso wenig wissen wir über ihre Techniken: Hielten sie, um nur eine Unklarheit zu erwähnen, den Faden rechts oder links? Führten sie ihn, wie es heute manche südeuropäische Strickerinnen tun, um den Hals? Besonders interessant finde ich persönlich die Frage, ob es damals schon den bereits erwähnten Strickgürtel gab.

Die kunstvollen Handschuhe entstanden vermutlich in Handstricker-Gilden, zu denen sich Berufsstricker ab dem 13. Jahrhundert zusammenschlossen. So konnten sie ihre Berufsgeheimnisse schützen und bestimmte Qualitätsanforderungen durchsetzen, außerdem war es günstiger, Garn in großen Mengen zu kaufen und es gemeinsam zu färben. Die erste Gilde entstand 1268 in Paris, die meisten gab es im Oberen Rheintal, der Nordschweiz, im Elsass und in Baden. Die erste deutsche Zunft gründete sich erst Ende des 16. Jahrhunderts in Berlin.

Gestricktes war sehr gefragt, Handstricken wurde zu einem florierenden Handwerk. Zu den Spezialitäten der Zünfte gehörten Seidenstrümpfe, wie sie im Grab der 1562 verstorbenen Eleonora von Toledo, der Ehefrau von Cosimo I. de' Medici und Herzogin von Florenz, gefunden wurden. Sie sind »in ihrer Gänze in einem Muster aus rechten und linken Maschen gearbeitet, sie weisen eine hohe Beherrschung des Strickens und unglaubliche Detailarbeit auf«. Was sie für uns besonders interessant macht: Sie sind die älteste erhaltene Strickarbeit, die zweifelsohne mit rechten *und* linken Maschen gestrickt wurde. Es ist nicht bekannt, ob die roten Strümpfe aus Italien stammen, wo Eleonora von Toledo begraben liegt, oder aus ihrem Heimatland Spanien.

Dass sie als angemessene Grabbeigabe für eine Herzogin erachtet wurden, beweist, wie kostbar sie waren. Die anschmiegsamen und weichen Strickstrümpfe waren damals neu und sicher eine Revolution, denn bis in die zweite Hälfte des 16. Jahrhunderts gab es nur Tuchstrümpfe, die vermutlich weder gut saßen noch bequem waren. Ein Universallexikon von 1863 weiß zu berichten: »In Frankreich trug die ersten gestrickten seidenen Strümpfe 1547 der König Heinrich II., in England 1561 die Königin Elisabeth.« Es heißt, dass die Königin danach nie mehr Stoffstrümpfe getragen habe, die groben Wollstrümpfe, die ihre Untertanen zum Broterwerber strickten, kamen für sie sowieso nicht in Frage.

Selbst wenn unter den gewaltigen Röcken niemand je ein königliches Bein sah, waren die Seidenstrümpfe sicher auch sehr schön. Doch das Schöne und die Freude daran brauchen kein großes Publikum: Dreihundert Jahre später strickten die Frauen der sittenstrengen religiösen Gemeinschaft der Amish im Osten der USA rote und blaue Kniestrümpfe, die sie, nur für sich und ihren Ehemann sichtbar, unter ihrer dunklen Kleidung und in den schwarzen Stiefeln trugen.

Während zu Elizabeths Zeiten die Beine und Strümpfe einer Adligen strengste Privatsache waren, trugen die adligen Männer kurze Hosen und kunstvoll bestickte Seidenstrümpfe, die nach dem spanischen Wort *tricotar* (für stricken) *tricots* hießen und für die sie ein Vermögen hinblätterten. In einem Londoner Hafenregister von 1568 ist die Einfuhr von zwölf Paar Seidenstrümpfen aus Málaga vermerkt, der Wert wird mit vier Pfund angegeben. Der Jahreslohn eines hochrangigen Dieners betrug fünf Pfund. König Erik von Schweden soll 1566 sogar siebenundzwanzig Paar Seidenstrümpfe besessen haben, von denen jedes so viel kostete wie das Jahresgehalt seines Kammerdieners. Allerdings war normalen Leuten im späten 16. Jahrhundert das Tragen von Seidenstrümpfen sowieso verboten.

Es gibt widersprüchliche Angaben dazu, ob anfangs auch Frauen in den Zünften arbeiteten, zu deren Blütezeit jedenfalls gehörten ihnen nur Männer an und die Anforderungen an sie waren hoch. Wer 1625 in das Gewerbe der Nürnberger Strumpf- und Hosenstricker aufgenommen werden wollte, musste eine vierjährige Lehrzeit und eine ebenso lange Gesellenzeit vorweisen, zwei der vier

Jahre musste er auf Wanderschaft verbracht haben. Seit 1699 wurde für die Meisterprüfung die Anfertigung folgender Stücke verlangt:

»Erstlich einen Teppicht von allerhand frischen farben, mit figuren, blumen und Laubwerk, nach der Mahler Kunst, drey Ein lang und zwey ein halbe Ein breit ..., zum Andern soll er machen ein Paret, gantz rund, glatt und ohne runtzel. Drittens ein paar Manns Strümpff ohne Tadel, mit so genannten doppelten Spanischen Zwickeln sauber und wohl außgemacht; Zum Vierdten ein weiß Camisol, mit Ermeln ohne Nad, und zwar dergestalt, daß es einem Mann recht seye. Dann fünfftens, ein paar handschuch mit zehen fingern, daß wann ein Mann solche anziehet, kein fehl daran erscheine. Und Zu verfertigung jetzt beschriebener Stück, soll einem jungen Meister 12 Wochen Zeit gegeben seyn, in welcher er dieselbe (doch daß solche nicht über 25 fl. kosten) verfertigen, und sodann denen geschworenen Meistern Zur Schau vorlegen (soll).«

Mit den geforderten Meisterstücken Barett, Strümpfe, Kamisol und Handschuhe sind, wie die Textilhistorikerin Jutta Zander-Seidel anmerkt, alle wesentlichen Kleidungsstücke genannt, die seinerzeit als Strickwaren auf dem Markt waren.

Ein *Kamisol* ist ein dünnes Seidenoberteil, das vermutlich als Leib- und Nachtwäsche getragen wurde und ein Luxusgegenstand war. Kurfürst August von Sachsen besaß 1558 »Drei rotte seidengestrickte wüllene hembder, Eins mit silbernen Fäden, die anderen mit güldenen«, 1639 bestellte der dänische König Seidenkamisole mit Flor, also Innenfutter. Viele europäische Museen besitzen prachtvolle, gut erhaltene Kamisole.

Der erwähnte »Teppicht« mit Bildmustern war vermutlich eher Wandbehang oder Bettüberwurf als Bodenbelag. Er hatte bis zu zwanzig »frische« Farben und war bis zu zwei auf drei Meter groß. Es ist schwer vorstellbar, wie ein so kompliziertes und großes Teil auf geraden Nadeln gestrickt werden konnte; er entstand möglicherweise auf einem Strickbrett.

Die Zünfte traten auch gemeinsam auf, um unerwünschte Konkurrenz in Schach zu halten. Es gab Klagen von Zunftmitgliedern über Stricker, die nicht den Zünften angehörten, und die Zünfte konnten Vorschriften durchsetzen, wann und wo die ländlichen Stricker ihre Waren verkaufen durften.

Viele der wunderbaren Handarbeiten, die Kirchen schmückten und bei Gottesdiensten benutzt wurden, stammen, wie die Kulturhistorikerin Marianne Stradal schreibt, vermutlich von Nonnen: »In den deutschsprachigen Ländern waren es vor allem die Klöster und Ordensgemeinschaften, die das Stricken eifrig pflegten und ihre Fertigkeiten an die Bevölkerung weitergaben. Doch ihr Stil stand im krassen Gegensatz zu den feinen Strickereien der südlichen Länder wie Spanien und Italien.« Welche Fertigkeiten waren das? Lehrten sie die Landbevölkerung, aus der Wolle, die diese dank eigener Schafe hatten, robuste Dinge zu stricken, die sie dann selbst tragen, eventuell auch verkaufen konnten? Oder wurden sie angehalten, umsonst für Kirchen und Klöster zu stricken, um auf diese Weise etwas für ihr Seelenheil zu tun? Gestatten Sie mir einen Stoßseufzer: Manche Zitate werfen mehr Fragen auf als Antworten.

Mitte des 15. Jahrhunderts war also das Stricken in Europa ein Zunftberuf, zu dem nur Männer Zugang hatten – und doch strickten auch adlige Frauen. Es gibt zwar, soweit ich weiß, kein Bild aus jener Zeit, auf dem eine strickende Adlige zu sehen wäre, sie lesen, sticken oder weben. Aber es gibt deutsche und italienische Altargemälde, die strickende Madonnen zeigen. Im Vergleich zu den zahllosen stickenden, nähenden und webenden Marien sind es nur wenige, aber es gibt sie. Man hätte die Muttergottes nicht so abbilden können, wenn Stricken für Frauen im Allgemeinen und hochgestellte Frauen im Besonderen nicht eine normale, ja geachtete Tätigkeit gewesen wäre. Dafür spricht auch ein Zitat aus dem »Buch des alten Pommerlands«, das 1637 erschien und von der 1417 verstorbenen Witwe des Herzogs von Pommern berichtet, sie habe »*auch in ihrem höhisten alter, als ihr das gesicht blöde und sie zum nähen und sticken untüchtig geworden, nie die knütte von ihren händen geleget*«. Das bedeutet vermutlich, dass die alte Dame nicht mehr gut sah und darum weder nähen noch sticken konnte, das Strickzeug aber nie aus der Hand legte, sicher ist das leider nicht. In einem Strickbuch des Jahres 1800 steht zwar, »In Niedersachen versteht man unter *Knütten* das Stricken überhaupt«, ungewiss bleibt, ob das auch zwei Jahrhunderte früher und an einem anderen Ort so war.

Die bekannteste Madonna mit Strickzeug zeigt der Buxtehuder Altar von 1390. Der Maler, der Meister Bertram genannt wird, bildet eine Maria ab, die gerade ein weites, schön fallendes Hemd beendet. Der Arbeitsfaden führt zu einem Körbchen, in dem drei verschiedenfarbige Knäuel liegen, das Hemd aber ist einfarbig. Kunsthistoriker sagen, es handele sich um »das Gewand Christi«, das er bei der Kreuzigung trug, in der Bibel heißt es ausdrücklich, es sei »ungenäht«. Die Klärung, was das konkret bedeuten könnte, möchte ich Theologen, Textil- und Kunsthistorikern überlassen.

Interessant für uns ist, dass die Madonna mit vier Nadeln rund strickt. Sie hat ihre Arbeit beendet und die hinteren Halsmaschen offenbar schon abgekettet, hält allerdings Nadeln und Strickstück so eigenartig, dass man sich als Strickerin unwillkürlich fragt, was sie eigentlich tut. Hielt man damals die Nadeln so? Ist sie Linkshänderin? Nimmt sie vielleicht am Halsausschnitt Maschen auf? Oder hatte einfach – meine bevorzugte Erklärung – der Maler vom Stricken keine Ahnung? Falls Sie sich das Bild selbst ansehen möchten: Sie finden es in der Hamburger Kunsthalle.

Solche Gemälde verraten uns nichts darüber, ob Stricken den Adeligen vorbehalten oder in der Bevölkerung weit verbreitet war. Im Grunde wissen wir über strickende Frauen im Mittelalter so gut wie nichts. Sie werden erst ab dem 16. und 17. Jahrhundert öfter erwähnt. Doch dann geht es vor allem um die Armen, die sich mit Stricken ernährten oder es als Nebenerwerb ausübten.

Im 18. Jahrhundert hatte sich das Bild erneut gewandelt: »Die strickerinnen sind bey hofe in hochachtung und rechnen sich von gar alten geschlechtern her.« Dieses Zitat von 1742 bedeutet offenbar, dass sie damit ihren Lebensunterhalt verdienten und (dennoch?) aus ehrbaren Familien stammten. Leider konnte ich nicht herausfinden, von welchem deutschen Hof die Rede ist.

Richtig in Schwung kam das Stricken allerdings erst, nachdem das Drahtziehen perfektioniert worden war. Erst dann ließen sich nämlich Stricknadeln in großer Zahl herstellen, vorher musste ja jede Nadel einzeln geschmiedet werden. Durch die neue Technik wurden die Nadeln billiger, aber keineswegs billig. Die Herstellung blieb aufwendig, denn eine Stricknadel soll ja möglichst glatt sein: »Der Draht wird in gleich lange Schachte geschnitten, diese werden gerichtet, in den Enden rundspitzig angeschliffen, nach Befinden gehärtet u. angelassen u. endlich auf der Scheuermühle poliert.« Es lag auch an den schwierigen Herstellungsbedingungen, dass Nadelgrößen erst im 19. Jahrhundert standardisiert wurden. Rundstricknadeln gibt es etwa seit 1880 (auch wenn sie 1925 in Norwegen als sensationelle Neuheit präsentiert wurden).

Im England des 16. Jahrhunderts wurde Handstricken zu einer Angelegenheit des Staates. Königin Elizabeth I., die von 1558 bis 1603 regierte, setzte sich persönlich für die englischen Stricker ein. Im Gegensatz zu ihren französischen und spanischen Kollegen fertigten diese keine feinen Seidenstrickereien, sondern robuste Alltagsdinge. Es wurden Strickschulen gegründet, 1565 sogar ein Gesetz erlassen, dass jeder Engländer, der älter war als sechs Jahre, an Sonn- und Feiertagen eine Wollmütze tragen müsse, die von englischen Mützenmachern gefertigt worden war. Ausgenommen von der Vorschrift waren Frauen, Adlige und Landbesitzer. Das Gesetz stützte die englischen *Capknitter*, das war ein anerkannter Beruf, 1595 gab es zwischen 90 000 bis 110 000. Die flache Kopfbedeckung – das Barett – wurde aus Wolle gestrickt und dann so sehr gewalkt, dass die Maschen nicht mehr zu erkennen waren.

Als Broterwerb ebenso wichtig war das Stricken von Wollstrümpfen. Gegen Ende des 16. Jahrhunderts gab es in England 200 000 Heimarbeiter, die pro Jahr etwa 20 Millionen Paar Strümpfe herstellten, für viele Bauersfamilien war das eine unverzichtbare Einkommensquelle. Die Strümpfe wurden nach Deutschland, Frankreich, Holland und Spanien exportiert, die Niederlande verkauften Handschuhe nach England, Frankreich schickte Socken, Kappen, Handschuhe und Mäntel nach Nordafrika und in den Mittleren Osten – wo das Stricken viele, viele Jahrhunderte zuvor vermutlich erfunden worden war. Ob man dort in nennenswertem Umfang strickte, ob Gestricktes gar exportiert wurde, ist mir nicht bekannt; heute wird in diesen Ländern, von der Türkei abgesehen, jedenfalls praktisch nicht gestrickt.

Paradoxerweise sollte ausgerechnet Elizabeths Fürsorge für ihre Stricker zu einem gravierenden Nachteil für ihr Land werden, denn um sie zu schützen, boykottierte sie eine bedeutende Erfindung: den Handkulierwirkstuhl – der auch Strumpfwirkmaschine genannt wird.

Es heißt, der Engländer William Lee habe seiner Verlobten zugesehen, wie sie mit einem Nadelspiel Strümpfe strickte, um Geld zu verdienen, und das habe ihm nicht gefallen. Es gibt launige Legenden, was ihn genau störte, die einen sagen, sie habe ihm wegen der Handarbeit nicht genügend Aufmerksamkeit geschenkt, die anderen, es habe sie zu sehr ermüdet. Jedenfalls erfand er 1589 eine Maschine, die sechs Mal schneller arbeitete als ein Handstricker. Stricken mit Maschinen heißt nicht *stricken*, sondern *wirken*, und wenn Sie wissen möchten, warum: Ich weiß es nicht. Vielleicht wollte man so den Unterschied zu Handgestricktem betonen.

Königin Elizabeth I. verwehrte Lee das Patent, angeblich fürchtete sie, die Maschine werde ihren strickenden Untertanen den Broterwerb nehmen und sie zu Bettlern machen. Dies verzögerte die Entwicklung, aufhalten ließ sie sich nicht. Lee ging mit seiner Erfindung nach Frankreich, irgendwann kehrten einige Arbeiter, die mit ihm in Frankreich gewesen waren, in die Heimat zurück und stellten Strümpfe her. Zwischenhändler kamen hinzu, sie kauften Wirkstühle und verliehen sie an Heimarbeiter, so konnten sie arbeiten, »ohne die Vorschriften der Zunft beachten zu müssen«. Wie das Handstricken ließ sich auch das Wirken an die Erfordernisse der landwirtschaftlichen Arbeit anpassen, die Händler organisierten den Verkauf. Im 18. Jahrhundert wurde Lees Erfindung zu einem bedeutenden englischen Industriezweig, aber das konnte zu Elizabeths Zeiten natürlich niemand ahnen.

In Frankreich war unterdessen mit Lees Erfindung eine Wirkerei-Industrie entstanden, die vor allem von den Protestanten, also den Hugenotten, betrieben wurde. Als diese ab 1696 wegen ihres Glaubens verfolgt und mit dem Tode bedroht wurden, flohen viele mit ihren Strickmaschinen nach England, diese Konkurrenz setzte die dortigen Handstricker und die kleinen Maschinenstricker zusätzlich unter Druck.

Die hugenottischen Strumpfwirker kamen auch nach Deutschland, sie brachten die Wirkerei nach Württemberg, Hessen, Bayern, Thüringen und Sachsen. Im thüringischen Apolda war das Wirker- und Strickergewerbe noch vor wenigen Jahrzehnten der Haupterwerbszweig der gesamten Region. An manchen Orten wurden die Strumpfwirker übrigens *Paretmacher* genannt, vermutlich ein Hinweis darauf, dass Strumpfstricker zumindest eine Zeitlang auch Mützen strickten, denn *Paret* ist eine andere Schreibweise von *Barett*.

Stricken war für Männer also lange eine übliche Art des Geldverdienens, und das nicht nur in den Zünften. In einem *Conversations-Lexicon* von 1824 heißt es: »stricker heiszen alle personen, welche sich nebenher vom stricken ernähren. solche sind z. b. die schäfer der westphalenschen heiden.« Dass »schäfer der westphalenschen heiden« stricken, klingt nicht sonderlich aufsehenerregend. Aber auch Lehrer verdienten sich so etwas dazu, Soldaten besserten mit Strümpfestricken ihren Sold auf. Im 17. Jahrhundert spannen und strickten so viele Soldaten, dass in Europa Verbote erlassen wurden, an Soldaten Strickaufträge zu vergeben. Carl Spitzweg, einer der bekanntesten Maler des Biedermeier, hat mehrfach strickende Wachsoldaten gemalt, und die Kölner Stadtsoldaten, die ab 1660 an den Toren der Stadt strickend Wache hielten, wurden geradezu berühmt – wenn auch wider Willen. Sie sind nämlich das Vorbild der 1823 gegründeten Kölner Karnevalsgesellschaft Rote Funken; eine Gruppe der Funken, die *Streckstrump*, trägt als augenzwinkernde Reverenz einen kleinen, rot-weiß geringelten, halbfertigen Strumpf samt Stricknadel am Gürtel. Auch auf einem 50 Pfennig-Notgeldschein, den die Stadt Köln 1922 während der furchtbaren Inflation ausgab, ist ein strickender Soldat abgebildet. Wollte der damalige Kölner Oberbürgermeister Konrad Adenauer seinen Bürgern einen Wink geben, wie sie in diesen harten Zeiten etwas dazuverdienen könnten?

Nachdem Handstricken und Maschinenstricken über 250 Jahre lang Seite an Seite existiert hatten, gab es im Laufe des 19. Jahrhunderts mehrere Veränderungen. So fiel der Beruf des Strumpfstrickers der Mode zum Opfer, weil Männer Kniehosen gegen »enganliegende lange Beinkleider« tauschten und sich die Ausgaben für elegante Strümpfe sparen konnten. Gleichzeitig wurde Maschinenstricken, also das Wirken, zu einem reinen Männerberuf, das Handstricken verlor als Beruf und Erwerbsquelle an Bedeutung. Am Ende dieser Entwicklung war es von einer wichtigen Erwerbstätigkeit für alle zu einer ausschließlich weiblichen Beschäftigung geworden, parallel dazu sank es im gesellschaftlichen Ansehen.

Ab dem späten 18. und im ganzen 19. Jahrhundert sollte das Stricken das Leben von Frauen höchst unterschiedlich prägen: In Europas Salons brach eine regelrechte Handarbeitswut aus, Damen des Adels und des gehobenen Bürgertums begannen, aus zwirndünnen Woll-, Leinen- und Baumwollgarnen Deckchen, Babyhauben, Taschentuchumrandungen und Spitzenkrägelchen zu häkeln oder zu stricken. Im Jahre 1800 schrieb das *Journal des Luxus und der Mode* begeistert, man könne jede Minute mit Stricken nutzen, ein Strickstrumpf könne ohne Schaden weggelegt, eingesteckt und wiedergenommen werden. Und schon 1715 erläuterte *Das nutzbare, galante und curiöse Frauenzimmer-Lexicon*, ein *Strick-Beutel* sei »ein kleines von Seide gestricktes Beutelein, von oben mit einem Bändgen zusammen gezogen, worinnen das Frauenzimmer den Knauel zum stricken stecken hat«, ein *Strick-Kästlein* ist »ein kleines viereckigt längichtes leicht verfertigtes höltzernes Kästlein, mit einem Auszug, insgemein mit Gold-Papier bekleidet, offtermahls aber auch lacciret, worinnen das Frauenzimmer ihr gantzes Strickwerck füglich verbergen und bey sich tragen kan«. Zur gleichen Zeit mussten Frauen an Nordeuropas bitterarmen Rändern in Heimarbeit Strümpfe, Handschuhe oder Spitzentücher stricken. Das taten sie für Hungerlöhne, vielerorts wurden sie obendrein von Zwischenhändlern, die den Markt bestimmten, ausgebeutet, ja betrogen.

## *ZWEI NADELN UND EIN FADEN*
## DAS MATERIAL

Die meisten Strickerinnen besitzen einen größeren oder kleineren Schatz an Hilfsmitteln, auf den sie weder verzichten wollen noch können: Maßband, Schere, Stopfnadeln zum Vernähen der Fäden und zum Zusammennähen. Eine Schablone zum Prüfen der Nadelstärke, Häkelnadeln, um eine gefallene Masche einzufangen, bunte Maschenmarkierer und raffinierte kleine Reihenzähler, um den Überblick zu behalten; Zopfnadeln, Wollwickler und Wollhaspel, Styroporplatten, Kupferstangen und spezielle Nadeln zum Spannen des Gestrickten. Die Wollschätze lagern in Ziplock-Tüten und Plastikboxen, Stricknadeln und die aktuelle Arbeit – die *work in progress* – werden in Stofftaschen mit praktischer Fächereinteilung verwahrt. Die Frauen lassen sich von Strickzeitschriften und Musterbüchern inspirieren, für immer mehr Strickerinnen ist ein Leben ohne Ravelry, ohne Anleitungen auf YouTube, ohne die vielen großartigen Bloggerinnen und die Chats mit anderen, die dieses Hobby teilen, kaum noch vorstellbar. Daher gehört der PC heute ebenso selbstverständlich zum Stricken wie Fotoapparat oder Smartphone, um die fertige Arbeit zu dokumentieren, sie Freundinnen zu zeigen oder auf einer Strickseite im Internet zu posten.

Das und vieles mehr ist schön, hilfreich – und entbehrlich. Denn selbst ein 1500 Meter-Strang Lacegarn kann von Hand zum Knäuel gewickelt werden, man kann den Beginn der Reihe mit einem andersfarbigen Fädchen markieren, die Zahl der gestrickten Reihen mit Bleistift notieren, Wollvorräte und die aktuelle Arbeit in Körben und Pappschachteln, Stricknadeln in Einmachgläsern verwahren, das fertige Schultertuch mit normalen Stecknadeln auf dem Bett spannen. Wer Hilfe braucht, kann eine strickende Freundin oder Verwandte um Rat fragen. Das Faszinierende am Stricken ist, wie wenig man dafür *wirklich* braucht: zwei lange Nadeln und einen sehr, sehr langen Faden.

Dieser lange Faden ist natürlich das *Garn*, das oft *Wolle* genannt wird, auch wenn es das nicht ist. Wolle im engen Sinne stammt von Tieren wie Schafen, Ziegen, Kaninchen, Kamelen, Moschusochsen oder Yaks, ja sogar Hunden, und ist, wie Seide, tierischen Ursprungs. Baumwolle und Leinen hingegen sind pflanzlichen Ursprungs, alle sind sie Naturfasern. Seit den 1950er Jahren gibt es Polyester, Nylon und Acryl, das sind *synthetische* Chemiefasern, die komplett künstlich hergestellt werden. Viskose und Modal schließlich werden auf chemischem Weg aus Zellstoff, also dem Naturprodukt Holz hergestellt – sie sind, so verwirrend es klingt, Chemiefasern natürlichen Ursprungs.

Bis vor wenigen Jahrzehnten gab es in Deutschland Handarbeitsgarne aus Schafwolle, Mohair und Angora, Seide, Leinen, Baumwolle oder Acryl; einige Wollspinnereien wie Junghans, Schachenmayr, Esslinger Wolle oder Schwanen beherrschten den Markt und belieferten ihn mit Standardgarnen. Inzwischen ist die Zahl der Garnfabrikanten ebenso explodiert wie die der Materialien. Ravelry, die Internetseite für Strickerinnen, nennt folgende Faserarten: Acryl, Alpaka, Angora, Bambus, Baumwolle, Bison, Kaschmir, Hanf, Kamelhaar, Leinen, Lama, Merino, Metall, Microfaser, Mohair, Nylon, Polyester, Qiviut, Rayon, Seide, Soya, Tencel, Wolle, Yak, sowie Pflanzenfasern (das ist Zellstoff). Unter *Weitere* findet sich Verblüffendes wie Chitin (das sind Krabbenschalen), Nerz, Polychloridfasern oder etwas namens *Bowlder (Jadeite) Fiber*, das angeblich aus Jade (!) besteht. Das ist verwirrend genug, doch viele vertraute und weniger vertraute Fasern werden miteinander verzwirnt, dann wird es völlig unüberschaubar.

Jede Garnart hat objektive Vor- und Nachteile, und wie überall, gibt es auch regelrechte Moden. In den 1960er Jahren beispielsweise schwärmten viele für Acryl; Baby- und Kindersachen aus Wolle galten als furchtbar unpraktisch. Man muss sie von Hand waschen! Und dann die Motten! Inzwischen gehört das Herz vieler Strickerinnen auch für Kinderkleidung wieder den Naturfasern, denn nichts kann ein Kind so wunderbar wärmen. Reinwollene Kindersachen sind gesucht und teuer, sie werden aufgehoben, vor allem, wenn sie handgestrickt wurden. Man sollte meinen, dass Acryl inzwischen verpönt ist, doch diese Annahme ist falsch: Das meistbenutzte Garn auf Ravelry ist ein 100%iges Acrylgarn aus den USA.

Angesichts dieser Vielfalt werde ich mich (mit wenigen Ausnahmen) auf Wolle, genauer: Schafwolle konzentrieren. Sie ist das klassische Material der meisten europäischen Stricktraditionen und kaum eine Strickerin mag auf sie verzichten, denn sie hat viele wunderbare Eigenschaften: Sie speichert die Körperwärme, was bedeutet, dass sie kühlt, wenn es warm ist, und wärmt, wenn es kühl ist. Sie kann bis zu dreißig Prozent ihres Eigengewichts an Feuchtigkeit aufnehmen, ohne sich klamm oder gar kalt anzufühlen, sie trocknet schnell. Sie ist antistatisch, also schmutzabweisend, man kann Wollsachen längere Zeit tragen, ohne dass sie riechen (wobei man es nicht übertreiben sollte). Wie jede Naturfaser, lässt sich Wolle durch Hitze nicht dauerhaft verformen – spätestens bei der nächsten Wäsche verschwindet der Knick, den Sie in Ihre Socke gebügelt haben. Sie kommt auch gut mit den Elementen zurecht, ist schwer entflammbar und brennt nicht, sondern verkohlt, und wenn das Lanolin, also das Wollfett, nicht herausgewaschen wird, ist sie sogar wasserabweisend. Wegen dieser »natürlichen Imprägnierung« ist sie die traditionelle Kleidung für Fischer, ihretwegen wurde Wollkleidung im Mittelalter möglichst gar nicht gewaschen. Allerdings riecht Lanolin ziemlich heftig, aber was Gerüche angeht, ist unser mitteleuropäischer Alltag vom Mittelalter und dem Leben der Fischer sehr, sehr weit entfernt.

Alle Schafsrassen dieser Welt, es soll etwa eintausend geben, stammen vom asiatischen Wildschaf ab, jede dieser Rassen hat ein Fell entwickelt, das zu den besonderen Gegebenheiten ihrer Heimatregion passt. So wächst den Tieren im rauen Klima von Schottland, Irland, Norwegen oder der Alpen ein struppiges, hartes Fell, auf der Südhalbkugel, also in Argentinien, Südafrika, Neuseeland oder Australien, müssen Schafe mit großen Temperaturschwankungen zurechtkommen. Es ist keine affige Verkaufsstrategie, wenn eine amerikanische Firma nicht *Schurwolle* verkauft, sondern Wolle der Targheeschafe aus den Bundesstaaten Montana und South Dakota. Auch die Handfärberin Jule Kebelmann weiß die Eigenschaften ihres Materials zu unterscheiden. Sie rühmt die Wolle von Schafrassen wie Schwarzkopf, Bluefaced Leicester und Wensleydale, die einen hohen Glanz haben und die Farben leuchtend wiedergeben, die Wolle der Teeswaterschafe erinnert an Mohair (das von den Angoraziegen stammt). Manche dieser Wollen sind so weich wie Merino, andere so rau, dass sie nicht direkt auf der Haut getragen werden können.

Die Fasern einer sehr rauen Wolle sind fast gerade; je feiner (dünner) die Fasern sind, umso mehr Kräuselungen haben sie. Die Kräuselung entsteht, weil Wollfasern zweigeteilt sind: Während die eine Hälfte der Haare Feuchtigkeit aufnehmen und quellen kann, ist die andere Hälfte wasserabweisend und verändert ihre Struktur nicht. Der Vorteil der Kräuselung ist, dass sich zwischen Material und Haut kleine Luftpölsterchen bilden können, und da die Luft Wärme nur sehr schlecht leitet, speichert eine Wolle mit starker Kräuselung die Körperwärme besonders gut und isoliert nach außen – gegen Kälte ebenso wie gegen Wärme.

Schafwolle wird nicht aus dem steifen äußeren Pelz, dem Oberfell, gewonnen, sondern aus der darunter verborgenen Unterwolle, die dicht an der Haut wächst. Die Wolle des Merinoschafs ist bei Strickwarenproduzenten und Strickerinnen besonders begehrt, weil sie die meisten Kräuselungen hat. Auch hier gibt es verschiedene Qualitäten: Die beste Wolle stammt von den Seitenpartien des Tieres, dem seitlichen Hals und dem Rücken, der Rest ist weniger gut, wird aber dennoch verwendet.

Die starke Kräuselung macht Merinowolle besonders weich, aber das hat seinen Preis. Die Kanadierin Stephanie Pearl-McPhee schreibt, Merino sei »superdehnbar und elastisch, man kann es jenseits aller Vernunft spannen, es geht immer noch was – aber kaum sind die Stecknadeln herausgezogen und die Wolle wird ein bisschen feucht, schon zieht sie sich wieder zusammen. Sie behält die gespannte Form nicht, das braucht man gar nicht versuchen. Garn von Schafen mit sehr krausem Haar zu verstricken, sei wie krause Haare haben: Was immer wir damit anstellen, es wird nicht glatt.«

Die Feinheit – und das heißt: die *Weichheit* – einer Wollfaser wird in *Micron* gemessen. Ein Micron entspricht einem tausendstel Millimeter, je höher der Micronwert, desto gröber die Faser. Eine Wolle mit 25 Micron und mehr empfinden die meisten Menschen als kratzig, manche können schon 22 Micron kaum ertragen. Merino hat eine durchschnittliche Faserstärke von 16,5 bis 24, Babykamel von 16 bis 20, Kaschmir sogar nur von 14 bis 21 Micron, die feinste Faser ist Vikuñja mit 8 bis 13 Micron. Das menschliche Haar ist übrigens etwa 30 Mikron dick, wie piksig das sein kann, merken wir meist erst, wenn nach dem Haareschneiden ein winziger Schnipsel zwischen Kragen und Hals steckt.

Nur wenige Garne sind schmiegsam (also nicht kratzig) und ›ausdrucksstark‹ (also robust) zugleich. Babykamel, mit dem ich mich nicht auskenne, soll so sein, es sei auch wärmer als Wolle und bilde keine Knötchen. Eine deutsche Firma bietet Babykamel aus der Mongolei an, das in China versponnen und in Portugal gefärbt wurde – wunderbar, ein Garn in Händen zu halten, zu dem so viele Menschen rund um den Globus mit ihrer Arbeit und ihrem Können beigetragen haben, das so weit gereist ist. Und doch ist es ein Vergnügen mit leichten Gewissensbissen: Ist es in Ordnung, dass ein Garn um die Welt gereist ist, bevor es mich erreicht? Wie viele Flugkilometer hat es zurückgelegt, wie steht es mit seiner Ökobilanz? Warum wird das Garn in Portugal gefärbt? Sind dort besonders geschulte Fachleute, oder geht es um ganz andere Dinge wie EU-Subventionen und laxere Umweltgesetze?

Je nach Rasse und Alter liefert ein Schaf etwa 3,5 Kilogramm Wolle. Früher war es selbstverständlich Aufgabe der Schäfer, ihre Schafe zu scheren, heute ziehen in Deutschland im April, Mai und Juni Schurkolonnen von Herde zu Herde. Das Scheren mit elektrischen Schermaschinen dauert pro Tier 5–10 Minuten, ein Mann kann am Tag bis zu 150 Schafe scheren. Der Rekord im Schnellscheren mit einer Hand-Schermaschine wird von einem Neuseeländer gehalten: 731 Tiere in neun Stunden – das sind 36 Sekunden pro Schaf. Das Scheren von Hand dauerte, ebenfalls unter Wettkampfbedingungen, fast doppelt so lange: 20 Schafe in 21 Minuten, 20 Sekunden.

Die Strickdesignerin Mati Ventrillon bildet mit ihrer Einstellung einen Gegenpol zu Leuten, die im Umgang mit Tieren nur den finanziellen Nutzen sehen. Sie lebt auf den Shetlandinseln und hält Schafe, aus deren Wolle sie all ihre Pullover herstellt, und sie schert die Tier auch selbst und von Hand. Sie hat die Beobachtung gemacht, dass die Tiere geradezu glücklich wirken, wenn sie beim Scheren den Kopf an Ventrillons Bein lehnen können.

Nirgends gibt es so viele Schafe wie in Australien, ein Grund dafür ist, dass Merinoschafe ein trockenes Klima lieben. In Dürreperioden entsteht die weichste Wolle, in Australien heißt sie »hunger-fine«. Man kann bei den australischen Züchtern durchaus von einem Weltmonopol sprechen. Ihre Methoden der Tierhaltung sind berüchtigt, es ist eine industrielle Wollproduktion, bei der die Tiere nur einer von vielen Kostenfaktoren sind. Die Scherer in den großen Scherhöfen werden nicht pro Tier, sondern nach der Menge der geschorenen Wolle bezahlt. Das führt zu einem so brutalen Umgang mit den Schafen, dass die Tierschutzorganisation PETA deutsche Unternehmen aufforderte, keine Produkte aus Schafwolle mehr zu verkaufen, und Kunden ermunterte, auf Baumwolle oder Polyester umzusteigen. Die friedfertige Idylle des Schäfers lebt als romantisches Klischee in den Werbeabteilungen dieser Firmen weiter.

Ebenso empört sind Tierschützer über einen Eingriff namens Mulesing, bei dem den Lämmern ohne Betäubung die Haut um den Schwanz entfernt wird, um einem Parasitenbefall vorzubeu-

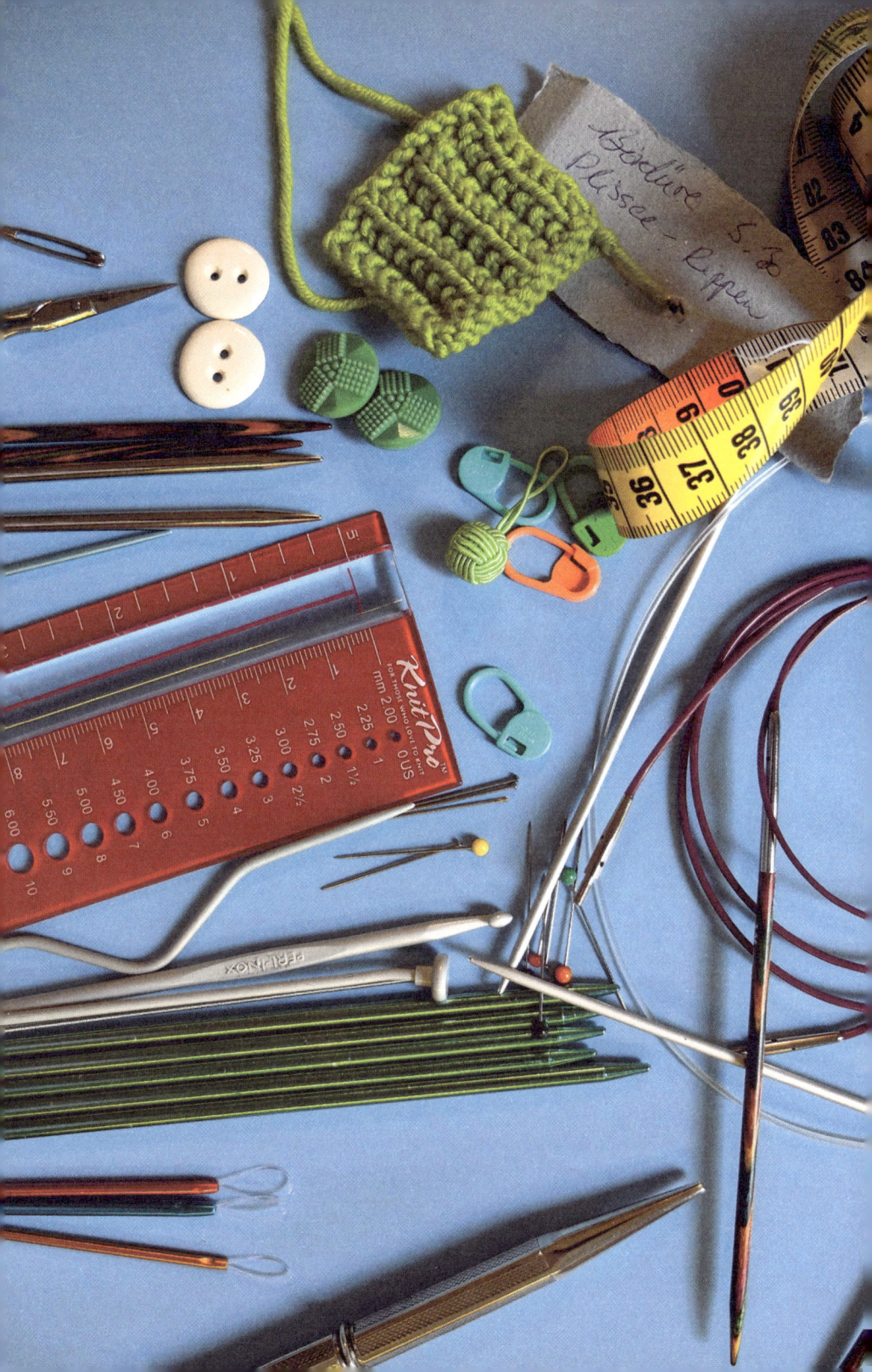

gen. In Neuseeland ist Mulesing inzwischen verboten, in Australien wird es unverändert praktiziert, und das seit den 1930er Jahren. Wolle von Schafen, die der Tortur nicht unterzogen wurden, ist mit dem Etikett *Zque* gekennzeichnet. Die Tierquälereien konsequent zu boykottieren, ist nicht einfach, denn 20% der Rohwolle und nicht weniger als 90% der feinen Merinowolle, die weltweit verarbeitet – also auch verstrickt – werden, kommen aus Australien.

Merinowolle aus Sachsen war im 18. Jahrhundert so berühmt und gesucht, dass sie sogar nach England exportiert wurde, und auch heute noch ist das Merinoschaf die häufigste Rasse in Deutschland. Dennoch ist der Anteil deutscher Wolle am Markt gering. Sie ist zwar hervorragend, aber so weich wie australische oder neuseeländische Merinowolle eben doch nicht. Einige kleine Wollmühlen und einige Färberinnen arbeiten ausschließlich mit Wolle von Schäfereien in Deutschland, andere garantieren, dass sie keine australischen Merinogarne verwenden – es lohnt sich, darauf zu achten. Für die Schäfer hingegen lohnt sich die Arbeit offenbar nicht mehr: Vor wenigen Jahren wurden in Deutschland für ein Kilo Wolle 30 bis 60 Cent gezahlt – das deckt knapp die Kosten der Schur.

Wenn auf dem Etikett Ihrer Strickwolle oder Ihres Pullovers »100% Wolle« oder »Reine Wolle« steht, stammt das Material nicht (nur) von einem frisch geschorenen Schaf, sondern es enthält auch Reißwolle, die aus recycelten Textilien gewonnen wird, oder Wolle aus dem Fell geschlachteter bzw. verendeter Tiere. Nur Wolle, die durch die Schur eines lebenden Schafs gewonnen wurde, darf als *Schurwolle* oder *Reine Schurwolle* bezeichnet werden. Das ist ein wichtiges Qualitätsmerkmal (wobei ich mich nicht dafür verbürgen kann, dass es hierzu keine neuen EU-Richtlinien gibt).

Wenn das Schaf geschoren ist, wird die Wolle von Verschmutzungen gereinigt und dann kardiert, also aufgelockert und gekämmt. Das ist für Wolle, was Sieben für das Mehl ist: Es entfernt Klumpen. Von Hand geschieht das mit zwei Brettern, die mit kleinen Drahtstiften beschlagen sind und Karden heißen (das Wort geht auf eine Distel mit ähnlichen Widerhaken zurück). Man legt ein kleines Wollbüschel zwischen die Bretter und zieht diese an Griffen auseinander. Das anschließende Kämmen richtet die Fasern parallel aus, entfernt letzte Verunreinigungen sowie alle Haare, die zu kurz und zu hart sind.

Wenn die Wolle sortiert, gewaschen, kardiert und gekämmt ist, werden die wenige Zentimeter langen Fasern versponnen, also zusammengedreht (nach dem Spinnen wird sie eventuell noch einmal gewaschen, um das Lanolin zu entfernen). Spinnen ist eine sehr alte Kulturtechnik, die viele tausend Jahre zurückreicht – auf die Frage »wie viele tausend Jahre denn?« gibt es etwa so viele Antworten wie Archäologen, die dazu forschen. Sicher ist, dass man das jahrtausendelang mit einer Handspindel tat, später kam der Rocken hinzu, auf den man die Faser packt, um sie dann mit der Hand herauszuziehen und mit der Spindel zum Faden zu verarbeiten. Auf einem chinesischen Bild von 1035, das ich nicht kenne, soll ein Spinnrad abgebildet sein, in Europa begann die Entwicklung des Spindelrads erst im 13. Jahrhundert, die erste Abbildung eines Flügelspinnrads, vor dem man bei der Arbeit saß, stammt gar von 1480.

Bis 1738 das erste mechanische Spinngerät erfunden wurde, war jedes Fädchen von Hand gedreht und durch die Fingerspitzen eines Menschen gelaufen: sei es um 3000 v. Chr. in Ägypten das Garn für feinste Leinengewänder, seien es viertausend Jahre später und viertausend Kilometer weiter im Norden die Wollsegel der Wikingerschiffe. Diese Segel konnten bis zu einhundert (!) Quadratmeter groß sein, ihre Herstellung nahm bis zu 4700 Stunden in Anspruch und war nur mit der Wolle einer bestimmten Schafsrasse möglich.

Diese Rasse war das Spelschaf, das in Norwegen nachweislich seit vorchristlicher Zeit heimisch ist. Bei einer anderen Rasse ergaben Genuntersuchungen, dass unter den Ahnen auch Merinoschafe waren, die irgendwann ins Land gekommen sein müssen. Vielleicht wurden sie um 1770 aus England importiert, die dort lebenden Merinoschafe stammten ursprünglich aus Spanien. Eine zweite Theorie sieht eine Rasse als Urahn, die zwischen 1200 und 1500 mit südeuropäischen Zisterziensermönchen nach Norwegen kam. Die Mönche lebten auf der Insel Tautra im Trondheimfjord und gaben das Kloster 1532 auf, nachdem Norwegen protestantisch geworden war. Das reinrassige *Tauterschaf* starb aus, seine Spuren leben in anderen Rassen weiter. Viele Schafe, die über norwegische Wiesen und Berghänge trotten, sind buchstäblich Verkörperungen einer langen Geschichte von Handel, Kulturaustausch und Religion.

Seide hat ähnliche Eigenschaften wie Wolle: Sie kühlt bei Hitze und wärmt bei Kälte, ist also temperaturregulierend, sie kann nass werden, ohne sich klamm anzufühlen. Ihre Oberfläche ist schmutzabweisend und unempfindlich gegenüber Gerüchen, außerdem trocknet sie schnell. Sie lässt sich um rund 15 Prozent dehnen, ohne zu reißen, darum ist sie knitterarm. Bei allen Ähnlichkeiten gibt es einen wesentlichen Unterschied zu Wolle: Einem Tier, das geschoren wurde, wächst ein neues Fell, daher ist Wolle ein nachwachsender Rohstoff. Das gilt für Maulbeerseide nicht. Erst wenn die Larve des Maulbeerspinners, ein Nachtschmetterling, getötet wurde, kann man den etwa 3000 Meter langen Seidenfaden eines Kokons in einem einzigen Faden abwickeln.

Maulbeerspinner werden in großem Stil gezüchtet, bei den Tussahspinnern ist das bisher nicht gelungen. Deren Seide ist ungleichmäßig und matt, weil das Tier *lebend* aus dem Kokon schlüpft und dabei die Seidenfäden zerreißt. Tussahseide und andere Wildseiden sind im allerstrengsten Sinne *echte* Naturprodukte.

Immer mehr Menschen sorgen sich um unseren Planeten und kaufen daher bewusster ein als früher. Das ist oft nicht einfach – spielt es eine Rolle, dass für die Herstellung von Baumwolle so viel Wasser gebraucht wird, dass deswegen ganze Landstriche veröden?

Muss man sich schon Gedanken über Tierschutz machen, wenn man erfährt, dass die Kaschmirziegen im Hochland des Himalaya bei extremer Kälte gehalten werden, damit sich ihre Unterwolle möglichst stark ausbildet – aus der das hochwertigste Kaschmir entsteht? Und für drei Kilo Seide werden 25 Maulbeerbäume kahl gefressen, weil sich der Maulbeerspinner ausschließlich von deren Blättern ernährt.

Viele Spinnereien, Handspinnerinnen und Färberinnen achten inzwischen nicht nur darauf, woher ihr Material kommt, sondern auch darauf, dass bei dessen Herstellung und Weiterverarbeitung schädliche Chemikalien vermieden werden. Die brandenburgische Firma *Schaf&Schäfer* beispielsweise arbeitet nur mit regionalen Schäfereien und achtet auf schonende Wollgewinnung. Sie wollen den Weltmarkthandel umgehen, indem sie die Schäfer fair bezahlen, ihre Wolle in Deutschland färben und verspinnen lassen. Das ist nachhaltig und trägt auch dazu bei, dass diese Berufe nicht aussterben. Ein auf andere Weise erfreuliches Beispiel ist der Münchner Wollhersteller *Rosy Green Wool*. Dort wird die Wolle der seltenen, vom Aussterben bedrohten Schafsrassen Manx Loaghtan und Hebridean verarbeitet, die Tiere leben in England. Von dieser Wolle gibt es immer nur geringe Mengen; wenn sie vergriffen ist, muss man bis zur nächsten Schafschur warten, und die findet nur einmal im Jahr statt. Die Firma hat sich die Arbeit von Winzern zum Vorbild genommen und produziert nun *Jahrgangswollen*. Jeder Strang ist individuell nummeriert, die Banderole vermerkt, wo die Schafe gezüchtet werden, wo sie leben und von welcher Schur der Strang stammt. Das Besondere ist, dass die Wolle »von Jahr zu Jahr in Aussehen und Qualität ein wenig variieren kann, je nach Witterung (mit Sonneneinstrahlung, Temperatur, Niederschlag) und Bodenverhältnissen, dem Terroir«.

Was für die Qualität eines Weins der Weinstock, die Lage, das Wetter, der Winzer und der Kellermeister, sind für Schafswolle die Rasse, sogar das individuelle Tier und dessen Fell, und die Menschen, die dieses Fell verarbeiten. Bei handwerklich hergestellten

Garnen steckt in jedem Knäuel die Landschaft, in der das Tier graste, mit ihren Wiesen, Auen und Bergen, ihren Sonnenstunden und Stürmen, der Schäfer, der es züchtete, bewachte und schor, die Spinnerin oder die Spinnerei, die das Garn machte, die Färberin, die es strahlen lässt. Ich weiß nicht, ob es Wolle von glücklichen Schafen gibt, aber ich möchte es gern glauben. Elizabeth Zimmermann sagte immer wieder: »Mögen alle Schafe sicher grasen.«

Als Strickerin sind wir das letzte Glied einer über Jahrtausende reichenden Kette, in der Landschaften, Tiere, Menschen und viele verschiedene Kulturtechniken zusammengewirkt haben, um jenen Strang Wolle hervorzubringen, den wir gleich anstricken werden.

## *IN DER WOLLE GEFÄRBT*
## DIE FARBEN

Die naturweißen Baumwollstrümpfe aus dem 12. Jahrhundert, die in Ägypten gefunden wurden, sind das älteste Strickstück, das wir kennen. Sie zeugen nicht nur von der jahrtausendealten Kultur der Verarbeitung von Baumwolle und den (rätselhaften) Anfängen des Strickens, sondern auch von der Kunst des Färbens, denn sie haben ein indigoblaues Einstrickmuster. Indigo wurde damals schon seit zweitausend Jahren als Färbemittel benutzt, das Wort leitet sich vom griechischen *indikón* »das Indische« ab. Die Völker des östlichen und nördlichen Mittelmeers importierten es von dort, bis sie *Färberwaid* zu kultivieren begannen. Diese Pflanze erzeugt ein ähnlich tiefes Blau und trägt daher bei uns den Beinamen *Deutscher Indigo*.

Wie bei jedem Handwerk braucht man auch für das Färben eine solide Wissensbasis. Da ich die nicht habe, werde ich einige Fachfrauen zu Wort kommen lassen. Die erste ist eine deutsche Färberin, die seit vielen Jahren in Umbrien lebt. Sie hat die wichtigsten Arbeitsschritte des Pflanzenfärbens kurz und verständlich zusammengefasst.

»Stoffe, Woll- oder Seidenstränge werden gebeizt, d. h. für die Farbstoffaufnahme vorbereitet: Man löst Alaun in warmem Wasser auf und lässt das zu färbende Material darin für mindestens 1 Stunde ziehen, bei erhöhter Temperatur, meist ca. 70 °C.
Die leicht zerkleinerten Pflanzen werden über Nacht eingeweicht. Am nächsten Tag werden sie für mindestens 1 Stunde gekocht, dann abgegossen, so erhält man den Farbsud. In diesen Sud werden die Stoffe oder Stränge getaucht und für min-

destens 1 Stunde bei erhöhter Temperatur im Farbbad leicht bewegt.
Dann wird das Färbegut herausgehoben, gespült und zum Trocknen schattig aufgehängt.
Diese einfache Prozedur gilt mit einigen Ausnahmen für die meisten Färbungen.«

Gefärbt wird mit Blüten, Blättern, Rinde, Früchten, die erst einmal gesammelt werden müssen, dann wird das Material zerkleinert, in Wasser eingeweicht und gekocht. Das ist keine Beschäftigung für Faule, denn man braucht mindestens so viel frisches Pflanzenmaterial, wie man Wolle hat, mitunter drei- bis viermal so viel. Man kann auch mit Küchenabfällen wie Schalen und Kernen färben, das überspringe ich jetzt. Bevor es mit dem eigentlichen Färben losgeht, müssen bei manchen Wollsorten noch Schmutz und Fette herausgewaschen werden, damit das Garn die Farbe gleichmäßig annimmt.

Färben verlangt ein hohes Maß an Chemiekenntnissen, Erfahrung, Experimentierfreude sowie die eiserne Disziplin, jede Mischung und jeden Arbeitsschritt so penibel zu dokumentieren, dass man später alles nachvollziehen, wiederholen oder gezielt abändern kann. Wie wichtig noch das kleinste Detail ist, habe ich von der norwegischen Pflanzenfärberin Eva Lutnæs und ihrer Großmutter Martha Sæterbakken gelernt. Martha färbt schon ein Leben lang. In einem – leider nicht übersetzten – Buch hat ihre Enkelin ihre Arbeit beschrieben. Martha ist vom Geist einer wahren Forscherin beseelt, sie will ausnahmslos alle Variablen bedenken und ausprobieren. Mit dem Frauenmantel aus dem eigenen Garten unternahm sie regelrechte Versuchsreihen, pflückte ihn morgens, abends, nachts, bei Regen und Sonnenschein, früh und spät in der Blühperiode, vermutlich auch bei Voll- und Neumond. Die Farben variierten je nach Beizung – Alaun oder Zinn, Kupfer oder Eisen – von hellem Gelbgrün zu tiefem Militärgrün, am intensivsten färbten die bei Sonne gepflückten Pflanzen.

Vieles hängt davon ab, ob das Garn zuvor gebeizt wurde und wenn ja, womit. Dass sie die Partien in »einem Topf aus rostfreiem Stahl« färbte, ist auch wichtig, weil Eisen- oder Kupferbottiche den Farbton ebenso verändern wie eine andere Wasserqualität. Eine namenlose Färberin (die auch ein *Färber* sein kann) bestätigt auf ihrer Internetseite, dass das Material der verwendeten Pfannen die Leuchtkraft und Nuancen der Farben stark beeinflusst. Für ein kräftiges Rot müsse man unbedingt mit einem Kupfertopf arbeiten, für ein dunkles Blau mit einem Eisentopf.

Selbstverständlich nehmen Wolle, Baumwolle und Seide die Farbe unterschiedlich an; auch die Temperatur ist wichtig. Zum Stichwort *Temperatur* können wir von den Färberinnen sofort und ohne große Chemiekenntnisse etwas lernen: Wenn man Wolle in kaltes Wasser legt und langsam erhitzt, verfilzt sie nicht. Auch ungewaschene Wolle, die noch Öl aus der Spinnerei enthält, kann man gefahrlos mit heißem Wasser übergießen (probieren Sie das keinesfalls mit Baby-Cashmere). Was Wolle nicht verträgt, sind Temperaturunterschiede – also warm waschen, kalt spülen. Man sollte auch nicht rubbeln, kneten und wringen, dann verhakt sich die schuppige Faseroberfläche der Wolle. Aber wie so oft im Leben, führen diese Fehler in einem anderen Kontext zum Erfolg: Genau so wird Wolle gefilzt.

Zurück zu den Färberinnen und zu Martha Sæterbakken. Sie sammelte eine bestimmte Flechte nicht nur in ihrem Garten in Südnorwegen, sondern auch im norwegischen Gebirge und an der Nordatlantikküste, wo sie auf Steinen und Bäumen wächst, setzte identische Sude an und erzielte je nach Herkunft der Flechte Töne von Rötlichbraun bis tief Dunkelbraun. Ein andermal sammelte sie im Laufe einer Woche in Nord-, Süd- und Ostnorwegen Birkenblätter, immer, wie sie präzisiert, bei Sonnenschein; die klarste und stärkste Farbe brachten die nordnorwegischen Blätter, die Rinde färbte immer ein zartes Mittelgrau.

Auch Jule Kebelmann ist Handfärberin, sie lebt im Brandenburgischen, färbt ausschließlich Wolle von kleinen Schäfereien in Deutschland und ist überzeugt, dass auch Wetter, Sternenkonstellation und Laune der Färberin das Ergebnis beeinflussen. Ihre Birkenblätter, erzählt sie, bringen »strahlende warme Gelbtöne, gebrochenes Grün und helles Grün«, die Rinde hingegen, anders als bei Martha, »warme bräunliche Rottöne von zart bis dunkel«. Während des Färbens habe es fruchtig-herb gerochen, »und ganz verschieden sind die beiden«. Wie schön wäre es, wenn sie einen Weg fände, um mit ihren Wollsträngen diesen Duft an uns weiterzugeben.

Drei von vier Färberpflanzen ergeben Gelbtöne, Gelb ist also eine ›einfache‹ Farbe. Natürliche Färbemittel für Blau und Rot hingegen sind nicht so leicht zu finden, dafür, schreibt Eva Lutnæs, müsse man sich schon etwas anstrengen. Ihre Großmutter kennt mehrere Rezepte für Blau, die beiden, die die schönsten Töne ergeben, sind allerdings nichts für Sensibelchen. Für das erste braucht man Habichtspilze, wobei sie noch rasch erwähnt, dass die aus einem Fichtenwald ein anderes Blau ergeben als die aus einem Kiefernwald. Das schönste Blau bekam sie mit einem Habichtspilz, der nicht nur völlig verrottet, sondern auch so madenzerfressen war, dass er zu atmen schien.

Das Rezept für *Topfblau* beginnt mit, »In einem Eimer 5 Liter Urin sammeln«; Enkelin Eva erläutert sicherheitshalber, dass »Topfblau« sich auf den Nachttopf bezieht. Es handelt sich also um Urin von Menschen. Mit wenigen Gramm Indigo versetzt, fermentiert man ihn bei gleichmäßiger Wärme mehrere Tage lang, erst dann wird gefärbt. Ich erwähnte ja schon, dass kein Detail nebensächlich ist, also erfahren wir auch, dass die Flüssigkeit während des Fermentierens täglich mit der bloßen Hand umgerührt werden muss, da das Hautfett wichtig sei. Wenn das Garn dann in *Topfblau* erstrahlt, solle man es »ein paar Wochen an der frischen Luft auslüften lassen, damit der Geruch verschwindet«.

Blaufärben mit Urin ist keine Erfindung der Martha Sæterbakken. Es ist seit dem Mittelalter bekannt, in Deutschland nahm man statt des teuren, importieren Indigo oft Färberwaid. Angeblich färbte der Extrakt in Kombination mit Urin und Alkohol besonders gut.

Die Blaufärber, die mit Stoffen arbeiteten, setzten die Küpe, also das Färbebad, an, und sobald die Fermentierung abgeschlossen war, legten sie das Material ein, betranken sich gewaltig und urinierten anschließend in die Färbemischung. Nach diesem aufopfernden Einsatz konnten sie am folgenden Tag *blau machen*. Ob auch das Indigo für die anfangs erwähnten ägyptischen Strümpfe auf diese Weise intensiviert wurde? Gehört ein abendlicher Schnaps oder zwei zu Marthas Versuchsreihe?

Weniger aufsehenerregend ist der Weg zu Rot: Er beginnt mit einem Pilz, der in ganz Europa wächst, bei uns heißt er Blutroter Hautkopf. Er ist nicht nur rot, er färbt auch rot. Das ist keineswegs selbstverständlich; grüne Tannenzweige beispielsweise färben eisensulphat-gebeiztes Garn keineswegs grün, sondern hellgrau, beizt man mit Zinnsulphat, kommt ein scharfes Gelb heraus, mit Alaun ein zartes Beige. Grün entsteht nicht durch Pflanzengrün, sondern indem man Gelb mit Blau überfärbt.

Neben dem rotfärbenden Pilz gibt es den Färberkrapp oder Färberröte, der so heißt, weil er genau das tut: Er färbt rot. Die Pflanze wächst im östlichen Mittelmeerraum sowie in Mittel- und Westeuropa, in Deutschland kommt sie kaum wild vor, gedeiht aber im Garten gut, in Norwegen gibt es sie vermutlich gar nicht. Doch selbst eine Martha Sæterbakken ist nicht so puristisch, dass sie alles, was sie nicht in ihrer unmittelbarer Umgebung findet, strikt ablehnen würde. Wie in den Werkstätten aller europäischen Färberinnen, stehen in ihren Regalen Krapp und auch Indigo.

Und selbstverständlich können Farben in mehreren Schichten aufgetragen oder kombiniert werden. Lutnæs schreibt, orangefarbenen, rotbraunen oder lila Tönen tue ein Krappbad oft gut, perfekte Kandidaten seien das langweilige Hellgelb eines Pilzsuds oder ein allzu blasses Indigoblau.

Während eine Färberin in Südfrankreich die norwegischen Flechten vermutlich nie gesehen hat, wuchert hinter ihrem Haus vielleicht ebendieser Krapp, den man im nördlichen Europa importieren muss. Wir sprachen schon davon, dass in jedem handwerklich gemachten Strickgarn das Schaf, seine Geschichte und Lebenswelt, der Schäfer und die Spinnerin stecken, nun fügt die Pflanzenfärberin die Landschaft hinzu, in der sie selbst lebt und ihre Pflanzen sammelt. Wenn man mit einer Pflanzenfärberin durch Feld und Wälder streift und zuhört, was sie über diesen Baum und jene Blüte zu erzählen weiß, bekommt die Welt auf unerwartete Weise andere Farben als die, die man sieht; wenn man einer Pflanzenfärberin bei der Arbeit zusieht, nimmt einen die Magie der Verwandlungsprozesse sofort gefangen. Es ist – nicht zuletzt für Kinder – ein großer Spaß, an den dampfenden Bottichen zu stehen und zuzuschauen, was die Blätter und Wurzeln bewirken, die man vor wenigen Tagen gesammelt und nach Hause gebracht hat.

Weiße Wolle ist am einfachsten zu färben und daher vom Schäfer am einfachsten zu verkaufen, aber die Natur mag weiße Schafe nicht. Sie sind anfälliger für Krankheiten und werden wegen ihrer leuchtenden Farbe gern zum Opfer von Raubtieren. Dennoch sind inzwischen die meisten Schafzüchtungen weiß. Deren Wolle ist auch an die Erfordernisse der industriellen Spinnmaschinen angepasst, während sich die der alten Schafsrassen besser für robuste, handgestrickte Kleidung eignet.

Auf den Inseln nördlich von Schottland gibt es eine Stricktradition, die stark mit den natürlichen Farben der dort lebenden Schafe arbeitet. Deren Skala reicht von Naturweiß über Creme und kleinste Braunabstufungen bis zu tiefem Schokoladenbraun, von hellstem Perlgrau bis Schwarz. Auf den Shetlandinseln kennt man neben *white*, *grey* und *black* auch *emsket* – rauchiges Blaugrau; *musket* – helles Graubraun, *shaela* – dunkles Stahlgrau, *fawn* – Rehbraun, *moorit* – Rotbraun oder *mioget* – honigfarben, Gelbbraun. Ein Schaf kann mehrere Brauntöne haben, von manchen Schattierungen manchmal nur einen kleinen Flecken. Die traditionellen Tücher der Insel, die sogenannten Haps, konnten bis zu neun verschiedene Naturtöne in sich vereinen; das war nur möglich, weil die Frauen noch die kleinste Farbmenge separat spannen.

Von der Norwegerin Annemor Sundbø, die sich mit Wolle auskennt wie kaum eine zweite, habe ich (zu meiner großen Überraschung) erfahren, dass natürliche Schafwolle nicht farbecht ist und ebenso ausbleicht wie Menschenhaar. Die einzige Farbe, für die das nicht gilt, ist nach ihrer Erfahrung Naturschwarz.

Auch das Färben von handgesponnener Wolle hat auf den Shetlandinseln Tradition. 1844 schrieb ein Biologe »Über Shetlands einheimische Färbemittel«, es gebe dort die Farben Braun, Rot, Gelb und Schwarz, eine Flechte namens *Parmelia saxatilis* färbe braun, eine namens *Lecanora Tartarea* rot. Auch sie musste drei Wochen lang in abgestandenem Urin eingeweicht werden, auch hier stand der Bottich die gesamte Zeitspanne über auf milder Hitze. *Spiraea Ulmaria* (Mädesüß), vor allem aus der Wurzel, ergebe Schwarz, *Stachys palustris* (Sumpf-Ziest) Gelb. Er habe auf der Insel auch Bänder und ähnliche Textilien gesehen, die vom ausgepressten Saft der Schwarzen Krähenbeere ein »sehr schönes Purpurblau« hatten. Indigo und auch Krapp wurden importiert, Letzteres ergab, mit einer einheimischen Flechtenart gemischt, eine breite Rotpalette.

Als ich den Aufsatz las, fiel mir auf, dass zur gleichen Zeit im nahen Norwegen Wolle offenbar nicht auf gleiche Weise mit Pflanzen gefärbt wurde. Die Strickstücke waren naturweiß und naturschwarz, ganz selten taucht Karminrot auf, das gekauft werden musste. Der Farbstoff wird aus der Cochenilleschildlaus gewonnen, ein Kilo getrocknete Schildläuse ergeben etwa fünfzig Gramm Karmin. Da dieser Extrakt sehr teuer war, wurde er nur für Musterelemente und Kostbarkeiten wie Tauf- oder Brauthandschuhe verwandt.

Seit im 19. Jahrhundert die synthetischen Farbstoffe erfunden wurden, leben wir mit einer unbegrenzten Palette. Das Spektrum reicht von Perlgrau bis Zirkusrot; knalliges Froschgrün, Orange und Neonfarben sind für uns ebenso selbstverständlich wie sanftes Himmelblau und Birkengrün. Die weit überwiegende Menge des Garns, das wir kaufen und verstricken, wird industriell und chemisch gefärbt, doch eine kleine, ständig wachsende Schar von Handfärberinnen arbeitet mit solchen Farbpulvern genauso handwerklich, wie es die Pflanzenfärberinnen mit ihren Materialien tun. Hier gäbe es viele Namen zu nennen, kleine und große, lokale, regionale und weltweit arbeitende FärberInnen, Frida Fuchs, Madelinetosh, dibadu, Drachenwolle, Zauberwiese, Welthase, Walk Collection, Luxx sind nur einige. Auch die Pfaffenhoferin Claudia Höll-Wellmann gehört dazu. Sie begann mit dem Färben, weil sie als begeisterte Maschinenstrickerin einen bestimmten Rotton suchte und nicht fand. Sie experimentierte in ihrer Küche, legte die Wolle mit der Farblösung in eine kleine Edelstahlwanne, die von der Arbeitsplatte auf den Familienherd wanderte. Das zeigen schummrige Amateurfotos, die ein Interview bebildern, das Höll-Wellmann 2004 dem Unternehmen gab, mit deren Pulvern sie bis heute arbeitet. Als ihr das Rot, das sie haben wollte, gelungen war, machte sie einfach weiter. Sie färbte vor allem Merinowolle in einer differenzierten und ausdrucksstarken Farbpalette; ihr muss sehr bald klar geworden sein, dass sie ihre Berufung gefunden hatte. Anfangs verkaufte sie nur auf Märkten, 2002 gründeten sie und ihr Mann Andreas eine Firma, die sie *Rohrspatz & Wollmeise* nannten, weil er mit Eisen arbeitete und sie mit Wolle. Die Professionalisierung schritt voran, irgendwann eröffnete sie einen kleinen Laden, irgendwann begann sie, über das Internet zu verkaufen, und man kann wohl sagen, dass sie vom Erfolg regelrecht überrollt wurde. Wirklich Fahrt nahm es auf, als die außerordentlich populäre Autorin Stephanie Pearl-McPhee im Sommer 2007 ein Paar Socken aus Wollmeise-Garn strickte und in ihrem Blog seufzte, dieses Garn sei »deine neue beste Freundin, du willst es bloß noch umarmen und küssen«.

Seither hat Höll-Wellmann etwa 350 Farben so weit entwickelt, dass sie den Weg in den Verkauf fanden, aktuell gibt es gut einhundertfünfzig Töne und Schattierungen – fünfzig Varianten in Grün und Türkis, über vierzig Rot-, gut dreißig Blautöne. Jeder Strang ist handgefärbt, jeder ein Unikat (auch wenn Stränge aus verschiedenen Farbbädern heute weniger stark voneinander abweichen, als das früher der Fall war). Wollmeise liefert in alle Welt, die Wollen werden rund um den Globus »umarmt und geküsst«; ein finnischer Fanclub hat 500, einer in Australien und Neuseeland über 600 Mitglieder ...

In kleinen Partien von nur jeweils sechs Strängen färben Nicole Eitzinger und Cordula Surmann-Schmitt von DyeForYarn (ebenfalls in Bayern, in Fürth). Sie begannen zu färben, weil sie für die Lacetücher, die sie strickten, besondere Seidengarne suchten. Die promovierten Naturwissenschaftlerinnen benutzen die zwölf Ausgangsfarben der Firma, der Claudia Höll-Wellmann das erwähnte Interview gab, und hatten mit ihren luxuriösen Garnen schon bald einen so großen Erfolg, dass sie ihre Stellen an der Universität aufgeben und ›Berufsfärberinnen‹ werden konnten. Weder die DyeForYarn-Frauen noch Claudia Höll-Wellmann verhehlen, dass nicht immer alles nach Plan verläuft: Die einen verkaufen Stränge aus kleineren Pannen in ihrem *Little Shop of Horrors* (Lädchen der Schrecken), bei Rohrspatz & Wollmeise heißen sie *Nobody is perfect*.

Ein großer Trend sind Verlaufsgarne. Jeder Strang wird in mehreren, deutlich voneinander unterschiedenen Farben gefärbt, verstrickt entsteht eine dezente bis sehr wilde Oberfläche. Eine spezielle Art dieser Garne sind industriell gefertigte Sockengarne, die beim Stricken automatisch ein Muster ergeben, und zwar nicht nur schlichte Streifen, sondern auch solche, die an Norwegermuster erinnern. Sie sind so gut gemacht, dass sie auf den ersten Blick wie echte Jacquardmuster wirken.

Ich bin Ihnen noch eine Erklärung für den Titel dieses Kapitels schuldig. Den Ausdruck »in der Wolle gefärbt« gibt es seit dem 17. Jahrhundert. Er bezieht sich darauf, dass unverarbeitete Wolle die Farbe besser annimmt als das gewebte Tuch.

## *DAFÜR MUSS EINE ALTE FRAU LANGE STRICKEN*
## DAS ARMUTSSTRICKEN

Zahllose Gemälde, Radierungen und Aquarelle aus dem 17., 18. und 19. Jahrhundert zeigen ländliche Szenen, auf denen ein junges Mädchen, seltener eine Frau, ein Junge oder ein Mann, an einen Baum gelehnt sitzt und strickt. Wir finden das idyllisch und denken, dass sich hier jemand mit Stricken die Zeit vertreibt. Das ist völlig falsch.

Für viele Menschen war Stricken bis weit ins zwanzigste Jahrhundert hinein weder Liebhaberei noch Entspannung. Es war nichts, was man tat, weil man Lust darauf hatte, weil das Tagwerk getan war oder man seinen Gedanken nachhängen wollte. Stricken war eine Fertigkeit unter vielen, die man beherrschen musste, um den Alltag zu bewältigen und oft genug auch, um den Lebensunterhalt zu bestreiten. Es war *Arbeit*.

Konkret bedeutete das beispielsweise, dass 1780 im Münsterland alles, was Hände hatte – Bauer und Bäuerin, Kinder, Knechte und Mägde, vom Kind zum Greis –, die Wolle der grobwolligen Heidschnucken zu Strümpfen verstrickte, und das immer und überall: abends am Feuer, tags im Schatten. Der Knecht strickte auf dem Mistwagen, wenn er zum Acker oder über Land fuhr. »In den Bauernschaften und Dörfern versammeln sich im Winter die Stricker den Abend hindurch zu 20 bis 30 in einer Stube, um bei der Wärme des Ofens und dem Schein einer Tranlampe auf der Diele beim Feuer ohne Licht so wohlfeil als möglich zu arbeiten, oft bis 11 oder 12 Uhr.« An Sommerabenden nutzte man das Licht, indem man die Gesellschaft vors Haus verlegte. Bei solchen Zusammenkünften wurde manchmal nur gestrickt, manchmal nur gesponnen, die gesponnene Wolle konnte an Händler verkauft werden.

Welche Rolle das Spinnen im bäuerlichen Leben hatte, verrät

der Spruch »Spinnen am Morgen bringt Kummer und Sorgen, Spinnen am Abend erquickend und labend«, der sich keineswegs auf Tiere, sondern auf das Spinnen bezieht. »Kummer und Sorgen« kann bedeuten, dass jemand, der schon morgens spinnen musste, arm war und dies aus Not tat. Eine andere Erklärung ist, dass morgens das Melken der Kühe und weitere Arbeiten anstanden, die keinen Aufschub duldeten. Abends hingegen, wenn die Feld- und Stallarbeit erledigt war, konnte man sich in die Stube setzen, spinnen und auch stricken.

Männer und Frauen, Alte und Kinder teilten die verschiedenen Arbeitsgänge unter sich auf, denn mit Spinnen und Stricken war es ja nicht getan. Die Wolle musste kardiert, das Garn gewickelt, die Fäden des Gestrickten vernäht, die fertigen Teile gespannt werden. Kinder trugen mit einfacheren Arbeiten ebenso zur Gemeinschaft bei wie alte Menschen, die schwach geworden waren oder nicht mehr gut sehen konnten. Kardieren, also das Kämmen der Wolle, verlangt mehr Körperkraft als Spinnen und war darum oft Aufgabe der Männer.

Manchmal las jemand etwas vor (und strickte dabei), manchmal wurde bei der gemeinsamen Arbeit gesungen. Vor wenigen Jahren traf ich eine ältere Norwegerin, die regelmäßig am Spinnrad saß und bei der Arbeit gelegentlich Lieder sang, die sie als Kind gehört hatte, wenn die Bäuerinnen zum Spinnen zusammenkamen.

Um die Mitte des 19. Jahrhunderts entstanden vielerorts kleine Wollspinnereien, die Bauern konnten die Wolle ihrer Schafe dorthin bringen und das fertige Garn wieder abholen. Dafür mussten sie zwar bezahlen, aber es bedeutete eine große Arbeitserleichterung und eine immense Zeitersparnis: Kardieren dauert dreimal so lange wie das Spinnen dieser Wollmenge, das Spinnen doppelt so lange wie das Verstricken. Aber wer bisher vom Spinnen gelebt hatte, blieb dabei natürlich auf der Strecke.

Leider konnte ich nicht in Erfahrung bringen, seit wann man auf Märkten und in Ladengeschäften fertig gesponnenes Strickgarn kaufen kann, aber für die arme Landbevölkerung wäre es sicher zu teuer gewesen. Wolle war so kostbar, dass man oft alte, nicht mehr tragbare Wollsachen neu kardierte und mit neuer Wolle verspann, um diese zu strecken. Vermutlich können wir uns das bäuerliche Landleben früherer Jahrhunderte, das ja völlig verschwunden ist, nicht im Entferntesten vorstellen. Sicher ist: Es war eine endlose Plackerei.

Was würden die Menschen früherer Jahrhunderte wohl denken, wenn sie die eingestrickten Bänke und Lampenpfosten unserer Tage sehen könnten? Oder die beiden Einfamilienhäuser, die Flüchtlingsfrauen in Schweden und Finnland unlängst mit insgesamt 150 Kilometer pinkfarbenem Garn eingehäkelt haben. Mit diesem Kunstprojekt sollte gezeigt werden, dass »jede Frau sich selbst und ihr Leben wieder aufbauen kann – egal, wie sie gegenwärtig lebt«.

Manchmal versuche ich, mir ein Leben ohne elektrisches Licht vorzustellen, oder den Alltag der Menschen, die sich nicht einmal Kerzen leisten konnten. Abends und im Winter war es draußen stockfinster, drinnen nur spärlich erleuchtet. Vielleicht gab es in den Stuben eine Schusterkugel, jenen wassergefüllten Glaskolben, der im 17. Jahrhundert erfunden worden war und der das Licht von Sonne, Kerze oder Lampe bündelt und verstärkt. Wenn es zu dunkel für Nähen war, konnte man immer noch stricken, denn einer geübten Strickerin geht ein vertrautes Muster blind von der Hand. Vor allem Strümpfe wurden »in jeder Lage, selbst im Bett und nachts im Dunkeln« gestrickt, das sparte Brennholz und Lampenöl. Dieses kleine Zitat stammt von 1781 und mag uns absurd vorkommen, doch damals war dergleichen offenbar nicht ungewöhnlich.

Das Stricken selbst war sicher weniger angenehm als heute. Das handgesponnene Garn konnte so rau sein, dass es dort, wo es über den Finger lief, die Haut aufschürfte, und auch die Stricknadeln waren kein reines Vergnügen. Stahlnadeln waren hart, dünn, spitz und wellig, viele Sticker mussten sich mit Draht, Gänsekielen oder Weidenruten behelfen, weil das Geld für Stahlnadeln nicht reichte.

Den Luxus der Untätigkeit konnte sich niemand leisten, auch Handwerkerfrauen oder Bäuerinnen, die in angenehmen finanziellen Verhältnissen lebten, waren von Morgen bis Abend eingespannt. Sie führten einen großen Haushalt mit vielen Familienangehörigen und Dienstboten, fast alles, was man brauchte und verbrauchte, wurde von der Hausgemeinschaft selbst produziert. Im 16. Jahrhundert wurde zwar schon neue und gebrauchte Kleidung zum Kauf angeboten, in der Regel aber machte man das, was man zum Anziehen brauchte, selbst oder man bezahlte jemanden dafür, es zu machen. Es zählte zu den selbstverständlichen Aufgaben einer Magd, nicht (nur) für sich selbst, sondern für ihren Arbeitgeber und dessen Familie zu stricken.

Stricken war also immer Arbeit, nie Zeitvertreib, aus diesem Grund war es an Sonn- und Feiertagen, wenn die Arbeit ruhte, streng verboten. Noch in den 1980er Jahren beherzigten alte Frauen im ländlichen Norwegen diese Regel, und sie waren auch überzeugt, dass es Unglück brachte, wenn man auf See etwas trug, das an einem »verbotenen« Tag mit Wolle und Nadeln gemacht worden war.

Gebrauchs-Stricksachen wurden getragen, bis sie verschlissen waren, sie wurden aufgezogen, neu verstrickt oder von Motten gefressen, es wäre auch niemand auf den Gedanken gekommen, ein ›normales‹ und ›grobes‹ Kleidungsstück aufzubewahren. Daher wissen wir wenig darüber, *was* und *wie* in früheren Jahrhunderten gestrickt wurde. Auf den Gemälden ist selten auszumachen, wie der Faden, die Nadel, die Hände gehalten werden, diese Abbildungen sind ja keine Dokumente und schon gar keine Fotos. Umso wertvoller ist die Erläuterung in einem Universallexikon von 1863, man stricke »mit vier Nadeln aus der Strickscheide, einem Röhrchen, welches man vorn am Leibe befestigte u. in welches man die Nadel steckte, auf welcher man die Maschen bildete. Beim Strumpfstricken hat man jetzt gewöhnlich fünf Nadeln.«

Armen Leuten blieb oft keine andere Wahl, als immer und überall zu stricken. Es ist einfach zu lernen, und das wenige, was man dafür braucht, ist, anders als Spinnrad und Webrahmen, erschwinglich. Deshalb strickte man in vielen europäischen Ländern bis weit ins 20. Jahrhundert hinein nicht nur für den Eigenbedarf, Stricken war auch selbstverständlicher, unverzichtbarer Nebenerwerb. Und man tat es bei jeder Gelegenheit, noch in den kleinsten Pausen zwischen anderen Arbeiten. In einem Loblied auf das Stricken heißt es, es sei auch mit einem Säugling im Arm möglich.

Alte Fotos von den Shetlandinseln zeigen junge Torfträgerinnen, die unter der Last der schweren Kiepen gebeugt auf einem Feldweg stehen und einen Strickstrumpf halten. Um zu überleben, mussten sie beides tun, es wäre verschwendete Zeit gewesen, die Hände beim Gehen untätig zu lassen. Der Knäuel lag in einem Körbchen, das am Arm getragen wurde, man konnte ihn auch auf einen kleinen Haken spießen, der an der Kleidung befestigt wurde. Das konnte ein gebogenes Drahtstück mit spitz gefeilten Enden oder ein Schmuckstück aus verziertem Messing sein.

Vielleicht hatte auch »eine Frau namens Slinger« ein solches Körbchen am Arm, wenn sie im englischen Yorkshire Woche für Woche drei Meilen zum Markt ging. Was sie und ihre Familie gestrickt hatten und was sie zu verkaufen hoffte, trug sie in einem Korb auf dem Kopf. Sie strickte unentwegt, beim Gehen, beim Ver- und Einkaufen, so hatte sie am Ende des Tages meist ein paar Männerstrümpfe fertig. In einem norwegischen Strickmuseum habe ich gelernt, dass eine gehende Strickerin in moderatem Schritt fünfzehn Kilometer braucht, um einen Strumpf fertig zu stricken – also drei bis vier Stunden für einen Strumpf.

Mrs Slinger, die ihre Marktgänge selbst erledigte, blieb das bittere Schicksal einer Schweizerin erspart, deren Mann 1788 beschuldigt wurde, »schon verschieden mahlen, wann Ihn Seine Frau geschikt, Strümpfe zu verkaufen, nicht eher zurückgekommen seye, bis er das darauf erlöste Geld versoffen habe«. 1689, also einhundert Jahre früher, ging es bei einem anderen Ehezwist ebenfalls

ums Stricken. In dem Roman *Judas Der Ertz-Schelm* von 1692 wirft eine Adlige ihrem Mann vor, dass sie sich wegen seiner Verschwendungssucht als Strickerin durchschlagen müsse: »Daß du mich umb das meinig gebracht mit deinem verschwenderischen spendiren / daß ich dich mit meiner Hand-Arbeit muss erhalten / vnd als ich sonst / wie ein Gnädige Frau / vnd gute vom Adel hätt standmäßig mich erhalten können / musz anjetzo eigentlich ein gemeine strickerin vnd naderin abgeben, damit ich nur ein wenig brodt ins hausz schaffe.« Kaum hat der Schriftsteller diesen Zornesausbruch geschildert, bezeichnet er sie als »böses und zänkisches Weib«.

Nur wer selbst strickt, kann ermessen, wie bitter der launig klingende Satz »dafür muss eine alte Frau lange stricken« in Wahrheit ist. Oft mussten Frauen die Familie mit Stricken ernähren, weil die Männer gestorben oder aber arbeitslos waren. Das traf mitunter nicht nur einzelne Familien, sondern ganze Regionen. Als in Tirol im 17. Jahrhundert der Silberbergbau zurückging, mussten die Frauen das Stricken als »berufsmäßig ausgeübtes Hausgewerbe« aufnehmen, Mitte des 19. Jahrhunderts wurden einige Taunusdörfer von einer Kartoffelkrankheit heimgesucht, die einzige Erwerbsquelle war eine besondere Art des Strickens – die Filetstrickerei –, mit der die Frauen und Mädchen die Familien vor dem Verhungern retteten.

Im mittelnorwegischen Selbu waren die Frauen seit den 1870er Jahren auf zweifarbige Handschuhe und Fäustlinge mit dem ›Norwegerstern‹ spezialisiert. Er war Selbus Markenzeichen, die Strickstücke waren in der Hauptstadt Kristiania (wie Oslo damals hieß) so gesucht, dass die Ladenbesitzer in Selbu die Handschuhe sogar als Zahlungsmittel akzeptierten. Die Selbuer Männer arbeiteten in den Steinbrüchen, eine andere Arbeit gab es in der Gegend nicht. Als sie Anfang des 20. Jahrhunderts stillgelegt wurden, griffen auch die Männer zu den Nadeln. Bald strickte das ganze Dorf im Akkord; 1937 entstanden in Selbu 90 000 Paar Handschuhe für den Verkauf, hinzu kamen Socken, Mützen, Schals, Pullover usw.

Die jungen Mädchen der Gemeinde hatten eine Reihe zusätzlicher Aufgaben. Die Tradition verlangte, dass eine Braut ihrem Bräutigam ein Paar besonders schöne Strümpfe stricken musste. Auch sein Vater, seine Brüder, Schwäger und all seine Patenkinder bekamen von ihr Handschuhe, den Frauen in der Familie ihres Bräutigams musste sie Stoffe schenken, deren Gegenwert sie ebenfalls ›erstrickte‹. Alle Stücke mussten selbstverständlich makellos und aufwendig sein, bei den Geschenken stand ihre Ehre auf dem Spiel, beim Kaufmann der Tauschwert.

Vom Hochzeitsfest nahm jeder männliche Gast ein Paar Handschuhe mit, dafür waren die weiblichen Gäste zuständig. (Es drängt sich die Frage auf, welche Vorbereitungen den Männern oblagen.) Die Handschuhe für die Gäste hingen während des Fests an einer Leine, wo jede/r sie begutachten konnte, also bemühte sich jede Strickerin um eine besonders schöne Arbeit. Ehemänner bekamen die von ihren Frauen gestrickten Handschuhe, ledige Frauen beobachteten genau, welcher Junggeselle welche Handschuhe wählte. Diese Hochzeitstradition endete tatsächlich erst mit dem Zweiten Weltkrieg, als es nicht mehr genug Strickgarn gab.

Auch anderswo kannte man solche Hochzeitsbräuche. In Lettland begannen Mädchen, kaum dass sie mit vier, fünf Jahren stricken konnten, eine besondere Kiste mit Handschuhen zu füllen, deren Inhalt nach der Hochzeit an ihre neuen Verwandten verteilt wurde. In Nordschwaben mussten, wie die Kulturhistorikerin Sylvia Greiner berichtet, Bauerstöchter »bis zu 20 Paar Strümpfe für ihre Aussteuer fertigen. Auch die Söhne bekamen eine Aussteuer, für sie strickten gewöhnlich die Mütter.«

Ein ehernes Gesetz in alten norwegischen Dorfgesellschaften lautete, dass man einem Mann vor dem Heiratsantrag keinen Pullover stricken dürfe. Noch heute glauben viele, nicht nur in Norwegen, an den ›Pullover-Fluch‹, der es als *sweater curse* sogar zu einem eigenen Wikipedia-Eintrag gebracht hat: Wer dem Liebsten vor der Hochzeit einen Pullover strickt, wird ihn verlieren.

Im westschwedischen Distrikt Hallan beglichen im späten 18. und im 19. Jahrhundert Kleinbauern sogar die Pacht für ihre Katen mit Gestrick, und es gab einen florierenden Markt für Stricksachen. Kaufleute und fliegende Händler kauften sie von den Heimarbeitern und verkauften sie an betuchte Kunden weiter, darunter die schwedische Armee. Mit der Zeit gingen die Händler mit den Strickern feste Absprachen ein: Sie stellten die Wolle, nahmen die fertigen Stücke für einen vereinbarten Preis ab und vertrieben diese auf eigene Rechnung. Dieses System von Zwischenhändlern, die man *Verlagshändler* oder *Verleger* nannte, beendete den direkten Kontakt zwischen Stricker und Verbraucher, was für die Stricker zunächst von Vorteil war. Sie hatten einen sicheren Abnehmer und mussten sich nicht mehr um den Absatz kümmern. Doch je mehr Menschen mit dem Stricken Geld verdienen mussten und je weniger direkten Kontakt sie zu den Käufern hatten, umso abhängiger waren sie von ihrem Verleger – und der konnte sich darum immer rücksichtsloser verhalten. Ein extremes Beispiel dafür, zu welchen Exzessen das Verlagssystem führte, findet man auf den Shetlandinseln nordöstlich von Schottland.

1901 strickten zwei von drei Inselbewohnern für den Verkauf. In den Pausen auf dem Feld und beim Torfstechen entstanden Strümpfe, abends wurden auch quadratische Wolltücher gestrickt, die auf den Inseln *Hap* heißen. Dieses alltagstaugliche Kleidungsstück aus robustem Material hat eine Seitenlänge von einem bis anderthalb Metern, groß genug, um Kopf, Schultern und Rücken zu bedecken, vielleicht sogar, um es um den Leib zu knoten. Landfrauen in ganz Europa trugen große Tücher, *Haps* aber haben die technische Besonderheit, dass sie auf geraden Nadeln von außen nach innen gestrickt werden. Man beginnt mit einer schmalen, sehr langen Borte, nimmt dann aus dem Rand Maschen auf und strickt mit Abnahmen zur Mitte hin. So entsteht ein Quadrat mit offener Mitte, in das ein separat gestricktes Rechteck eingefügt wird. Die Fläche zwischen Borte und Mittelteil, die beide einfarbig sind, hat meist ein *Feather and Fan* genanntes Wellenmuster in den natürlichen Wollfarben der Schafe. Die Frauen strickten Haps für sich selbst, aber auch für den Verkauf.

Die besten Strickerinnen machten jedoch abends keine Haps, sondern weiße Spitzenstolen, für die die Shetlands berühmt waren. Das Garn musste von Schafen stammen, die auf den Inseln leben, wenn irgend möglich, sollte nur die Wolle von den Nackenhaaren verwendet werden. Die beste Wolle, die es auf der Insel gibt, ist die Winterwolle, die sich im Frühjahr manchmal so leicht löst, dass sie von Hand herausgezupft werden kann. Das ist natürlich arbeitsintensiv, aber diese Fasern sind nicht zerschnitten und haben daher weder Kanten noch Brüche. Sie wurden von Hand zu allerfeinstem, einfädigen Garn versponnen.

Die Strickerinnen mussten still sitzen, sich konzentrieren und wegen der weißen Wolle sehr reinlich arbeiten. Es gab bevorzugte und bewährte Spitzenmuster, alle atemberaubend kompliziert, die lange nur mündlich und durch Anschauung tradiert wurden. Hin und wieder probierte eine Strickerin sicher etwas Neues aus, was neben Kreativität, Zeit und Achtsamkeit ein gehöriges Maß an Selbstvertrauen verlangte, weil das zarte Garn beim Stricken und insbesondere beim Aufziehen leicht riss. Benutzt wurden die dünnsten Nadeln, die keine raue Stelle haben durften. Manche Tücher haben eine Größe von 1,50 m im Quadrat und wiegen keine 60 Gramm, man nennt sie *Ringtuch*, weil man sie durch einen Ehering ziehen kann.

Solche Stolen wurden ausschließlich für den Verkauf hergestellt. Ihre Fertigstellung konnte bis zu einem Jahr dauern, jede bezeugt nicht nur die Meisterschaft der Strickerinnen, sondern auch, was selten erwähnt wird, das Können der Spinnerinnen. Die Tücher erzielten in Edinburgh und in London hohe Preise und wurden wie ein Schmuckstück getragen.

Wer sich an einer echten Shetlandstola versuchen möchte, kann dies mit einem Kaschmirgarn tun, das dem handgesponnenen Originalgarn des 19. Jahrhunderts sehr nahekommt. Es heißt *Cobweb*, also Spinnweben, hat eine Lauflänge von 1125 m auf 25 Gramm (das ist kaum dicker als Zahnseide) und wird mit 1,5 mm Nadeln verstrickt. 100 Gramm reichen für ein quadratisches Tuch von 150-180 cm. Zum Vergleich: Garne mit der als *Lace*, also *Spitze*, bezeichneten Dicke haben eine Lauflänge von 600 bis 1100 Meter auf 100 Gramm.

1893 berichtete übrigens das amerikanische Magazin *Harper's Bazaar*, dass es auch auf den Azoren eine Tradition feiner Spitzentücher gebe. Sie würden allerdings nicht aus Wolle, sondern der Agavenfaser Sisal gemacht, erwähnt wurde auch, dass die Spitzenstrickerinnen sehr schlecht bezahlt würden.

Das Stricken von Haps, vor allem aber der Spitzentücher war also ein hochgeschätztes und gut bezahltes Kunsthandwerk, doch die Frauen, die sie herstellten, spürten davon nicht viel. Da es für ihre Produkte auf den Shetlandinseln keine anderen Käufer gab und die Frauen selbstredend nicht nach Edinburgh oder gar London fahren konnten, um sie dort selbst zu verkaufen, hatten die Zwischenhändler eine außerordentlich starke Stellung. Das ging so weit, dass man die Strickerinnen nicht mit Geld, sondern mit Waren bezahlte, vor allem mit Tee. Den mussten die Frauen dann an Nachbarn oder den örtlichen Kaufmann verkaufen bzw. gegen jene Dinge eintauschen, die sie wirklich brauchten.

Angesichts solch knebelnder Zustände lag die Versuchung nahe, sich die Arbeit zu erleichtern. Wer nach Stück bezahlt wurde, begriff schnell, dass es sich lohnte, etwas dickeres Garn oder etwas dickere Nadeln zu nehmen, fertige Strümpfe beim Spannen kräftig zu dehnen, damit sie größer wurden, das vom Verleger gelieferte Garn durch eigenes, weniger gutes zu ersetzen. Ungeachtet aller realer Ausbeutung hatten die Zwischenhändler vermutlich Gründe, Stricker mit immer schärferen Regeln und Qualitätskriterien zu disziplinieren, schon 1720 bestimmte ein englisches Gesetz, Strümpfe aus Schottland müssten »frei von losen Schlingen, versengten, geschnittenen und gestopften Löchern« sein.

Stricken war also oft Fronarbeit, doch wir sind mit den dunklen Kapiteln noch nicht am Ende. Wir haben noch nicht über die weit verbreitete Kinderarbeit gesprochen. Um 1790 lernten in den ärmsten Familien Englands schon Drei- und Vierjährige Stricken, sie mussten zum Familieneinkommen beitragen, das zwang die Eltern, ihre Kinder auszunutzen. Was zur Geschichte des Strickens gehört und nie erwähnt wird, ist der Kummer, ja die Verzweiflung dieser Kinder, die über einer Strickarbeit weinen, die sie nicht meistern können, einfach weil sie zu klein dafür sind.

Schon 1664 mussten Frauen in einem norwegischen »Witwenarmenhaus« Kost und Logis durch Spinnen und Stricken verdienen. So erging es in den folgenden Jahrhunderten Kindern in Waisenheimen, Alten und Kranken in Hospitälern sowie Insassen von Gefängnissen und Arbeitshäusern. Sie wurden zu Textilarbeiten gezwungen, und das hieß meist: Strümpfe stricken. Die gesamte Produktion wurde von der Leitung der jeweiligen Institution verkauft, und es versteht sich von selbst, dass die Stricker und

Strickerinnen von dem Erlös nichts sahen. (Solche Zwangsmaßnahmen haben sich über die Jahrhunderte kaum verändert: Als Norwegen im Zweiten Weltkrieg von den Deutschen besetzt war, mussten Norwegerinnen, die aus politischen Gründen in Lagern inhaftiert waren, für die deutsche Wehrmacht Wolle spinnen.)

Pädagogen früherer Jahrhunderte haben Stricken sehr geschätzt. Positiv betrachtet, bringt es Befriedigung, wenn man sieht, was man tut, und wenn man am Ende, anders als bei vielen anderen Unterrichtsfächern, etwas Konkretes, Fertiges in der Hand hält. Andererseits wurde Stricken als Disziplinarmaßnahme eingesetzt, denn es ist eine feinmotorische Tätigkeit, die nur gelingen kann, wenn man seine körperlichen und seelischen Impulse unter Kontrolle hat. Eine vergleichsweise harmlose Erziehungsmaßnahme schildert ein Zitat vom Ende des neunzehnten Jahrhunderts: »Was that man denn mit den unruhigen Büblein, da es keine Spielschulen gab? Man lehrte sie sitzen und schickte sie zu dem Ende mit den Mägdlein in die Strickschule.« Sadistischer war eine Methode, mit der um 1760 im ländlichen England Kinder gezügelt werden sollten: Zwei, drei oder vier Stränge Wolle wurden so zu einem einzigen Knäuel gewickelt, dass ebenso viele Kinder, wie es Wollstränge gab, ihn abstricken konnten. Die langsamsten Stricker hielten die anderen auf und wurden von diesen dann gehänselt oder gar gepeinigt.

Das alles scheint lange zurückzuliegen. Doch auf den Shetlandinseln leben noch Frauen, die wissen, wie bitter die Arbeit mit Garn und Nadeln sein kann. Es sei, schreibt die Historikerin Lynn Abrams trocken, nicht erstaunlich, dass Stricken bei ihnen keine sentimentalen Gefühle auslöst. »Für sie steht es immer noch für etwas ganz Anderes – die Ausbeutung der Arbeitskraft und des Könnens von Frauen durch Händler.«

Umso tröstlicher ist es, dass es manchen gelang, sich kleine Freiräume ohne Verleger und ohne Ausbeutung zu schaffen. Mein liebstes Beispiel hierfür ist eine Geschichte, die etwa einhundert

Jahre zurückliegt. Sie spielt auf der nördlichsten Shetlandinsel Unst, die damals bei wohlhabenden Sommergästen vom Festland beliebt war. Kaum hatte die Fähre angelegt und die Urlauber waren vom Schiff gegangen, nahm eine ältere Unsterin strickend und spinnend vor ihrer Kate Platz. Dem folkloristischen Klischeebild der Besucher entsprechend, trug sie den traditionellen gestreiften Rock der Insel, auch eine Torfkiepe durfte nicht fehlen. Die Gäste waren entzückt, meinten sie doch, hier auf das *authentische* Shetland gestoßen zu sein. Sie scharten sich um die raffinierte Einheimische und kauften alles, was sie anzubieten hatte.

## *BLINDE PASSAGIERE UND WILLKOMMENE FREMDE*
## DIE MUSTERWANDERUNG

An verschiedenen Orten in Europa haben Strickerinnen mit nichts als Garn und Nadeln völlig unterschiedliche Traditionen begründet: Shetland-, Aran-, Norwegermuster, bei jedem dieser Worte taucht vor dem inneren Auge ein eigener Stil auf. Aus den baltischen Ländern kommen Handschuhe und Socken mit einem großen Muster- und Farbenreichtum, dort strickt man Fransen und horizontale Zöpfe, die man in den Nordsee-Anrainerstaaten überhaupt nicht kennt. Die Motive der Fair-Isle-Muster sind deutlich anders als jene, die im schottischen Dorf Sanquhar ersonnen wurden, und während man an all den genannten Orten ebenso wie in Norwegen mehrfarbig strickte, waren Pullover in Dänemark und auf den Kanalinseln immer einfarbig. Die Shetlandinseln, Estland und die Azoren waren für ihre Spitzenarbeiten ebenso berühmt wie das russische Städtchen Orenburg an der kasachischen Grenze.

Sucht man diese Regionen auf der Landkarte, fällt zweierlei auf: Sie liegen, mit Ausnahme von Orenburg und (vielleicht) den Kanalinseln, alle in Nordeuropa, und alle waren zumindest früher recht isoliert. Letzteres ist kein Zufall, denn eine Tradition kann sich überhaupt nur ausbilden, wenn sie nicht ständig neuen Einflüssen von außen ausgesetzt ist. Man könnte einwenden, dass Norwegen zwar am nördlichen Ende Europas liegt und lange Zeit sehr arm, aber nie wirklich *abgelegen* oder gar isoliert war. Es ist eine alte Seefahrernation, die nicht nur mit den europäischen Nachbarn, sondern bis ins östliche Mittelmeer Handelsbeziehungen unterhielt. Aber es gibt nicht *einen* Norweger-Pullover, sondern viele, jeder mit einem eigenen Motiv, und sie heißen wie das Dorf, das Tal oder die Gegend, woher sie kommen: *Selbu*, *Setesdal* oder *Tele-*

*mark. Gleich* sind die Muster nur für Außenstehende, die nicht gelernt haben, auf die Details zu achten. Als sich die einzelnen Traditionen im 19. Jahrhundert herausbildeten, lagen all diese Orte am Ende der Welt.

Eine Gemeinsamkeit vieler nordeuropäischer Muster ist ihre Mehrfarbigkeit, dafür werden sie geschätzt, sie macht ihre besondere Schönheit aus. Aber die Einstrickmuster entstanden nicht aus ästhetischen, sondern aus streng praktischen Gründen. Diese Stricksachen wurden von Bauern und Fischern getragen, deren Leben vom Meer und einem harten Klima geprägt war. Das spielt bei allem, was sie taten, die entscheidende Rolle; sie dachten immer pragmatisch, auch bei ihrer Kleidung. Weil das Garn der Musterfarbe auf der Innenseite mitgeführt wird, liegt die Wolle doppelt. So entsteht ein dichtes, isolierendes Gestrick, überdies bilden sich zwischen den Fäden kleinste Luftpolster, beides speichert die Körperwärme. Daher haben norwegische Pullover und Jacken mit großen Schulterbordüren im (eigentlich) einfarbigen Rumpfteil oft andersfarbige Einzelmaschen. Sie sind das kleinstmögliche Einstrickmuster, (relativ) mühelos zu arbeiten und dabei gleichzeitig sehr hübsch. Man nennt dieses Muster *lus*, also *Läuse*, in Norwegen ist Läusejacke (*lusekofte*) der Oberbegriff für alle handgestrickten Pullover und Jacken mit mehrfarbigen Mustern.

Sehen wir uns die Traditionen der Shetlandinseln und Norwegens näher an. Wenn ich Ausnahmen beiseitelasse und mich auf die große Linie konzentriere, fallen Gemeinsamkeiten, aber auch markante Unterschiede auf.

Man strickt mit mehreren Farben und oft in Runden. So hat man das farbige Muster vor Augen und meidet linke Maschen. Es gibt zwei Arten, Pullover rund zu stricken. Bei der einen werden Vorder- und Rückenteil bis zur Schulternaht gestrickt, und die ebenfalls rundgestrickten Ärmel in diesen Schlauch eingenäht. Dafür braucht der Rumpf Armlöcher, die werden hineingeschnitten, für eine Jacke muss man auch das Vorderteil aufschneiden, dieser Arbeitsschritt wird heute meist *steeking* genannt (auch bei den

Strickerinnen setzt sich das Englische als ›Arbeitssprache‹ durch). Damit die Schnittkanten nicht ausfransen, werden sie nach innen gefaltet und befestigt, zusätzlich kann man die Knopfleisten, eine Web- oder eine Samtborte darüber nähen.

Die meisten von uns befällt allein bei der Vorstellung, mit der Schere in das fertige Gestrick hineinzufahren, akute Atemnot, eine deutsche Bloggerin spricht mit spürbarem Entsetzen von *strickzeugmutwilligzerschneiden*. Tatsächlich funktioniert das gut und nicht nur mit Schafwolle. Schon im 18. Jahrhundert wurden in England Baumwolljacken mit zarten Rechts-links-Mustern gestrickt und anschließend vorne aufgeschnitten.

Der echte Norweger-Pullover wird aus einem großen und zwei schmalen Strickschläuchen montiert. Das Rumpfstück entstand früher auf bis zu sechzehn geraden Nadeln. Weil das ziemlich unhandlich ist, wurden manchmal Vorder- und Rückenteil in zwei getrennten Schläuchen gestrickt, dann aufgeschnitten und als flache Teile zusammengenäht.

Lange Zeit galt es als selbstverständlich, dass jede Norwegerin stricken konnte. Wenn sich der Geburtstermin verzögerte, hieß es, es sei wohl ein Mädchen, das noch seine Stricknadeln zusammensuche. Heute lernen viele junge Norwegerinnen, wie wir auch, in Kursen oder Internet-Videos, wie man mehrfarbige Teile strickt und diese dann aufschneidet. Mit ein bisschen Selbstvertrauen schaffen das auch Anfängerinnen. Dabei ist ein ruhiges Händchen ebenso von Vorteil wie für den folgenden Arbeitsgang, dem, wie eine mutige Anfängerin es so schön nennt,»Retten der Ränder mit handarbeitschirurgischen Eingriffen«.

Für Norwegen typisch sind kleine Muster über drei oder fünf Reihen, aber auch große, die zwölf, vierzehn und mehr Reihen umfassen. Gestrickt wird meist Weiß auf Schwarz oder umgekehrt. Der klassische ›Norweger-Pullover‹ hat also angeschnittene Ärmel, eine (sehr) kleine Farbpalette und unterschiedlich große Musterreihen. Er ist von oben bis unten völlig gerade und daher, man muss es leider sagen, etwas kastig.

Der klassische Fair-Isle-Pullover (Fair Isle ist eine der Shetlandinseln) wird ebenfalls in Runden gestrickt, auch hier werden Ärmelöffnungen, manchmal auch eine Halsrundung in den fertigen Schlauch geschnitten. Er hat mehrere Farben (traditionell sind es fünf), in der Regel nicht mehr als zwei in jeder Reihe, die Abstände zwischen den Mustermaschen sollen möglichst kurz sein.

Es gibt einen weiteren Shetland-Pullover, der auch als klassisch gilt, jedoch ganz anders konstruiert ist. Er wird ebenfalls rund gestrickt, aber in einem Stück und ist daher nahtlos. Wieder werden Rumpfteil und die Ärmel rund gestrickt, meist einfarbig und nur bis zu den Achseln. Dann werden die Maschen der drei Strickstücke in der Reihenfolge Vorderteil, erster Ärmel, Rückenteil, zweiter Ärmel auf eine große Rundnadel (früher: mehrere lange Einzelnadeln) aufgenommen und als mehrfarbiger *Yoke* zu Ende gestrickt. Ein Yoke ist eine Rundpasse, die sich von den Schultern zum Halsausschnitt verjüngt. Die besondere Herausforderung für die Strickerin besteht darin, die Abnahmen so geschickt in das Muster einzufügen, dass sie nicht auffallen.

Ein Yoke-Pullover hat weder linke Maschen noch Nähte, da die Ärmel angestrickt werden, entfällt das Zusammennähen und man muss das Gestrick nur aufschneiden, wenn eine Jacke daraus werden soll. Es entsteht ein Pullover mit weichen Schultern, die Fasson ist eleganter als bei gerade gestrickten Teilen. Selbstverständlich kann man auf diese Weise auch ganzflächig gemusterte Pullover stricken, das ist aber eher ungewöhnlich.

Die Shetländerinnen und die Norwegerinnen schufen immer neue Einstrickmuster. Sie waren kreativ, jedoch in einem anderen Sinne, als wir das heute verstehen. Für uns bedeutet *kreativ sein*, sich von dem Bestehenden und Vorgegebenen frei zu machen, eigenen Impulsen zu folgen, etwas Eigenes, möglichst völlig Neues zu schaffen. Das ist nicht die Art von Kreativität, von der hier die Rede ist. Stricktraditionen konnten überhaupt nur entstehen, weil Strickerinnen *nicht* beliebig und völlig frei arbeiteten. Sie blieben den Regeln von Konstruktion und Farbgebung treu und stellten sich damit in eine Tradition. Selbstverständlich ließen sie sich von gewebten Mustern und Stickereien, von Holzschnitzereien, Malereien oder Ziselierungen inspirieren, vielleicht spielten auch Schmuck- und Gebrauchsgegenstände aus fremden Ländern eine Rolle. Doch sobald sie davon etwas in Maschen übersetzten, taten sie das in einem vorgegebenen Rahmen, der nur wenige Abweichungen erlaubte. Und doch entstand diese erstaunliche Vielzahl von Mustern. Es sollte lange dauern, bis eine Shetländerin es wagte, mit dem Gesetz der schmalen Musterbordüren zu brechen, deren wichtigstes Motiv die Musterfolge OXO, also Kreis und Andreaskreuz, war.

Dieses OXO ist, allerdings völlig anders umgesetzt, auch für das südnorwegische Setesdal typisch. Hat einer vom anderen gelernt, oder entstanden die Muster unabhängig voneinander? Ist es überhaupt sinnvoll zu fragen, auf welcher Seite der Nordsee das Einstricken von Mustern erfunden wurde? Die Shetlandinseln und die norwegische Westküste liegen nah beieinander, die Shetlands und die Färöer-Inseln im Nordwesten trennen nur 300 Kilometer. Diese Färöer (was *Schafinseln* heißt) liegen im Kreuzpunkt von Handelsrouten aus Südeuropa, der Ostsee, Skandinavien und Island. 1765 exportierten die Färöer 100 000 Paar Socken, und 1849, so liest man, tausende von groben Fischerpullovern, was angesichts der niedrigen Bevölkerungszahl überrascht. Einige dieser Pullover kamen sicher auch nach Norwegen – haben sie dort Spuren hinterlassen?

Ich bin nicht die Einzige, die solche Fragen faszinierend findet, denn es gibt reizvolle Geschichten. Eine besagt, dass die Muster und Farben der Fair-Isle-Pullover im Jahr 1588 durch schiffbrüchige Spanier auf die Insel gekommen seien. Sogar den Namen des Schiffes meint man zu kennen: *El Gran Grifón*. Mir gefiele es sehr gut, wenn dem so wäre, allerdings sind die shetlandtypischen Muster erheblich jünger.

Doch über das Netz von Handelswegen, die Europa seit jeher zu Land und auf den Meeren durchzogen, verbreitete sich nicht nur das Stricken, auch neue Ideen fanden so ihren Weg in die Gestaltung von Textilien – auch wenn es bisher leider kaum gesicherte Erkenntnisse darüber gibt, welche Wege das konkret waren. Neben der wenig plausiblen *Gran Grifón*-Legende gibt es eine weitere, etwas realistischer klingende Vermutung, was die Frauen der Fair Isle zu ihrer Farbgestaltung inspiriert haben könnte. Die Insel lag auf einem Handelsweg, der vom Schwarzen Meer über die russischen Flüsse ins Baltikum und weiter in den Nordatlantik führte. Schiffe aus der Ostsee, die dort ankerten, brachten Gestricktes aus Estland und Lettland mit, dort arbeitete man bereits seit der zweiten Hälfte des 19. Jahrhunderts mit vielen Farben. Andere Charakteristika wie horizontale Zöpfe, Fransen und ungewöhnliche Strukturmuster hingegen hinterließen keine Spuren, in Norwegen oder Dänemark, die ja auf dem Weg liegen, ist von baltischen Einflüssen gar nichts zu erkennen.

Hier muss ich rasch etwas über die Bezeichnung von mehrfarbigem Stricken sagen. Wie wir gerade sahen, sind die Muster in Norwegen und auf Fair Isle verschieden, aber die Begriffe werden inzwischen fast synonym benutzt, mehr noch: Da auch in der Welt der Strickerinnen das Englische dominiert, werden nun praktisch alle zwei- und mehrfarbigen Einstrickmuster *Fair Isle* genannt. Auf Deutsch heißt jede Arbeit, die mehrfarbig gestrickt ist und bei der die Fäden auf der Rückseite mitgeführt werden, Jacquardmuster, (daher sind Fair-Isle- und Norwegermuster beides Jacquardmuster). Die norwegische Strickhistorikerin Annemor Sundbø sagte mir, in Japan unterscheide man zwischen *Norwegian*, einem Muster auf einfarbigem Grund, und *Fair Isle*, einem einfarbigen Muster auf mehrfarbigem Grund.

Die häufigste Bordüre auf den Shetland-Pullovern der 1920er und 1930er Jahre bestand aus der erwähnten Musterfolge OXO, die über wenige Reihen ging. In den 1940er Jahren tauchte plötzlich das neue, viel größere Baum-Stern-Motiv auf. Es geht über 25 und mehr

Reihen und ist heute das bekannteste Muster der Shetland-Yokes. Das ist einer der sehr seltenen Fälle, wo wir genau wissen, wann, auf welchen Wegen und mit wem ein Strickmuster von einem Ort zu einem anderen wanderte.

Als die deutsche Wehrmacht 1940 Norwegen überfiel und bis 1945 besetzt hielt, flohen viele Männer (und einige Frauen) über die Nordsee auf die nahen Shetlands. Sie trugen handgestrickte Jacken und Pullover mit dem typischen achtzackigen Stern. Der gefiel den Shetländerinnen offenbar so gut, dass sie ihn übernahmen. Aber man kann nicht behaupten, dass sie ihn ›geklaut‹ hätten. Sie machten daraus etwas so radikal Eigenes, dass das norwegische Vorbild kaum noch zu erkennen ist. Denn während das klassische Norwegermuster eine Grund- und eine Musterfarbe hat – also: weißer Stern auf schwarzem Grund –, wechseln im Shetlandmuster sowohl die Grund- als auch die Musterfarbe. Der ›neue‹ Stern war farbenfroher, eleganter, ja spielerischer als sein streng graphisches

Vorbild. Aus dem blinden Passagier war in erstaunlich kurzer Zeit ein echter Shetländer geworden.

Wir wissen nicht, welche Shetländerin – oder waren es mehrere? –, den fremden Stern als Erste mit den Augen ihrer eigenen Tradition sah. Wer war sie, die damals darüber nachdachte, wie sie ihn adaptieren könnte? Die es wagte, die kleinen Musterreihen zu ignorieren, die so lange herumrechnete und mit Nadeln und Faden herumprobierte, bis der norwegische Stern in den Yoke passte, mit dem sie vertraut war, die als Verbindung zwischen den Sternen einen Baum ersann und alles so harmonisch komponierte, dass man meinen könnte, diesen *tree and star yoke* habe es schon immer gegeben? (Das mit dem *Baum* ist merkwürdig und rührend, weil es auf den Shetlandinseln praktisch keine Bäume gibt.)

Sicher ist, dass sie mit ihrem Geniestreich auf perfekte Weise das Wesen von Kreativität verkörpert: Sie war offen für Neues und Anderes und erkannte, wie es das Eigene ergänzen und bereichern könnte. Sie übernahm dieses Andere nicht unverändert, das wäre ja nur eine Kopie oder ein Plagiat. Sie eignete es sich in einem Prozess von Überlegen und Ausprobieren an, verband es mit den ästhetischen und technischen Gesetzen ihrer eigenen Tradition. So blieb deren Kern erhalten und wurde doch neu erfunden – dieser Unbekannten gelang also etwas, was eigentlich gar nicht geht. Haben Verwandte und Nachbarinnen das erkannt, sie gelobt, gefeiert und kopiert? Oder musste sie sich vorwerfen lassen, das sei nicht richtig, das dürfe man nicht machen?

Jetzt gehört das Baum-Stern-Motiv zu Fair Isle. Ich vermute aber, dass eine so gravierende Veränderung alter Muster und Techniken, wie sie der Norwegerstern auslöste, nicht mehr möglich wäre. Schützer des Kulturerbes würden das mit dem Argument ablehnen, dass das nicht ›original Shetland‹ sei.

Aber was ist *original*? Ich möchte das etwas ausführlicher an dem Beispiel der Norwegerhandschuhe aus dem mittelnorwegischen Dorf Selbu erörtern, von denen schon kurz die Rede war. Die *Selbu-Fäustlinge*, wie sie auf Norwegisch heißen, haben auf der

Vorderseite den achtzackigen Stern, der in Norwegen weder *Stern* noch *Schneeflocke*, sondern *Achtblattrose* heißt, was angesichts des nordeuropäischen Klimas etwas immens Poetisches hat. Wie überhaupt die Wärmeisolierung keine ausreichende Erklärung für die schönen und komplizierten Muster ist, die in Nordeuropa erfunden und weiterentwickelt wurden. Die eigenständigen, regionalen Traditionen, die im 19. und frühen 20. Jahrhundert an so vielen Orten entstanden, folgten keinen Moden, sie waren eine Volksstrickerei für den privaten Gebrauch. Darin, dass sie so kompliziert und ideenreich sind, sehe ich den Beweis, dass der Mensch sich nach Schönheit sehnt und dass es ihn mit Stolz erfüllt, etwas Schönes zu schaffen.

Die Achtblattrose ist untrennbar mit dem Namen Marit Guldsetbrua Emstad verbunden, die 1841 in Selbu geboren wurde und ihr ganzes Leben dort verbrachte. Sie war (wenn überhaupt) nur wenige Jahre zur Schule gegangen, hütete als junges Mädchen Ziegen und strickte dabei Handschuhe und Strümpfe. Als sie sechzehn Jahre alt war, also 1857, sah sie, wie eine Magd, die bei dem selben Bauern arbeitete wie sie, ein schwarzes Schlangenmuster in einen weißen Strumpf strickte. So etwas hatte die Welt (in Selbu) noch nicht gesehen. Marit begann, mit weißer und schwarzer Wolle zu experimentieren und erfand, offenbar ohne jede Hilfe, den weißen Strickfäustling mit einem großen schwarzen Stern auf dem Handrücken.

Dieser Stern aus acht paarweise angeordneten Parallelogrammen ist eines der ältesten Textilmuster der Welt. Man findet ihn ebenso als Fliesenmuster in einer sizilianischen Kirche aus dem zwölften Jahrhundert wie in dem Büchlein *Schön Neues Modelbuch von allerley lustigen Mödeln naczunehen, zuwürcken unn zusticken gemacht im Jar Ch. 1597*, herausgegeben in Nürnberg. Warum Marit ausgerechnet dieses Muster wählte, wissen wir nicht, von ihr selbst ist nichts überliefert. Sie wäre vermutlich nicht auf den Gedanken gekommen, ihre eigene Geschichte so wichtig zu nehmen. Stricken war halt etwas, was man machte, der Beruf der Designerin war noch nicht erfunden. Wie dem auch sei: Sie hatte eine Idee und sie setzte sie um.

Das ist keine kleine Sache, wenn man das, was aus dieser Idee wurde (ein Fäustling mit Muster), noch nie vorher gesehen hat. Erst einmal muss das Hauptmuster – also der Stern – mittig und unverzerrt auf die ungewöhnlich geformte Fläche eines Fäustlings platziert werden. Beim zweifarbigen Rundstricken müssen beide Farben in jeder Reihe mitgeführt werden. Der mitgeführte Faden in der Musterfarbe darf nicht lose im Handschuh herumhängen, man muss ihn irgendwie ›festtackern‹. Das geht nur, indem man das Hauptmuster in mehrere – ebenfalls symmetrisch angeordnete – Nebenmuster einbettet. Das mag selbstverständlich klingen, aber es ist wie bei jeder gelungenen Erfindung: Man muss erst einmal darauf kommen. Am Ende einer langen Zeit des Ausprobierens und Perfektionierens war ein unglaublich variantenreicher Fäustling entstanden. Seine Innenseite war völlig anders gemustert als die Vorderseite, die mehrere, verschieden große Motive hat; der Daumen hatte mindestens zwei Muster, ein eigenes auf der Vorderseite, das der Handinnenfläche auf der Rückseite. Das Heimatmuseum von Selbu besitzt ein Paar Herrenhandschuhe, die Marit Emstad selbst gestrickt hat, sie haben (mindestens) fünfzehn klar zu unterscheidende Motive.

Damit etwas so Kompliziertes überhaupt gestrickt werden kann, muss vorher gerechnet werden: Ausgehend von der Dicke des Garns und der Nadeln, werden die Breite (Zahl der Maschen) und die Höhe (Zahl der Reihen) jedes Motivs berechnet. Dann werden die Einzelmotive so zu einem Ganzen zusammengepuzzelt, dass sie einen sinnvollen Strickablauf ergeben. Die Abstände zwischen den Maschen einer Farbe dürfen nicht zu groß sein, andererseits muss jedes Muster allein stehen und gut erkennbar sein. Das Muster muss perfekt in das Dreieck an den Fingerspitzen des Handschuhs passen und darf an keiner Seite abgeschnitten sein. Wenn das und einiges mehr gelingt, füllt das Gesamtmuster millimetergenau und symmetrisch die Fläche des Strickstücks. Für jede weitere Größe beginnt die Rechnerei von vorne. Die Fäustlinge und Handschuhe waren immer gleich konstruiert, Vorder- und Rückseite mussten die gleiche Maschenzahl haben, der Daumen war immer auf die gleiche Weise eingesetzt.

Die Strickerinnen arbeiteten mit Nadeln der Stärke 1 oder 1,5 – was kaum dicker ist als eine ordentliche Stopfnadel – und dünnem Garn. So hatte die zur Verfügung stehende Fläche viele Maschen und bot großen Gestaltungsraum. Die experimentierfreudigen Selbuerinnen dachten sich mehrere hundert (!) verschiedene Motive aus, Anregungen waren die Natur, aber auch Textilien, Stickereien, Holzbemalungen und Schnitzarbeiten, jedes Muster bekam einen eigenen Namen: Tannenzweig, Tänzer, Schneeflocke, Spinne oder auch Spuckeklecks. Auch die wurden nicht beliebig kombiniert, manche waren der Vorder-, andere der Innenseite vorbehalten, verschieden große Motive wurden in einem bestimmten Verhältnis zueinander angeordnet, ein Herrenhandschuh hatte ein anderes Bündchen als ein Damenhandschuh.

Wie beim Handschuhbündchen gab es auch bei Pullovern und Jacken klare Regeln: Bis weit ins 20. Jahrhundert hinein waren einige Jackenmuster Männern vorbehalten, Pullover mit einer großen Sternbordüre durften erst nach der Konfirmation getragen werden – und nur von Jungen. Die Mädchen und Frauen, die diese Pullover und Jacken strickten, trugen sie selbst erst ab den 1930er Jahren.

Um, wie Marit Guldsetbrua Emstad es tat, einen solchen Handschuh zu erfinden, reicht ein Geistesblitz nicht aus. Es braucht Neugier, Disziplin, Geduld, Ausdauer, Abstraktionsvermögen, mathematisches Talent und vermutlich auch eine gehörige Portion Ehrgeiz. Das Wichtigste ist natürlich eine nicht nachlassende Freude an dieser Art von Arbeit. Man fragt sich, was heute aus der Ziegenhirtin Marit geworden wäre ...

Man wüsste aber auch gern, woher sie den Stern kannte. Der nächstgrößere Ort ist die wichtige Hafenstadt Trondheim, Selbu lag an einer Handelsroute, die vom Nordatlantik durch Schweden und über die Ostsee bis ins östliche Mittelmeer führte. Da wird an der Strecke manches hängen geblieben sein. Marit könnte den Stern auf Tischdecken oder Stickereien entdeckt haben, viele Strickmuster, nicht nur in Norwegen, wirken ja wie Kopien von bestickten oder gewebten Textilien.

In einem Kapitel über das Wandern von Mustern würden wir zu gern erfahren, wie der Stern nach Selbu kam. Weil das nicht bekannt ist, erfinde ich eine Geschichte. Sie ist nicht wahr. Aber sie könnte wahr sein.

Irgendwo – in Bayern, in Schwaben oder auch in Friesland, das spielt keine Rolle – bekam jemand das *Schön Neues Modelbuch von allerley lustigen Mödeln* in die Hand und stickte den Stern mit farbigem Garn auf ein Band. Ein Kaufmann der Hanse reiste damit an Norwegens Westküste, denn die Hafenstadt Bergen war seit dem 14. Jahrhundert eine Hanse-Niederlassung, und gab es einem norwegischen Fischer, vielleicht im Tausch gegen Kabeljau oder einen Pelz. Zu Hause in Trondheim verkaufte der Fischer, vielleicht viele Jahrzehnte später, das ungewöhnliche Band an einen Händler, der mit seinen Waren in die Täler zog – und es (Sie ahnen es schon!) in Selbu an den Mann oder die Frau brachte. Ganz sicher nicht an Marit oder ihre Vorfahren, die hätten sich das kaum leisten können. Aber vielleicht an den größten Bauern des Ortes, dessen Frau die Kostbarkeit auf ihre Festtracht nähte. Solche Kleidungsstücke wurden über Generationen von Mutter auf Tochter vererbt und dort getragen, wo alle sie sehen konnten: in der Kirche. Da also könnte Marit den Stern erspäht haben.

Nachdem sie ihre Handschuhe im Sommer beim Viehhüten erfunden und gestrickt hatte, trug sie diese im Herbst zum Gottesdienst. Sie müssen eine Sensation gewesen sein und Begehrlichkeiten geweckt haben, jedenfalls begnügten sich die Frauen von Selbu ab sofort nicht mehr mit einfarbigen Handschuhen. Sie setzten ihren Stolz daran, immer Neues zu erfinden, immer aufwendigere Unikate zu stricken. Während manche Strickerinnen ihre Muster bereitwillig mit anderen teilten, waren andere vielleicht

zurückhaltender und reagierten wie eine Norwegerin, die in den 1930er Jahren in die Jacken ihrer Kinder eine ausgefallene Rentierbordüre strickte, die sie sich selbst ausgedacht hatte. Sie blieb ihr ›Familiengeheimnis‹, wer sie um das Muster bat, bekam zur Antwort, sie solle »ihr eigenes Rentier stricken«. Selbu-Mustervarianten wurden von Haus zu Haus, von Hof zu Hof weitergegeben, bis sie 2016 in einem Standardwerk mit dem Titel *Selbuvotter (Selbufäustlinge)* landeten. Für dieses Buch strickten sechzehn Selbuerinnen sage und schreibe 500 unterschiedliche Handschuhpaare, jedes nach der Vorlage einer meist unbekannten Urheberin.

Selbstverständlich kann auch heute noch jede drauflosstricken und Eigenes erfinden. Aber sie kann nicht hoffen, mit ihren

Ideen das Selbu-Repertoire zu bereichern. Womit wir zum Ausgangspunkt, nämlich der Frage zurückgekehrt sind, was als ›original‹ gelten kann.

Die Gralshüter des ›echten Selbu-Handschuhs‹ lassen etwa 300 Motive sowie die Farben Schwarz und Weiß gelten. Rot, das früher teuer und Festkleidung vorbehalten war, ist in Ausnahmen erlaubt. Nur jene Motive und Farben, die heute als ›original‹ gelten, dürfen nach bestimmten Regeln kombiniert werden. Alles, was von diesen Vorgaben abweicht, ist nach diesen strengen Regeln nicht kreativ, sondern falsch. Das Äußerste an Entgegenkommen ist ein schmallippiges Zugeständnis, es stehe selbstredend allen frei, zu stricken, was sie wollten, aber *Selbu* sei das nicht.

Was heute als ›echt Selbu‹ gilt, ist im Grunde nichts anderes als eine Momentaufnahme in der Entwicklung dieser Tradition – und zwar des Moments, als die Tradition aufhörte, eine wirkliche *Volksstrickerei* zu sein – und das heißt: als noch jede Strickerin gleichberechtigt zur Entwicklung der Tradition beitragen konnte. Diese Freiheit ging durch die Kommerzialisierung der Selbumuster verloren, darauf komme ich ausführlich zurück.

Dieser Endpunkt der Entwicklung wird von den heutigen ›Gralshütern‹ zugleich als ihr Höhepunkt definiert. So, wie die Mustervielfalt zu diesem Zeitpunkt aussah, so und nicht anders sei sie *vollendet*. Eine einzelne Strickerin hat nicht mehr das Recht, sie nach eigenem Gutdünken zu erweitern.

In diesem Beispiel steckt das Dilemma aller Traditionshüter: Wenn man das Alte für neue Einflüsse öffnet, wird das Neue das Alte so lange verändern, bis kein ›Altes‹ mehr übrig ist. Schließt man aber die Tradition hermetisch gegen alles Neue ab, verliert es seine Lebendigkeit und wird zum bloßen Museumsstück.

Ich habe ein schönes Beispiel dafür gefunden, wohin allzu viel Ehrfurcht vor dem Original führt. Vor wenigen Jahren veröffentlichte eine Amerikanerin ein Buch mit Anleitungen für Selbu-Handschuhe, es waren Kopien alter Stücke. Im Buch ist ein neu gestrickter Handschuh abgebildet. Wie bei den alten Originalen weicht dessen Streifenmuster am kleinen Finger von denen der anderen Finger ab (das Daumenmuster ist völlig anders). Dieser Unterschied war mit Sicherheit ein Fehler der strickenden Norwegerin, den die Strickbuchautorin nicht bemerkt hat. Und so wandert der Patzer einer vor langer Zeit verstorbenen Norwegerin (über den sie sich möglicherweise geärgert hat) in immer neuen Kopien durch die USA. Und da das Buch übersetzt wurde, ist er auf dem Umweg über die USA nach Norwegen zurückgekehrt, wo er ebenfalls getreulich nachgearbeitet wird.

Wenn Sie bei Ihrem nächsten Norwegenurlaub in seriösen Kunsthandwerksläden Fäustlinge finden, die das Etikett *Selbu* tragen, können Sie sicher sein, dass diese alle aktuellen Kriterien an ein Original erfüllen. Doch die Selbuerinnen des ausgehenden neunzehnten oder beginnenden zwanzigsten Jahrhunderts hätten über diese Stücke vermutlich verächtlich die Nase gerümpft. Denn was heute in den Verkauf kommt, ist mit 3er Nadeln und entsprechend dickem Garn gestrickt.

Marit Emstads Stern ist angeblich das weltweit bekannteste und einflussreichste Einstrickmuster, es führt ein Eigenleben, das Selbu nie kontrollieren konnte: Spätestens seit den 1930er Jahren veröffentlichen deutsche Handarbeitshefte Anleitungen für Norweger-Pullover mit Stern, in den USA präsentierte die Stricklegende Zimmermann in den 1950er Jahren einen ebenso hübschen wie eigenwilligen Entwurf. Heute saust er per Internet um die Welt und wird mit traditionellen Mustern aus Lettland, der Türkei oder Südamerika kombiniert. Er schmückt Kindermützen, Kissenbezüge und handgestrickte Herrenunterhosen, er war das Leitmotiv einer gesamten Winterkollektion von Dolce & Gabbana. Und er erlebt eine Renaissance durch Puristen wie den Japaner Toshiyuki Shimada, dessen Handschuhe sich – bei 50 Maschen auf zehn Zentimeter – mit den besten Selbu-Arbeiten des 19. Jahrhunderts messen können. Sie sind so präzise nachgearbeitet, dass sie Museumsreplikate sein könnten.

Um eine ganz andere Tradition handelt es sich bei dem *Gansey* genannten Pullover. Er wurde bis Mitte des 20. Jahrhunderts von britischen Fischern getragen. Der Name verrät seinen Ursprung, er stammt aus *Guernsey*, der Kanalinsel zwischen Frankreich und England. Auf Guernsey und der Nachbarinsel Jersey – ebenfalls Namensgeber für eine Art von Gestrick – gab es schon zu Zeiten von Königin Elizabeth I. eine blühende Strickindustrie. Damals allerdings waren die Inseln für besonders feine Strümpfe bekannt. Seit wann es den Gansey genannten Pullover gibt, ist allerdings ungewiss. Während die einen behaupten, er hätte 1805 schon bei der legendären Schlacht von Trafalgar als Teil der Marineuniform seinen Auftritt gehabt, meinen andere, er sei frühestens um die Mitte des 19. Jahrhunderts entstanden.

Auf erheblich sichererem Terrain bewegen wir uns, wenn es um die typischen Konstruktionsmerkmale des *Gansey* geht. Auch sie gehorchen den Gesetzen der Zweckmäßigkeit, er musste zum Leben derer passen, die ihn täglich trugen. Ein echter Gansey ist einfarbig dunkelblau und nahtlos gestrickt. Er hat ein Muster aus rechten und linken Maschen, das dichter ist als ein glatt rechtes Gestrick. Er wird eng gestrickt, weil das wärmer ist, Vorder- und Rückseite sind identisch, weil das die Lebensdauer des Stücks verlängert, und auch die Ärmel haben mehrere Besonderheiten: Sie sind etwas zu kurz, damit sie bei der Arbeit nicht nass werden oder im Netz hängen bleiben, sie werden von oben nach unten gestrickt, damit ein verschlissenes Bündchen von unten aufgezogen und ausgebessert werden kann. Ein Zwickel unter den Achseln gibt zusätzliche Bewegungsfreiheit.

Angeblich besaß jeder Fischer drei *Ganseys*. Seine Ehefrau strickte ihm jedes Jahr einen neuen, das war dann sein *guter* Pullover. Den bisher ›Guten‹ trug er künftig am Feierabend und den Feierabendpullover zur Arbeit. Der verschlissene wurde mit Sicherheit nicht einfach weggeworfen, sondern als Isolationsmaterial oder Ähnliches weiterverwendet.

Der Gansey gilt als Urahn aller Pullovervariationen, die in England, Irland und Schottland entstanden sind. Einer dieser Enkel ist der *Aran-Pullover*, der die Verwandtschaft schon in seinem irischen Namen *báinín geansaí* verrät. Um keinen anderen Pullover ranken sich so wilde Geschichten über seine Entstehung wie um diesen naturweißen Wollpullover mit Zopfmustern. In einer heißt es, jede Familie auf den drei Araninseln westlich von Irland habe ihr eigenes Zopfmuster gehabt, das über Jahrhunderte nur innerhalb der Familie weitergegeben worden sei. Das ist ebenso unsinnig wie die dazugehörende Mär, Sinn dieses Musters sei es gewesen, mit seiner Hilfe einen ertrunkenen Angehörigen identifizieren zu können. Der Ursprung dieser düsteren Story ist ein Theaterstück von 1904, in dem ein Ertrunkener tatsächlich an seinem Pullover erkannt wird – allerdings nicht an dem prachtvollen Familienmuster, sondern ironischerweise daran, dass die Strickerin einen Fehler wiedererkennt, den sie gemacht hatte.

Maßgeblich am Entstehen eines anderen Mythos beteiligt war der Brite Hans Kiewe, der aus Ostpreußen stammte und 1933 nach London geflohen war, wo seine Familie ein elegantes Konfektionsgeschäft eröffnete. Wenig später sah Kiewe seinen ersten Aran-Pullover, der ihn so nachhaltig faszinierte, dass er 1967 – dreißig Jahre später – in einem Buch mit dem Titel *The Sacred History of Knitting* behauptete, die verschlungenen Muster hätten »*alle eine heilige Bedeutung*« und gingen auf die Kelten zurück. Das ist eine ziemlich steile These, denn man vermutet, dass die Kelten im 5. Jahrhundert v. Chr. vom Festland nach Irland kamen.

Von den Bewohnern der Inseln und den Aufkäufern der Pullover hört man selten Protest gegen die Fabeln von Familienmuster und Keltenerbe, obwohl alle wissen, dass der *báinín geansaí* ein Kind des 20. Jahrhunderts ist. Doch die romantische Aura, die der Pullover so bekommt, förderte früher und wohl noch heute den Verkauf ins Ausland, vor allem in die USA.

Das National Museum of Ireland in Dublin besitzt einen Musterpullover von den Araninseln, der um 1930 entstand und Gemeinsamkeiten mit den traditionellen Pullovern der schottischen Inseln aufweist. Anne O'Dowd, die Kuratorin der dortigen Strickabteilung, weiß zu berichten, dass der Aran-Pullover, wie wir ihn kennen, in den ersten Jahrzehnten des 20. Jahrhunderts entstanden ist. An seinem Aussehen wirkten, neben den Strickerinnen selbst, britische Fischer sowie Auswanderer mit, die in die Heimat zurückkehrten und aus der Fremde neue Ideen mitbrachten. Eine wichtige Rolle spielte auch die Anforderung einer kostengünstigen Herstellung und der Vermarktung.

Der Aran-Pullover ist also erheblich jünger, als manche uns glauben machen wollen. Und doch ist er typisch für die Inseln und Teil ihrer Identität. »Der Volkskunst einer Gemeinschaft fehlt es nicht an Authentizität, nur weil ihre Geschichte kurz ist«, schreibt der kluge Richard Rutt.

Die erste gedruckte Anleitung für einen Aran-Pullover erschien in England in den 1940er Jahren, 1982 versammelte *The Complete Book of Traditional Aran Knitting* nicht weniger als 71 verschiedene Zopf- und Flechtmuster.

Diese für den Aran-Pullover typischen Zopf- und Flechtmuster tauchen in anderen europäischen Traditionen erstaunlich selten auf. Die einzige Assoziation, die sich sofort einstellt, sind die Strümpfe und Janker der Alpenregion (dazu gleich mehr). Kann es sein, dass Strickerinnen, die zweitausend Kilometer voneinander entfernt lebten, eine fast identische Technik entwickelten? Manche behaupten, dass viktorianische Philanthropen um 1900 auf die Araninseln kamen und den Bewohnern Zopfmuster beibrachten, die schon in England, Schottland und Irlands Nordwesten bekannt gewesen sein sollen. Von solchen Traditionen hat offenbar keine überlebt.

Die amerikanische Strickbuchautorin Alice Starmore meint, dass die Aran-Insulanerinnen die Zopfmuster von strickkundigen Schottinnen lernten, die auf der Insel in der Fischindustrie arbeiteten. Sehr interessant ist die Geschichte einer Aran-Insulanerin namens Margaret Dirrane. Sie war 1906 nach Boston ausgewandert, wo sie »von einer ausländischen Einwanderin« Zopf- und Flechtmuster lernte. 1908 fuhr Dirrane wieder heim und gab ihr neues Wissen an ihre Landsleute weiter. Das ist eine plausible, ich finde: *wunderbare* Geschichte – leider verrät sie uns nicht, ob die »ausländische Einwanderin« aus den Alpen kam. Dort gibt es Trachtenstrümpfe aus feiner weißer Baumwolle, die ein Durchbruchmuster und/oder ein Muster aus verkreuzten rechten Maschen auf links gestricktem Untergrund haben, die plastisch hervortreten. Solche Strümpfe wurden im 19. Jahrhundert nicht nur im Alpenraum, sondern auch im Norden Deutschlands getragen. Von dieser Ausnahme abgesehen, scheint es im deutschsprachigen Raum keine ausgeprägten eigenen Muster zu geben.

Das ist nicht die einzige Besonderheit im deutschsprachigen Raum. Es gibt nämlich auch keine Hinweise darauf, dass dort Oberbekleidung für den Alltag gestrickt wurde. Die einzige Ausnahme, die ich gefunden habe, ist der *Sarner Jangger* aus dem Südtiroler Sarnertal. Er wurde angeblich 1590 zum ersten Mal erwähnt, man trug in bei der Arbeit, und er war Bestandteil der Tracht. Berichte über Heimarbeit im 18. und 19. Jahrhundert erwähnen Strümpfe, Mützen, Schals, aber Oberbekleidung wie Pullover und Jacken kommen nicht vor; die strickenden Damen des 19. Jahrhunderts fertigten offenbar nur kleine Handarbeiten wie Babyhauben, Spitzenkrägen oder Zierdeckchen, und in Museen gibt es nur kostbare Seidenkamisole.

Diese Merkwürdigkeit ist nicht auf das 18. und 19. Jahrhundert beschränkt, denn ich konnte auch keine Belege dafür finden, dass in Deutschland vor den 1920er Jahren, also vor dem Ersten Weltkrieg, Oberbekleidung gestrickt worden wäre. Mir will keine Erklärung einfallen, warum das so gewesen sein könnte. Man konnte stricken, hatte Schafwolle, und kalt wurde es in Deutschland auch.

Als »deutsches Traditionsstück« gilt eine schwarze, taillenlange Strickjacke mit Schößchen, grün-roten Streifen am Halsausschnitt und einer rot-grünen Kordel um die Taille, die gemeinhin *Berchtesgadener* genannt wird. Eine Tourismus-Seite für das Berchtesgadener Land schreibt, sie gehöre als »Hemad« zur Tracht des Berchtesgadener Lands. In einem fundierten Artikel zur Geschichte der dortigen Trachten wird sie aber nicht erwähnt. Die alten Fotos, die den Artikel begleiten, zeigen Dirndl mit schwarzem Mieder, manche Frauen tragen darüber ein Schoßjäckchen aus Stoff. Ein Berchtesgadener ist auf keinem zu sehen. Ich vermute, dass die ›traditionelle Trachtenjacke‹ nach dem Ersten Weltkrieg entstanden ist, sicher ist, dass sie es im Dritten Reich zu Ruhm brachte, weil sie zur Uniform des Bundes Deutscher Mädel gehörte.

Am Stricken lässt sich gut zeigen, wie über Jahrhunderte nicht nur Waren, sondern auch Fertigkeiten und kreative Ideen kreuz und quer durch Europa transportiert wurden, wie in der Begegnung fremder Kulturen immer wieder Neues entstand. Es ging und geht um Anregung, Inspiration, Entlehnen, Adaption, im Idealfall um einen Austausch, bei dem jemand etwas bekommt, ohne dass einem anderen etwas genommen wird.

Seit einiger Zeit allerdings geht es seltener um *Entlehnen* und immer häufiger um Urheberrecht, Ideenklau und die Verletzung geistigen Eigentums. Ein treffendes Beispiel, eines von vielen, ist ein Pullover, den die Kommissarin der dänischen TV-Serie *Das Verbrechen* trug, die 2008 in mehreren europäischen Ländern ausgestrahlt wurde. Die Hauptperson Sarah Lund trug einen weißen Pullover mit sehr großen schwarzen Norwegersternen, der so präsent war, dass sich die meisten Zuschauer nur an diesen Pullover erinnern. Ich fand ihn vor allem schlecht gestrickt, stand aber mit dieser Meinung offenbar allein auf weiter Flur, denn es brach ein regelrechter Hype aus. Der Pullover war, wie sich bald herausstellte, von der kleinen Firma Gudrun & Gudrun eigens für diesen Film entworfen worden. Wenn Sie möchten, können Sie einen sehr ähnlichen Pullover für 300 Euro direkt bei den Designerinnen von den Färöer Inseln bestellen. Sie lassen ihn, wie andere Pullover ihrer Kollektion, von Frauen auf den Färöer, in Jordanien und in Peru in Heimarbeit von Hand stricken.

Nun ist der Lund-Pullover – Design hin, Design her – recht einfach zu kopieren, also haben damals einige Strickerinnen das Muster nach Bildern selbst ausgetüftelt, nachgestrickt und ihre Anleitung in Internetforen mit anderen geteilt. Der Gudrun & Gudrun-Entwurf ist aber urheberrechtlich geschützt, und die Firma verteidigte ihre Rechte nicht nur gegen kommerzielle Vermarktungsversuche, sie ging auch gegen einige private Strickerinnen juristisch vor. Was manche als kleinlich belächeln, hat einen ernsten Hintergrund. Mit jedem illegal kopierten Stück wird eine Designerin um den Lohn für ihre Arbeit geprellt, sie kann in aller Regel nichts dagegen unternehmen, wenn Raubkopien ihrer Entwürfe per Mausklick um die Welt gehen. Wir haben uns so daran gewöhnt, dass wir im Netz nahezu alles kostenlos bekommen, dass nur wenige diese Praktiken als das bezeichnen, was sie sind: Diebstahl.

Gudrun & Gudrun zitierten mit dem Lund-Pullover altbekannte Motive nordatlantischer Stricktraditionen und veränderten sie stark genug, um das als Originalentwurf in Anspruch nehmen zu können. Anders sieht es aus, wenn Karl Lagerfeld in einer Chanel-Kollektion Fair-Isle-Pullover zeigt, die von seinen Kreativen nicht verändert, also ›adaptiert‹, sondern eins zu eins kopiert wurden. Die Scouts von Chanel waren 2016 auf Fair Isle gewesen und hatten von der dort lebenden Designerin Mati Ventrillon zwei Pullover erworben, die diese im Einklang mit der dortigen Tradition entworfen und selbst gestrickt hatte. Einer der Pullover erschien praktisch unverändert auf dem Laufsteg, Ventrillon wurde nicht genannt. Das Modehaus entschuldigte sich und veröffentlichte zudem einen Text über die Stricktradition der Insel. Man will für Mati Ventrillon hoffen, dass mit der Entschuldigung eine angemessene finanzielle Entschädigung einherging und diese – ungeplante – Werbung ihr Geschäft belebt hat.

Nach diesem Vorfall kündigte die Lokalregierung *The Shetland Council* an, man wolle sich bemühen, den Namen *Fair Isle* schützen zu lassen. Als Fair Isle sollten künftig ausschließlich Strickstücke »von guter Qualität« bezeichnet werden, die auf Fair Isle oder den Shetlands hergestellt werden. Das wäre eine äußerst exklusive Marke. 2016 lebten auf Fair Isle nicht einmal sechzig Menschen, drei von ihnen waren kommerzielle Handstrickerinnen. Mati Ventrillon, eine von den Dreien, sagte in einem Interview, dass sie Luxusprodukte herstelle und ihre Kundinnen nicht nur für die Qualität des Strickens bezahlten, sondern auch dafür, dass das Leben und Arbeiten auf der Insel viele Unannehmlichkeiten und Härten mit sich bringe.

Doch die Schlacht um den Markenschutz ›Fair Isle‹ ist allein schon darum aussichtslos, weil im Englischen jede Art von Jacquardmuster Fair Isle genannt wird, in Fernost werden die traditionellen Muster sehr passabel maschinengestrickt und als *Fair Isle* billigst verkauft.

Wenn eine Strickerin von den Araninseln auf die Frage, was einen Aransweater zum Aran-Sweater mache, knapp antwortet, »Ein Aran-Pullover ist ein Pullover, der auf den Araninseln handgestrickt wurde«, hat sie die Textilhistoriker ebenso auf ihrer Seite wie alle begeisterten Strickerinnen der Welt, die dennoch Aran-Pullover stricken, wenn sie das wollen. Und die Textilindustrie pfeift sowieso drauf.

In den letzten Jahren sind nicht nur auf Fair Isle oder in Selbu, sondern an allen Orten mit einer ausgeprägten Stricktradition Initiativen zur Wahrung dieser Tradition entstanden. Die Geschichte der Herkunft, Entstehung, Entwicklung und Verbreitung der Muster wird erforscht, man ehrt die Menschen, die sie ersonnen und gestrickt haben. Das Original soll wieder zur Geltung gebracht werden, dazu gehört, dass man einige Muster und Musterkombinationen als authentisch und daher zulässig erklärt und Neues ablehnt. Eine solche Arbeit kann nicht hoch genug geschätzt werden. Es ist uns wohl allen klar, dass es ohne – manchmal sehr strenge – Hüter der Tradition bald keine Tradition mehr gäbe.

Doch die Situation ist facettenreich, vielleicht sollte ich sagen: widersprüchlich. Denn selbstverständlich kann sich jede Strickerin, wo immer sie lebt, mit Hilfe von Strickbüchern, Musterheften,

Internetblogs und Videos jederzeit jedes Muster und jede Stricktechnik aneignen (die Videos sind mitunter hilfreicher als die deutschen Strickbücher, die oft miserabel, manchmal schlicht falsch übersetzt sind). Die Beherrschung von Old Norwegian Cast-On, Italian Bind-Off und Russian Joint sind nur ein YouTube-Video entfernt, und da das oft amerikanische Filmchen sind, verwenden wir auch die englischen Begriffe. Niemand sagt Altnorwegischer Anschlag, Italienisches Abketten oder Russisches Fädenverbinden. Traditionelle Muster werden unentwegt verändert, adaptiert und modernisiert, manchmal ironisiert. Die Designer Arne & Carlos, ein Norweger und ein Schwede, tragen beispielsweise klassische Norweger-Pullover, die statt des klassischen OXO-Musters eine Space Invader-Bordüre haben, andere stricken Varianten mit Totenköpfen oder Herzchen.

Mit Wolle aus Neuseeland, die in China gesponnen und in Bayern gefärbt wurde, stricken wir den Entwurf einer französischen Designerin nach; wir kombinieren für eine mohnrote Mütze ein schottisches Sanquar-Muster, das traditionell schwarz-weiß ist, mit den Strukturmustern des Gansey von den Kanalinseln, der traditionell dunkelblau ist, und schmücken den Rand mit einem lettischen Zopf. Und unsere Strickfreundinnen reagieren darauf nicht befremdet, sondern mit Bewunderung. Wir denken selten darüber nach, wie globalisiert unser Hobby geworden ist.

Dazu gehört auch, dass über das Internet eine erstaunliche ›Gleichmachung‹ geschieht. So, wie man einen in Frankfurt gekauften H&M-Pullover auf den Straßen von Warschau, Casablanca oder Santiago de Chile antreffen kann, kann man dort dem Schal oder Pullover begegnen, den man selbst nach einer Anleitung aus dem Internet gestrickt hat. Im Unterschied zum H&M-Pullover jedoch, der überall auf der Welt absolut identisch ist, wurde jedes ›Internet-Stück‹ individuell und mit anderer Wolle gestrickt und ist daher – trotz identischer Vorlage – immer anders, immer einzigartig. Immer ein Unikat.

## SIE SOLLTE MIT VERSTAND STRICKEN
## DAS SALONSTRICKEN

Eine sehr besondere Stellung unter den Strickenden des 18. Jahrhunderts – ja, unter allen Strickenden *der Welt* – nimmt Thérèse Defarge ein. Sie ist ›nur‹ eine erfundene Figur in Charles Dickens' Novelle *Geschichte aus zwei Städten* von 1859, das Bemerkenswerte an ihr aber ist, dass sie während der Französischen Revolution ihr Strickzeug als – heute würden wir sagen: Waffe im politischen Kampf einsetzte: Um alle Aristokraten und weitere Gegner der Revolution auszumerzen, strickte sie nach einem geheimen Code eine Liste mit den Namen jener, die auf der Guillotine sterben sollten.

Madame Defarge gilt als »böse Person«, Literaturwissenschaftler bezeichnen sie als »personifizierte Rachsucht«. Viel seltener findet man aus der Novelle folgende Passage zitiert: »Alle die Weiber strickten. Sie strickten unnütze Dinge, aber die mechanische Arbeit war ein mechanischer Ersatz für Essen und Trinken; die Hände bewegten sich statt der Kiefer und statt des Verdauungsapparats. Hätten die klapperdürren Finger geruht, so würden die Magen das Kneifen des Hungers schwerer empfunden haben.«

Das historische Vorbild für diese »Weiber« ebenso wie für Madame Defarge sind die *tricoteuses*, also die *Strickerinnen* der französischen Revolution. Sie gab es wirklich, sie stammten aus der Pariser Arbeiterklasse oder der Kleinbürgerschicht. Die »berüchtigten Tricoteuses« saßen in den Tribunalen, wo die Adligen und Reichen verurteilt wurden, oder, wie der damalige Scharfrichter schrieb, »mit ihrem Strickzeug auf Bänken an der Guillotine und rissen Witze, während sie auf die Verurteilten warteten; bei passender Gelegenheit vergriffen sie sich auch an Passanten, wenn diese nur aristokratisch aussahen«. Sie strickten die roten Jakobinermützen, die später als »Freiheitsmütze« zu einem Symbol der Revolution und sogar Frankreichs werden sollte – die französische Nationalfigur Marianne wird häufig mit einer solchen Mütze abgebildet.

Die strickende Madame Defarge, die konkret in die Politik eingreifen wollte, ist eine bemerkenswerte Umkehrung des Bildes, das das Bürgertum des 19. Jahrhunderts vom Stricken hatte – es war eine Fähigkeit, die jede tugendhafte Frau beherrschen musste, ja praktisch gleichbedeutend mit Weiblichkeit. In den Erziehungsschriften des 19. Jahrhunderts wimmelt es nur so von Forderungen wie, »ehe ein kleines Mädchen lesen oder gar rechnen lernt, muß es stricken können«; es ist dies eine Arbeit, »die man beinahe ›Spielerei‹ nennt«. Man dürfe nicht zu lange warten, »mit vier Jahren muß das jedes ordentliche Mädchen können«, denn Handarbeiten »erfordern große Gewandtheit der Finger, viel Übung, Bildung des Ordnungs- und Schönheitssinns. Das sich anzueignen, ist das erwachsene Mädchen nicht mehr befähigt. Die Finger sind zu unbiegsam, die Zeit zu vielfältig in Anspruch genommen, die Geduld nicht entwickelt.« Von da war es nur ein kleiner Schritt zu dem verdammenden Urteil: »Ein Mädchen, das nicht stricken konnte, war gar kein Mädchen.«

Vermutlich empfanden bürgerliche Frauen diesen Drill ihrer Töchter nicht als ›Disziplinierung‹. Außerdem waren Handarbeiten im Allgemeinen und Stricken im Besonderen nicht nur im Bürgertum ein Instrument der Kontrolle, auch die Töchter armer Tagelöhner wurden zum Stricken verdonnert, es sollte dem Kind Tugenden wie Fleiß, Ordnung, Sparsamkeit, Sittsamkeit und Selbstzucht anerziehen und es so auf ein künftiges Leben als Gattin, Hausfrau und Mutter vorbereiten. 1864 schrieb eine Autorin namens Wilhelmine von Oeynhausen in einem Werk mit dem Titel *Worte mütterlicher Liebe*: »Das Strickzeug stehe den übrigen Arbeiten auch nicht nach; nur mache man es nicht zur Hauptsache; es eignet sich recht gut dazu für jeden Augenblick die beiläufige Arbeit der Jungfrau zu seyn, um sie immer vor Müssiggang zu sichern.«

Müßiggang war nämlich aller Laster gefährlicher Anfang; und die führte im schlimmsten Fall zu »sündiger Lüsternheit und sexuellem Verlangen«. 1838 spottete ein englischer Journalist über die strickenden Damen der besseren Gesellschaft, sie erzeugten eine endlose Flut hübscher Dinge, die unter allen Aspekten nutzlos seien, »außer dem, sich jener Stunden zu entledigen, die man möglicherweise ohne deren Hilfe nicht ganz so unschuldig verbrächte«.

Der Direktor einer Magdeburger Höheren Töchterschule konstatierte 1826 mit deutlichem Entsetzen, dass das eine das andere keineswegs ausschloss:

»Wie manches junge Mädchen stürzte sich nicht dadurch ins Verderben, daß es die Gewohnheit angenommen hatte, nicht auf der Mitte des Stuhls, sondern auf der äußersten Ecke desselben zu sitzen, und dadurch einen reizbaren Theil seines Körpers berührte, dessen Empfindung es nach und nach zu verstärken suchte! Oder wie manches andere hatte gleiches Schicksal, weil es sich angewöhnt hatte, das Nähzeug an das Knie zu befestigen, und dabei, um die Arbeit dem Gesichte näher zu bringen, die Schenkel übereinander zu schlagen, so daß es durch mehr oder minder heftig drückende Bewegung sich schwächte, ohne von der Aufseherin bemerkt zu werden, da es während jener heimlichen Bewegungen fort zu nähen sich gewöhnt hatte. Überhaupt ist das Überschlagen der Schenkel, ja schon das starke Aneinanderdrücken derselben, beim Sitzen wie beim Stehen, eine Lage, die, meinen öfteren Beobachtungen und Erfahrungen zufolge, allein schon hinreichend ist, dieses Laster (...) unmerklich zu treiben.«

Es wurde also schon Fünfjährigen unterstellt, dass sie bei der Handarbeit einem *Laster* frönten, das man ihnen austreiben musste! Wenn man das weiß, erscheinen die vielen Gemälde und Zeichnungen von Mädchen, die allein in der Stube, im Garten oder auf dem Feld sitzen und völlig gedankenversunken stricken, in einem ganz neuen Licht.

Die Klassenunterschiede mit ihren stark auseinanderklaffenden Lebensformen und Einkommensmöglichkeiten waren im Europa des 19. Jahrhunderts eine Selbstverständlichkeit; nichts zu haben und im Elend zu leben, galt als eigenes Verschulden, bestenfalls als Schicksal, das man hinnehmen musste. Manche gut situierte Dame strickte durchaus einen Leibwärmer für ihren Kutscher, doch ob es angemessen war, als Akt der Wohltätigkeit für die Armen zu stricken, war umstritten. Die Armen sollten vor allem zum Fleiß angehalten werden. Zudem war man sich einig, dass sie zum Stricken praktischer Dinge eher taugten als die Damen des Bürgertums, die der feinen Handarbeit zuneigten.

Dieses Bürgertum entstand um die Mitte des 18. Jahrhunderts und erlebte seine Blüte im 19. Jahrhundert. Besonders einflussreich war die *Bildungsbürgertum* genannte Gesellschaftsschicht, der wohlhabende Kaufleute und höhere Beamte ebenso angehörten wie Akademiker. Man schätzte Kultur, Bildung und Wohlstand, es war wichtig, sich durch Luxus und Statussymbole von den weniger Privilegierten abzugrenzen und vor den Augen der eigenen Schicht zu bestehen. Der soziale Status des Mannes definierte den Status der Frauen in seiner Familie, deren Lebensstil spiegelte seine gesellschaftliche Stellung. Ihr Auftreten sollte zeigen, dass er es sich nicht nur leisten konnte, ›seine Frauen‹ zu ernähren, sondern sie mit einem gewissen Prunk auszustatten.

Das Ideal der großbürgerlichen Familie zeigt ein Gemälde des norwegisch-dänischen Malers Peder Severin Krøyer. 1881 malte er den dänischen Tabakfabrikanten und Kunstsammler Heinrich Hirschsprung mit Ehefrau, vier Söhnen und einer Tochter in einer entspannten Situation: Zwei Jungs verfolgen mit Interesse etwas, das sich unterhalb des Balkons ereignet, einer liest Zeitung, einer betrachtet mit dem Vater ein Buch oder einen Skizzenblock. Die Mutter häkelt mit elegant gespreizten Fingern und betrachtet ihre

Tochter ernst, fast besorgt. Diese strickt und schaut als Einzige den Betrachter an, lächelt ihm sogar zu. Und sie tut, was eine ›Tochter aus gutem Hause‹ unbedingt tun muss: Sie sitzt still, Ellbogen am Körper, Knie eng beieinander.

Die häkelnde Frau Hirschsprung entspricht der Vorstellung, dass eine Frau niemals untätig sein dürfe. Sie und ihre Tochter wirken wie Bebilderungen der Ermahnung des Ratgebers *Der gute Ton in allen Lebenslagen* von 1884, dass ein Mädchen »nie müßig sitzt. Wer eine gute Hausfrau werden will, muß frühzeitig lernen, keine Minute müßig vorübergehen zu lassen, jede Stunde weise auszunützen«. Selbstverständlich durften solche Betätigungen nicht im Entferntesten nach Sparsamkeit oder gar Arbeit aussehen. Für das Geldverdienen hatte man den Vater, beziehungsweise den Gatten, für niedere Arbeiten das Dienstpersonal. Die Frau sollte im Heim repräsentieren und durch ihr Verhalten bestätigen, dass die Familie zur kulturellen Elite zählte. Das alles addierte sich zu der paradoxen Forderung, dass eine Dame der Gesellschaft eine elegante Nichtstuerin sein sollte, die nicht *faul* war.

Die Lösung dieses Dilemmas waren Betätigungen wie Zeichnen, Dichten, Musizieren, Sticken, Häkeln und Stricken, die für die Bewältigung des schnöden Alltag nutzlos waren, aber von gutem Geschmack und Bildung zeugten und zudem viel tägliche Zeit beanspruchten – Nichtstun kann auf Dauer sehr langweilig werden. Und so wurden zeitraubende Handarbeiten wie jene Monogramme ausgeführt, die Bräute mit weißem Garn in jedes Stück ihrer weißen Aussteuer und in jedes Stück der weißen Leibwäsche stickten. Von diesen Monogrammen in Tisch- und Bettwäsche abgesehen, wurde viel Zeit in Dinge investiert, die selten und behutsam benutzt wurden. Funktionalität war nicht das angestrebte Ziel, zum täglichen Verschleiß hatte man anderes. Eine Dame wäre nie auf den Gedanken gekommen, einen Topflappen zu stricken oder zu häkeln.

Ebenso unangemessen war es, mit langen Stricknadeln herumzufuchteln und unförmige Wollberge im Schoß zu halten. In den bürgerlichen Kreisen des 19. Jahrhunderts strickte man sowieso kaum größere Kleidungsstücke, die norwegische Schriftstellerin Amalie Skram (1846–1905) geriet etwas in Verruf, weil sie immer viel zu ›praktische‹ Handarbeiten dabeihatte, wenn sie bei anderen jungen Ehefrauen zu Besuch war. Das sah fast aus, als hätte sie es finanziell nötig.

1879 besprach Skram für eine Tageszeitung die Uraufführung von Henrik Ibsens Theaterstück *Nora* oder *Ein Puppenheim*. Vielleicht erkannte sie sich in den Worten wieder, mit denen Torvald Helmer, der Ehemann der freiheitsdrängenden Nora, eine strickende Bekannte maßregelt:

»Sie sollten lieber sticken. Weil es viel hübscher aussieht. Sehen Sie nur: man hält die Stickerei mit der linken Hand, – so –, und mit der rechten führt man die Nadel – so – in leichtem, langgestrecktem Bogen; nicht wahr? Das Stricken hingegen, – das kann nur unschön sein. Sehen Sie her: die zusammengeklemmten Arme, – die Stricknadeln, die auf und ab fahren, – das hat so was Chinesisches an sich.«

(Diese Stelle beweist übrigens, dass der Norweger Henrik Ibsen sich mit Stricken auskannte, während der Deutsche Thomas Mann seine Konsulin Buddenbrook mit »zwei großen hölzernen Nadeln einen Schal häkeln« lässt.)

Es kam nur Kleines, Feines, Dekoratives in Frage, das sich zierlich in Händen halten ließ und die Weiblichkeit der Silhouette nicht ruinierte. Wie wichtig diese Eleganz der Erscheinung war, habe ich erst durch Richard Rutt begriffen. Der bedeutende Strickhistoriker schreibt, es habe unter bürgerlichen Frauen regelrechte Moden gegeben, wie beim Stricken die rechte Hand zu halten sei. Zu Zeiten von Königin Victoria habe man in den englischen Salons plötzlich begonnen, die rechte Nadel wie einen Bleistift mit Daumen und Zeigefinger zu fassen. Das sehe, schreibt Rutt, zwar elegant aus, sei aber wenig effizient. Die Historikerin Katrina Gulliver, die sich mit Stricktechniken befasst, betont, dass die Langsamkeit des Strickens keine zufällige Begleiterscheinung des Hobbys, sondern Absicht sei.

»Die englische Art des Strickens (eine Nadel in jeder Hand, Handflächen nach unten), zielte nie auf Schnelligkeit ab. Damen des 19. Jahrhunderts übernahmen diese Technik zu einer Zeit, als die privilegierten Schichten begannen, sich für *production crafts* [verschiedene Sparten des Handwerks und Kunsthandwerks] zu interessieren und diese als Zeitvertreib und Liebhaberei selbst auszuüben.
Die Frauen, die zum Lebensunterhalt und nicht zum graziösen Zeitvertreib strickten, hielten, zumindest in England, die Nadeln anders. Da man viel schneller arbeitet, wenn sich nur eine Nadel bewegt, fixierten sie eine Nadel unter dem Arm, in einem Gürtel oder sogar zwischen den Oberschenkeln. Das mag unelegant sein, ist aber erheblich effektiver, wenn man unentwegt Pullover für den Verkauf produzieren muss. Für eine Hobbystrickerin hat Geschwindigkeit keine Bedeutung, sie kann im Zeitlupentempo stricken, für sie spielt es keine Rolle, ob der Pullover zum Monatsende (oder überhaupt jemals) fertig wird.«

Wer hätte gedacht, dass in dem ›harmlosen‹ Stricken so viel Sozial- und Klassengeschichte steckt?

Das von Rutt beschriebene ›Umlernen‹ war vermutlich auf die englische Königin Victoria zurückzuführen, die von 1837 bis 1901 regierte. Ein zeitgenössisches Damenmagazin wusste zu berichten, die Londonerinnen hätten das *fashionable* Stricken von Damen in Deutschland übernommen, was als Hinweis auf Königin Victoria zu verstehen ist. Diese handarbeitete viel und gern, und sie war allem Deutschen sehr zugetan, weil ihr geliebter Ehemann Albert von Sachsen-Coburg und Gotha Deutscher war. So bevorzugte sie beispielsweise zum Sticken und Stricken ein einfädiges Woll-Stickgarn namens »Berlin Wool«, das in den 1830er Jahren mit Stickerei-Vorlagen aus Berlin nach England gekommen war; in den angelsächsischen Ländern heißt die Sticktechnik *Petit Point* bis heute »Berlin wool work«.

Die Königin wurde in Adelskreisen und im gehobenen Bürgertum sehr verehrt. Da sie den Strickfaden offenbar nicht in der rechten, sondern in der linken Hand hielt, tat man es ihr in den englischen Salons bald gleich – das nennt man in England bis heute *continental knitting*. Zu den bizarren Fakten der Strickgeschichte gehört, dass das Stricken mit dem Garn in der linken Hand im Ersten Weltkrieg so stark mit dem Kriegsgegner Deutschland in Beziehung gebracht wurde, dass Frauen ihren Patriotismus bewiesen, indem sie die »deutsche Art« aufgaben und lernten, das Garn rechts zu halten.

Elizabeth Zimmermann, 1918 in England geboren, lernte mit acht Jahren von ihrem Schweizer Kindermädchen *continental knitting*. Als ihre englische Gouvernante das sah, war sie entsetzt: Was in aller Welt sie da tue! Ob sie nicht wisse, dass das *die deutsche Art zu stricken* sei? Sie verbot ihr das strengstens, die kleine Elizabeth wechselte brav die Hand, doch kaum war die Gouvernante weg, strickte sie wieder ›deutsch‹. Und blieb ein Leben lang dabei.

Es heißt, Königin Victoria habe gern, aber nicht besonders gut gestrickt, und darum rankt sich eine kleine Geschichte. Sie soll in der Nähe von Balmoral Castle eine schottische Familie besucht und ihrer Gastgeberin ein Paar selbst gestrickte Socken zum Geschenk gemacht haben. Anwesend war auch eine schwerhörige alte Frau, die nicht erfasst hatte, wer diese Besucherin war. Sie musterte die Socken und sagte laut: »Wenn ihr Mann nur solche Socken bekommt, tut er mir leid.«

Ich glaube diese Geschichte nicht. Zum einen ist es wenig wahrscheinlich, dass die Herrscherin des britischen Empire einer Untertanin selbst gestrickte Strümpfe schenkt. Zum anderen erzählt man sich an vielen Orten in Europa Geschichten, in denen ein alter Mensch oder ein Kind – also jemand, der als nicht ganz ›zurechnungsfähig‹ gilt – einem Mächtigen unangenehme Wahrheiten sagt. Denken Sie nur an des Kaisers neue Kleider! Aber hübsch bleibt sie, die Geschichte, und man kann sich gut vorstellen, dass Strickerinnen sie tuschelnd weitererzählten, kichernd und voller Genugtuung über ihre eigenen, souveränen Strickkünste.

1800 war in Leipzig das vermutlich erste Buch erschienen, das sich dem Handstricken widmete. Der Titel versprach *Die Kunst zu Stricken, in ihrem ganzen Umfange*, zu Beginn erklärte der Verfasser Johann Friedrich Netto, was ihn zu dem Buch veranlasst hatte: »In meinen jüngeren Jahren (1779–1780) wurde ich mit einem gewissen Herrn Dubois, einem Schweitzer, dem größten Meister der Strickerkunst, bekannt, der sich eine Zeit lang in Leipzig aufhielt, und den Damen in genannter Kunst Unterricht gab. Allein abgerechnet, dass nur wenige an diesem Unterrichte Theil nehmen konnten, da er sich die Stunde mit einem Dukaten bezahlen ließ, so ist durch die Länge der Zeit und andere Umstände vieles, was er lehrte, wieder in Vergessenheit gerathen.« Kaum hatte er einen Mann als Meister des Strickens bezeichnet, versicherte er seinen Leserinnen, er selbst habe sich keineswegs »unberufener Weise zum Lehrer einer Kunst aufgeworfen, die gewöhnlich nur von ihrem Geschlechte ausgeübt wird und dem unsrigen in der Regel ganz unbekannt bleibt«.

Er erläuterte die Herstellung von Strümpfen, Beinkleidern, Schlafmützen, Kinderkleidchen, Stuhl- und *Sopha-Kappen*, Geldbörsen und manches mehr. Rechte Maschen nennt er *glatt*, manchmal auch *ordentlich* gestrickt, linke hingegen *geknüttet*. Die Angaben für Garn und Nadeln sind vage, die »dreissig illuminirten und schwarzen Kupfertafeln« zeigen nicht die Strickstücke, sondern (sehr hübsche) Motive zum Einstricken oder Aufsticken. Eine moderne Strickhistorikerin, die sich mit den, wie sie schreibt, *unzähligen* Büchern des Handarbeits-Autors Netto befasst hat, findet seine Muster so kompliziert, dass man sie heute kaum mehr nacharbeiten könnte. Sollten Sie das Buch erwerben wollen: Ein Wiener Antiquariat bot es im Sommer 2017 für 2500 Euro an.

Dennoch lernten die Damen in Leipzig und anderenorts offenbar schnell und begeistert, denn als der englische Schriftsteller William Thackeray 1831 Deutschland bereiste, besuchte er häufig »in den deutschen Kleinstädten die gemütlichen, bescheidenen, mir so teuren alten Opernhäuser, wo auf der einen Seite der Adel sitzt, laut ruft und Strümpfe strickt ...« (Neunzig Jahre später meldete eine Amerikanerin Stricknadeln mit radiumbestrichenen Spitzen zum Patent an, die im Dunkeln leuchteten. Damit könne man, schrieb sie, auch an dunklen oder schwach beleuchteten Orten wie dem Theater stricken.)

Die Damen stürzten sich auf Muster mit Namen wie *Allemande Trois* oder *Schuh der Cendrillon*. Sprachenmischmasch ist also keine Erfindung unserer Tage: *Cendrillon* ist Aschenputtels französischer Name, allerdings klingt *Aschenputtelschuh* wirklich holprig. Das Lochmuster *Ajour* leitet sich von dem französischen *a jour*, durchbrochen, ab, das ist uns ebenso vertraut wie *Entrelac*, eine Abkürzung von *entrelacement*, was Ineinanderflechten oder Verflochtensein bedeutet. Mit diesen Mustern, eines komplizierter als das andere, entstanden Spitzenkrägen, Bordüren und Babyhäubchen, Deckchen für Beistelltische, Kommoden und Sofalehnen, spinnwebdünne Taschentuchumrandungen sowie »Sommerschals, Nachtmützen, Vorärmel, Stutzen und Pulswärmer, Ohrenwärmer, Manschetten und Unterröcke, Strümpfe, Gamaschen und Handschuhe, außerdem Fußkissen, Gardinen, Sofakissen und Überwürfe zum Schutz der Fauteuils.« Besonders beliebt war das sogenannte Weißstricken mit Baumwoll- und Leinenfäden.

Vieles davon, so sorgfältig es gemacht sein mag, ist für uns Kitsch, nichts als Staubfänger. Dabei lohnt genaues Hinsehen, denn die Ausführung ist oft bemerkenswert, mitunter gibt es wahre Kunstwerke. Geradezu unglaublich ist ein weißes, faltenreiches Taufkleid von 62 cm Länge, das eine Engländerin namens Sarah Ann Cunliffe mit Stahlnadeln aus 5770 Metern handelsüblichem Baumwollnähgarn gestrickt hat. Sie arbeitete fünf Monate lang täglich sieben Stunden daran und machte dabei geschätzte

1 464 859 Maschen. Es wurde 1851 bei der Londoner Industrieausstellung, der ersten Weltausstellung, prämiert und befindet sich heute im Londoner Victoria and Albert Museum. Es erinnert an die Spitzenstolen, die um die gleiche Zeit auf den Shetlandinseln entstanden.

Ebenso fassungslos studiert man als Strickerin die schwierigen, äußerst geduldzehrenden Perlenmuster, für die winzige, verschiedenfarbige Perlen, dem gewünschten Muster entsprechend, erst aufgefädelt und dann verstrickt werden – ein Moment der Unaufmerksamkeit, und die rote Rose hatte einen grünen Streifen. Mit Perlenstrickerei bekamen Strümpfe, Handschuhe und Gürtel Monogramme und Bordüren, auf Seidentäschchen prangten ganzflächige Blumenmuster oder Szenen aus bekannten Gemälden.

Solche feinen Arbeiten wurden, in Seidenpapier eingeschlagen, in Schränken aufbewahrt, die samt Inhalt über Generationen in derselben Familie blieben. Irgendwann faltete eine Enkelin oder Urenkelin das brüchige Papier auseinander und wenn sie genug Verstand hatte, warf sie das kunstvolle Taufmützchen und den langen Musterstreifen nicht weg, sondern vermachte die Erbstücke einem Museum.

Dass sie dorthin gehören, steht außer Zweifel. Zum einen gibt es kaum gut erhaltene, alte Textilien, zum anderen besitzen Museen nur wenige Gegenstände aus vergangenen Jahrhunderten, die ohne Zweifel von Frauen hergestellt wurden. Solche Exponate stellen also eine ebenso bemerkens- wie begrüßenswerte Wertschätzung von Frauenarbeit dar, zumal viele, wie gesagt, handwerklich herausragend sind. Und vergessen wir nicht: In jedem Stück steckt Lebenszeit einer Frau, die mit Hingabe und Konzentration etwas schuf, das von Teilen ihrer Umwelt als ›netter Weiberkram‹ abgetan und gesellschaftlich nicht ernst genommen wurde.

Das Buch des Herrn Netto war das Erste in einer wahren Flut von Handbüchern und Magazinen mit Anleitungen für »feine Handarbeiten«, die Deutschland, aber auch England überschwemmten. Die kreativen Köpfe hinter den Mustern und die Verfasser dieser Bücher waren häufig Frauen, die meisten blieben anonym. Einige aber brachten es mit ihren Publikationen zu Ruhm und (vermutlich) auch Wohlstand. In den 1830ern eröffnete die Schottin Jane Gaugain mit ihrem Ehemann in Edinburgh ein Handarbeitsgeschäft, das schnell zu einem beliebten Treffpunkt der Society-Damen wurde. Gaugain entwickelte ein gut verständliches Abkürzungssystem für Strickanleitungen und publizierte in siebzehn Jahren sage und schreibe sechzehn Bücher mit Strickmustern. Das erste, *Lady's Assistant in Knitting, Netting, and Crochet*, erschien 1840. Mit stolzen 270 Seiten und einigen Abbildungen erlebte es in England und den USA 22 Auflagen und wurde das erfolgreichste Strickbuch seiner Zeit. Die Strickhistorikerin Kate Davies hat Jane Gaugain eine schöne Hommage gewidmet. Sie beschreibt sie als ein Mädchen aus kleinen Verhältnissen, das in Schottlands wichtigster Stadt ein erfolgreiches Unternehmen aufbaute, es schaffte, die Edinburgher Damen für das Stricken zu begeistern, und mit ihrer innovativen Methode, eine Strickanleitung zu schreiben, internationalen Ruhm erlangte.

Ebenso erfolgreich wie Gaugain war die Österreicherin Thérèse de Dillmont, die, 1846 in eine Offiziersfamilie hineingeboren, gegen deren Widerstand Handarbeitslehrerin wurde. Sie fand in der Elsässer Textilfabrik DMC eine Anstellung, wenig später veröffentlichte sie in einem Verlag, der ihren Namen trug, mehrere Anleitungsbücher. Das erfolgreichste, die *Encyklopädie der weiblichen Handarbeiten* von 1886, hat auf 570 Seiten nicht weniger als 890 phantastische Abbildungen. Es wurde angeblich in 17 (!) Sprachen übersetzt und bis in die 1930er Jahre immer wieder neu aufgelegt. Die verkaufte Gesamtauflage des Buches betrug über 800 000 Exemplare und machte de Dillmont so berühmt, dass in Paris, Berlin, London und Wien Handarbeitsgeschäfte ihren Namen trugen.

Die *Enzyklopädie* ist auch ein frühes Beispiel für die kommerzielle Verbindung von Strickmuster und Werbung, denn im Anhang des Buches wurden die Garne ihres Arbeitgebers vorgestellt.

Als sie 1889 heiratete und ihren Namen wechselte, verschwieg sie dies ihrem Arbeitgeber – *de Dillmont* war für DMC eine so wertvolle Marke, die so eng mit der Firma verknüpft und für deren Erfolg so wichtig war, dass er keinesfalls geändert werden durfte. Nach Thérèses Tod übernahm eine Nichte gleichen Namens ihre Stelle, der ›Markenschutz‹ ging so weit, dass das Unternehmen ein Heiratsverbot in den Arbeitsvertrag hineinschrieb.

Thérèse de Dillmont wurde in der Wiener Familiengruft beigesetzt, auf ihrem Grabstein steht: »Verfasserin der Enzyklopädie weiblicher Handarbeiten und diverser anderer Handarbeitsbücher, geboren am 10. Oktober 1846, gestorben am 22. Mai 1890, von Baden-Baden überführt und beigesetzt im Jahr 1909«.

Frauen wie Gaugain und de Dillmont waren geschäftstüchtig und erwarben mit ihrer eigenen Arbeit vermutlich einen gewissen Wohlstand. Sie waren also berufstätig, was man ihnen aber durchgehen ließ, weil die Beschäftigung mit Handarbeiten *ladylike* und somit *ehrbar* war. Dies schuf die paradoxe Situation, dass eine Dame Geld verdiente, indem sie anderen Damen feine Handarbeiten nahebrachte, mit denen diese zeigen konnten, dass Arbeit und Finanzielles sie nicht im Geringsten interessierten. (Die Armen hatten keine Anleitungen und brauchten auch keine. Was sie strickten, konnten sie auswendig.)

Hinter den Kulissen des bürgerlichen Lebens sah das mit der Arbeit allerdings manchmal ganz anders aus. Wenn ›der Ernährer‹ nicht genug verdiente (oder zu viel ausgab), um den gesellschaftlich geforderten Lebensstil allein zu finanzieren, führte das zu einer verschämten Armut, unter der nicht nur Familien aus dem Bürgertum, sondern auch manche Adelsfamilien litten. Dann entstanden im Salon vor aller Augen Babymützen und Perltäschchen für den Eigenbedarf oder als Geschenke für nahe Verwandte und Freunde. Doch kaum war der Besuch aus der Tür, griffen die im Haushalt lebenden Frauen – Ehefrauen, Töchter, verwitwete Mütter und unverheiratete Schwestern – zu Handarbeiten, die tabuisiert waren. Was da gestickt, genäht, gehäkelt oder gestrickt wurde, sollte nämlich gegen Geld den Besitzer wechseln. So trugen die Frauen zum Lebensunterhalt bei; oft genug wurde damit die standesgemäße Ausbildung der Söhne finanziert, die den Töchtern verwehrt blieb.

Wer gegen Bezahlung strickte, mochte von Familienangehörigen Anerkennung für seine Arbeit bekommen, doch sobald man das Strickstück aus der Hand gab, wurde es, wie immer bei Heimarbeit, anonym. Name und Arbeit gehörten nie zusammen. Das war allen, die heimlich stricken mussten, sehr recht, denn bezahlte Handarbeit ging mit bedeutendem Prestigeverlust einher. Und doch war sie offenbar so üblich, dass es schon um 1840 hieß, in Deutschland sei für die Hausindustrie auf dem Lande »das Stricken nicht mehr sehr gewinnbringend, weil auch einige Frauen aus den höheren Kreisen den Erwerbszweig nutzten«.

Natürlich wüsste ich gern, ob die bürgerlichen Frauen – sei es ›privat‹, sei es zum Geldverdienen – gern handarbeiteten. Auch darüber wissen wir wenig, die meisten überlieferten Äußerungen malen ein eher düsteres Bild. Das ist sicher schon darum nicht repräsentativ, weil sich nur wenige schriftlich äußerten (Privatbriefe ausgenommen). Die Stimmen, die wir kennen, gehören meist Frauen, deren Leben für ihre Zeit untypisch war. Soweit sie sich überhaupt zu Handarbeit äußern, klagen sie meist darüber, dass man Mädchen und Frauen keine Alternative zu diesen *sittsamen Beschäftigungen* erlaube.

1829 mahnte die Erzieherin Auguste Teschner in einem Buch über die *Grundsätze der Mädchenerziehung*, dass »es eine sehr gewöhnliche Erscheinung bei Mädchen von vorzüglichen Verstandesfähigkeiten ist, daß sie sich, weil die weiblichen Arbeiten ihnen weniger Geistesthätigkeit gewähren, dadurch gelangweilt fühlen«.

Die 1811 geborene Schriftstellerin Fanny Lewald (die übrigens 1843 ein Buch mit dem Titel *Einige Gedanken über Mädchenerziehung* veröffentlichte), war mit Sicherheit ein Kind mit »vorzüglichen Verstandesfähigkeiten«. Dennoch musste sie mit neun Jahren täglich zwei Stunden Klavierspielen üben und eine Stunde lang Gedichte abschreiben, um ihre Handschrift zu verbessern. Und weil bei ihr der »Sinn für Häuslichkeit« nicht richtig ausgeprägt war, verbrachte sie fünf Stunden am Tag mit Nähen und Stricken.

Auch die englische Schriftstellerin Charlotte Brontë wurde zu ›weiblichen Arbeiten‹ gezwungen und mochte sich damit nicht abfinden:

> »Frauen hält man im allgemeinen für ruhig, doch Frauen empfinden geradeso, wie Männer empfinden. Sie müssen ihre Fähigkeiten ausüben können und brauchen ein Betätigungsfeld ebenso sehr wie ihre Brüder, sie leiden unter einer zu strengen Einschränkung, einem vollkommenen Stillstand genauso, wie Männer darunter leiden würden, und es ist borniert von ihren privilegierten Mitmenschen, zu sagen, sie sollten sich darauf beschränken, Pudding zu kochen und Strümpfe zu stricken, Klavier zu spielen und Taschen zu besticken.«

Sie schrieb dies 1847, und daran änderte sich so wenig, dass Virginia Woolf die Passage noch achtzig Jahre später in ihrem Essay *Ein eigenes Zimmer* zustimmend zitieren konnte.

Worauf junge Mädchen ihren Verstand richten sollten, erfährt man in einem launigen »Volksstück mit Gesang« von 1914. Da beschwert sich ein Mann, »Was Lieschen mit ihrem Strickzeug zusammenstrickt, ist tatsächlich nur *Zeug*! Unsere heutigen Mächens können ja überhaupt nicht mehr stricken. Die Pulswärmer, die Lieschen Müller neulich als Probeexemplar überbrachte, hatten ja lauter Knoten!« Den Einwand, sie stricke mit Liebe, kontert er mit: »Sie sollte mit Verstand stricken.«

Es sind nur wenige Äußerungen von intellektuellen Frauen überliefert, die freundlich über Handarbeit gesprochen hätten. Eine von ihnen ist Louise Otto-Peters (1819–1895). Die Mitbegründerin der deutschen Frauenbewegung war wenige Jahre jünger als

Fanny Lewald und stammte, wie diese, aus gutbürgerlichen Verhältnissen:

»Es giebt im Frauenleben immer Stunden, wo ein Strickstrumpf nicht zu verachten ist. Man kann so gut dabei lesen, vorlesen in häuslichem Kreis, im Garten spazieren gehen, plaudern. Der Strickstrumpf läßt stets unsern Gedanken den freiesten Spielraum und es wird doch etwas Nützliches dabei fertig – denn es ist doch mehr als Vorurtheil, daß ein selbstgestrickter Strumpf besser hält als ein gewebter. Da in den früheren Zeiten das weibliche Lesen immer als Zeitverschwendung galt, so war es doch gestattet, wenn man dabei strickte und so geistige Nahrung und realistisches Schaffen miteinander Hand in Hand gingen. Was wäre in früherer Zeit aus so mancher weiblichen Bildung geworden, wenn nicht die strengen Mütter, sobald sie das Strickzeug in der Hand der Töchter dabei sahen, ihnen das Lesen gestattet hätten! Auch wir Schwestern saßen an allen Abenden, wo kein Besuch da war, um die Mutter am Tisch herum und strickten, wobei jede entweder für sich in einem Buch las und es mäuschenstill im Zimmer war, oder nur eine strickte und vorlas, indeß sich dann die Andern auch mit andern Handarbeiten beschäftigten.«

Als im August 1914 der Erste Weltkrieg ausbrach, war schlagartig Schluss mit Seidenbeutelchen und Spitzendecken, bezaubernde Niedlichkeiten waren von einem Tag auf den anderen verpönt. Alle Frauen der am Krieg beteiligten Nationen wurden gedrängt, ihren Teil zum Sieg beizutragen – diese Beiträge fielen sehr verschieden aus. Während die Frauen der Arbeiterschicht nach und nach in allen Bereichen die fehlenden männlichen Arbeitskräfte ersetzen mussten (und für die gleiche Arbeit selten mehr als 40 Prozent des Lohnes der Männer erhielten), verließen die bürgerlichen Frauen beherzt ihre Salons, gaben ihren Müßiggang auf und nutzten ihre zeitlichen und finanziellen Ressourcen, um Geld zu sammeln, Witwen und Waisen zu betreuen, Verwundete zu versorgen – und Robustes für ›unsere Jungs‹ zu stricken. Diese darbten in schlammigen, später steinhart gefrorenen Schützengräben und brauchten warme und strapazierfähige Wollsachen. Alle Länder wurden von einer Strickwut erfasst, und sie raste überall wie ein Flächenbrand; Deutsche strickten für Deutsche, Franzosen für Franzosen, Engländer für Engländer, und als 1917 die USA in den Krieg eintraten, strickten unter dem Slogan *Knit for Victory!* – Stricke für den Sieg! – auch Amerikaner und Amerikanerinnen für ihre Soldaten.

Es wurde zum Beweis nationaler Gesinnung, ja zur patriotischen Pflicht, der sich kaum jemand entziehen konnte: Zahllose Fotos der Kriegsjahre zeigen Schulklassen, bettlägerige, verwundete Männer, Telefonistinnen und Königinnen mit Strickzeug. Damen der besseren Gesellschaft ließen sich nirgends mehr ohne ihren Strickbeutel blicken, es gehörte zum guten Ton, immer und überall zu stricken. Konzerte begannen mit der Ankündigung, selbstverständlich unterstützten Leitung und Künstler die tapferen Soldaten im Felde, dennoch bitte man die Besucher, während der Aufführung vom Stricken abzusehen, da das Nadelklicken den Hörgenuss beeinträchtige.

Männer, die zu jung, zu alt oder zu krank waren, um als Soldaten zu dienen, waren von der Aufforderung, zum Wohl der Nation zu stricken, nicht ausgenommen. 1915, also mitten im Ersten Weltkrieg, erschien in der deutschen Reihe *Unterhaltungsbeschäftigung in Kriegslazaretten* ein Heft, das sich der *Strickbrett- und Knüpfarbeit* widmete. Die Großmutter des Strickbretts, heißt es da, sei die alte, aus Kindertagen bekannte Garnrolle mit vier Nägeln – das ist die Urform der Strickliesel, mit der man schier endlose Wollkordeln machen kann. Das Heft enthält neben der Anleitung zum Bau eines Strickbretts auch die zum »Stricken« von Pulswärmern, Kopfschützern, Schals, Mützen, Decken, kleinen Taschen, sogar Westen und Kinderpullovern.

In allen Ländern griff bald die Armee ein, um den gewaltigen

Strom der Hilfsbereitschaft in ihrem Sinne zu lenken. Sie verteilten Hefte mit präzisen Vorgaben für Socken, Mützen, Sturmhauben, Leibwärmer, Kniewärmer und Pullover. Alles wurde normiert: das Aussehen, die Größen, die Wolle und die erlaubten Farben, Individualismus seitens der Stricker und Strickerinnen war nicht erwünscht. Die Stücke mussten an Sammelstellen abgegeben werden, die Strickerinnen und Stricker konnten nicht bestimmen, wer ihre Spende bekam. Zum einen banden die kriegsbeteiligten Staaten die Bevölkerung so in den Kampf um den Sieg ein, die Soldaten bekamen aus der Heimat Zeichen des Rückhalts, sie spürten, dass man an sie dachte. Zum anderen sparten die Staaten viel Geld, denn die Bürgerinnen und Bürger strickten nicht nur umsonst, sie zahlten in der Regel auch die Wolle selbst. Stricken war gleichermaßen »Liebesdienst« wie »Dienst für das Vaterland«.

Im Zweiten Weltkrieg ergingen erneut Aufrufe, für die Soldaten zu stricken. In den letzten drei Monaten des Jahres 1939 verteilten allein englische Hilfsorganisationen einhundert Tonnen Strickwolle an Gruppen, die ehrenamtlich für die Armee strickten.

Unter englischen Internatsschülern wurde »Knitting for Britain« schnell zu einem Wettbewerb. Sie wetteiferten darum, wer am schnellsten stricken, wer mit den Nadeln am meisten Lärm, wer den längsten Schal machen konnte. Manche begannen allerdings, wie sich ein Brite erinnert, der damals im Internat war, »wirklich ernsthaft zu stricken. Wir strickten abends im Bett, nachdem das Licht gelöscht worden war, einige sogar, noch verstohlener, während des Gottesdienstes. Der Direktor musste schließlich Schritte unternehmen, um das zu begrenzen.«

Fotos aus den Kriegsjahren zeigen auch die damalige Königin Elizabeth mit ihren Töchtern Elizabeth (der heutigen Königin) und Margaret beim Stricken. In Deutschland schien sich die Bevölkerung nicht in gleichem Maße an solchen Hilfsaktionen zu beteiligen, auch wenn die Mädchen im Handarbeitsunterricht für die Soldaten Schals, Handschuhe und Socken stricken mussten. Die Schülerinnen erhielten Anleitungen und Schnittmusterbogen zur

Herstellung geeigneter Textilien, auf den Böden stand: »Von der Reichsfrauenführung wurden im Einvernehmen mit der Wehrmacht die Typen ermittelt, die sich im Winter an der Ostfront am besten bewährt haben.«

In Norwegen, das im Zweiten Weltkrieg von der deutschen Wehrmacht besetzt war, nutzten manche Frauen ihr Strickzeug mit weiblicher List als Waffe. Schließlich wusste schon die Hobbydetektivin Miss Marple in den Krimis von Agatha Christie, dass ein Strickstrumpf die perfekte Tarnung sein kann. Sobald Miss Marple ihn aus der Handtasche zog und sich (scheinbar) geschäftig darüberbeugte, konnte sie alles Mögliche beobachten und belauschen, weil ihre Umwelt eine strickende Alte gar nicht wahrnahm und unvorsichtig wurde.

Ebenso funktionierte in Norwegen die Sache mit dem ›illegalen Pullover‹. Das war ein Strickzeug, das unauffällige Bürgerinnen in ihren Taschen mit sich führten, an dem sie in Bussen, Zügen und Fähren vielleicht sogar arbeiteten. Tatsächlich aber lag im Garnknäuel eingewickelt Illegales wie ein Film oder ein Dokument, das auf diese Weise an allen Kontrollen vorbei unentdeckt zum richtigen Empfänger wanderte. Der wickelte es aus, bevor die Wolle, mit neuem Schmuggelgut, erneut aufgewickelt wurde. Hin und zurück, hin und zurück. Welcher deutsche Soldat wäre schon auf den Gedanken gekommen, dass die reizende Norwegerin, die eine Jacke für ihr Töchterchen strickt, als Kurier der Widerstandsbewegung unterwegs war?

## *STRICKEN IST NICHT ALLES*
## DIE PASSFORM

Es wird oft vergessen oder gar unterschlagen, dass Stricken eine Reihe von Kenntnissen, Fertigkeiten und Talenten voraussetzt, die mit dem eigentlichen Stricken nichts zu tun haben.

Für eine Stoffjacke muss erst der Stoff gewebt werden, bevor er zugeschnitten und genäht werden kann. Es sind also eine Weberin, eine Schneiderin, vielleicht noch eine Näherin beteiligt. (Das mag ein etwas altmodisches Szenario sein, es dient nur der Verdeutlichung.) Wer eine Jacke strickt, stellt den Stoff her, denn Stricken ist eine *stoffbildende* Technik, und verleiht ihm *im selben Arbeitsgang* die Passform. Am Ende näht die Strickerin die Einzelteile zusammen – fertig ist die Jacke. Auf dem Weg dahin kann einiges schiefgehen.

Nehmen wir an, Sie haben in einer Zeitschrift oder im Internet einen Pullover mit Zopfmuster gesehen, der Ihre Fantasie beflügelt. Und nehmen wir weiter an, dass er in vier Teilen gestrickt wird, also Vorder- und Rückenteil sowie zwei Ärmel. Sie besorgen sich die Anleitung, die es in mehreren Größen gibt. Sie tragen Größe 40, also los. Also los? Na ja, vielleicht noch nicht gleich.

Wie Sie aus unschönen Momenten in der Umkleidekabine wissen, ist Größe 40 nicht gleich Größe 40. Sie sollten also nicht nur Ihre Konfektionsgröße, sondern Ihre *wirklichen* Maße kennen und diese mit der Anleitung abgleichen. Wenn Sie einmal einer geübten Schneiderin beim Maßnehmen zugesehen haben, wissen Sie, dass das nicht ganz einfach ist. Nun sollten Sie nicht von sich verlangen, mit einer Maßschneiderin konkurrieren zu wollen, aber Genauigkeit beim Ausmessen ist doch von Vorteil. Stellvertretend für alle anderen Maße spielen wir das rasch am Beispiel der Ärmellänge durch. Zum einen hängt sie natürlich von der Länge Ihrer Arme ab. Zum anderen spielt die gewünschte Ärmelform eine Rolle dabei, wo und wie gemessen wird. Ein überschnittener Ärmel endet unterhalb der Schulter, wird gerade abgekettet und an Vorder- und Rückenteile angenäht. Diese haben keine Armausschnitte und sind so breit, dass der angenähte Ärmel unter der Achsel keine Falten wirft, also klemmt. Avancierte Schnitte haben dort einen Zwickel, aber das führt jetzt zu weit.

Während der überschnittene Ärmel kurz ist, endet ein Raglanärmel sozusagen erst am Halsausschnitt. Ein Ärmel mit einer Armkugel reicht vom Bündchen bis exakt zum Schultergelenk. Die Armkugel ist am schwierigsten zu stricken, weil sie genau in den Armausschnitt passen muss. Ist sie zu groß für den Ausschnitt, hat die Naht zu viel Spannung und kräuselt sich, ist sie zu klein, muss der Ärmel beim Einnähen in Falten gelegt werden, dann haben Sie Puffärmel. Aber wenn das alles gelingt, lohnt sich die Mühe, denn ein Pullover mit Armkugel sitzt besonders gut. (Falls Sie den Pullover nahtlos, also in einem Stück, von oben nach unten stricken, ist die Lage entspannter, weil sie die Ärmellänge während des Strickens überprüfen können.)

Schon hier zeigt sich, wie vorteilhaft es wäre, wenn man beherrschen würde, was für Frauen früher ganz selbstverständlich war: nach den eigenen Maßen einen Papierschnitt machen und nach dieser Vorlage stricken. Die Bloggerin Tina Hees geht einen Schritt weiter, sie empfiehlt, einen solchen auf die eigenen Maße angepassten Grundschnitt auf Stoff zu übertragen. Diese Teile werden grob zusammengeheftet und anprobiert, was nicht richtig sitzt, wird angepasst.

Aber die meisten Strickerinnen brauchen eine Anleitung, auf die sie sich dann auch verlassen. Dabei sind amerikanische und englische Anleitungen oft viel detaillierter als europäische. Ich stricke hin und wieder nach norwegischen Vorlagen, die sehr knapp ausfallen können. Norwegische Designerinnen gehen offenbar davon aus, dass eine Strickerin weiß, wie sie was zu verstehen und umzusetzen hat.

Zum Garn. Im Prinzip kann man mit jedem Garn alles stricken, der Designer Jared Flood beispielsweise strickt Tücher oft nicht in dem vorgegebenen dünne Lacegarn, sondern mit einem erheblich dickeren Tweed, der Effekt ist verblüffend. Für Ihren Pullover nehmen wir nun an, dass er nicht dünner und nicht dicker werden soll als das Modell, aber das Originalgarn können Sie nicht nehmen, weil es, nur als Beispiel, handgefärbtes Kaschmir aus einem Einfraubetrieb im südlichen Kalifornien ist. (Sollten Sie Kaschmir teuer finden, empfehle ich einen Blick auf die Wolle der peruanischen Vicuñas: 225,00 € für 25 Gramm, es gibt pro Jahr 40 Knäuel.)

Für das kalifornische Garn muss also ein Ersatz her. Anleitungen geben nicht nur die empfohlene Nadelstärke, sondern auch die Lauflänge des benötigten Garns an. Ich berufe mich auf alle Strickexpertinnen unter der Sonne, wenn ich Ihnen versichere, dass das die Zahl ist, die Sie interessiert, denn 50 Gramm einer »nicht so dicken« Wolle, die man mit einer 3er Nadel verstrickt, können ebenso 150 wie 300 Meter lang laufen. (Letztlich ausschlaggebend ist *selbstverständlich* die Maschenprobe, aber die können Sie erst machen, wenn Sie das Garn haben und das haben Sie ja noch nicht.) Neben der Lauflänge sind Variablen wie die Zusammensetzung oder Zwirnung interessant, auch das überspringen wir. Sie finden ein Alpakagarn mit der gleichen Lauflänge wie das (schwer zu beschaffende) Kaschmir, nun müssen sie nachrechnen, wie viel sie kaufen sollen. Damit Sie verstehen, was ich mit »nachrechnen« meine, zitiere ich die Strickdesignerin Tina Hees. Sie geht von der Maschenprobe aus. Die haben Sie noch nicht gemacht, was sich zugegebenermaßen kaum ignorieren lässt, ich tue es dennoch, weil es hier ja vor allem darum gehen soll, was man beim Stricken außer stricken noch können sollte. Und das ist sehr oft: rechnen.

Falls man das Originalgarn durch ein anderes ersetzen möchte, kann man den Verbrauch ganz leicht ausrechnen – Voraussetzung: Man erreicht die gleiche Maschenprobe. Der Rechenweg:

Anzahl der Knäuel des Originalgarns × Lauflänge pro Knäuel = benötigte Lauflänge gesamt.
Gesamtlauflänge : Lauflänge: Ersatzgarn = benötigte Anzahl Knäuel Ersatzgarn.
Beispiel: Vom Originalgarn ist als Verbrauch 600 g angegeben (also 12 Knäuel), die Knäuel haben 50 g und eine Lauflänge von 130 m. Das Ersatzgarn gibt es als 100 g-Stränge mit je 240 m Lauflänge. Dann rechnet man: 12 × 130 m = 1560 m, die insgesamt benötigt werden. 1560 m : 240 m = 6,5 also braucht man 7 Stränge à 100 g (mit einem halben Strang Risiko-Reserve).

Alles klar? Beherzigen Sie auf jeden Fall Elizabeth Zimmermanns Rat, von sehr dicker Wolle mehr zu kaufen, als Sie jemals für möglich halten würden, und von sehr dünner Wolle verblüffend wenig. Generell möchte ich Sie daran erinnern, dass es auf der Welt nichts mehr gibt, was Sie nicht im Internet kompetent erklärt finden. Bloggerinnen wie Tina Hees teilen großzügig ihr Wissen, nachdrücklich empfehle ich Ihnen das Videoportal YouTube, wo Sie immer eine Strickerin finden werden, die in einem Filmchen Schritt für Schritt und Masche für Masche die Lösung genau jenes Problems vorführt, an dem Sie gerade zu verzweifeln drohen.

Sie kaufen also das Garn, schweben damit nach Hause, nehmen es aus der Tüte, bewundern es noch einmal ausgiebig, legen es vielleicht sogar ein bisschen verliebt an die Wange, und dann machen Sie, endlich, die *Maschenprobe*.

Maschenproben sind unter Strickerinnen ein erstaunlich emotional besetztes Thema: Die meisten finden, man müsse unbedingt eine machen (und lassen es dann doch), manche nennen sie völlig unsinnig. Mein Eindruck ist, dass beide Fraktionen – auch die Befürworterinnen – Maschenproben nicht mögen, einige hassen sie mit einer Inbrunst, die einer größeren Sache würdig wäre. Stephanie Pearl-McPhee unkte einmal, lieber würde sie sich einer Rückenmarkspunktur unterziehen oder ihre Katze baden, als eine Maschenprobe zu machen – nun gut: nur wenige Menschen können so unterhaltsam übertreiben wie sie. Ich selbst denke an die (angeblich) chinesische Weisheit: *Wenn Du es eilig hast, nimm einen Umweg,* und die Beteuerung von Strickerinnen, die erfahrener sind als ich, dass das die Chancen auf einen passenden Pullover enorm erhöht. Nehmen Sie sich Jared Flood zum Vorbild und beschäftigen Sie sich liebevoll mit dem Muster, das Sie stricken werden:

»Ich mag Maschenproben sehr. Ich weiß, dass ich damit zu einer Minderheit gehöre, aber so ist es. Ich verwende gern viel Zeit und Sorgfalt auf meine Maschenproben, so bekomme ich ein Gefühl für ein neues Muster und ein neues Material, ich sehe, wie sich ein Garn bei einer bestimmten Nadelstärke verhält und lerne den Charakter meines Kleidungsstücks kennen, bevor ich mit der Arbeit daran beginne. Es scheint viele zu überraschen oder sogar zu schockieren, dass ich meinen Maschenproben die gleiche Sorgfalt widme wie den anderen Stricksachen (vorher skizzieren, feucht spannen, Fäden vernähen, präzise in Form ziehen usw.), aber ich finde das nur vernünftig. Außerdem umgebe ich mich gern mit perfekten kleinen Maschenproben – sie inspirieren mich und beflügeln mich zu neuen Ideen.«

Machen Sie also eine – nicht zu kleine! – Maschenprobe, die Sie dann waschen, spannen und trocknen lassen. Wenn sie nicht mit der Anleitung übereinstimmt, müssen Sie das mit dickeren oder dünneren Nadeln ausgleichen. Ganz Gewissenhafte (von denen ich niemand persönlich kenne) machen eine weitere Maschenprobe.

Eine Variable, die bei Maschenproben *immer* ignoriert wird, ist das Material der Stricknadeln. Kaum jemand berücksichtigt, dass Metallnadeln zu einem anderen Ergebnis führen als Holznadeln. Die Unterschiede sind zugegebenermaßen gering, aber bei vielen

Maschen und vielen Reihen können sich auch kleine Differenzen zu etwas Größerem addieren. Da ich gerade dabei bin: Nadeln und deren Material wird generell zu wenig Aufmerksamkeit geschenkt. Immerhin sind sie, neben dem Garn, unser wichtigstes Handwerkszeug, mit der Auffassung, »eine 3er Rundstricknadel habe ich schon«, machen Sie es sich manchmal schwerer als nötig. Manche Garne und manche Nadeln harmonieren besser, andere schlechter miteinander. Mit einer Bambusnadel, die ein bisschen ›griffig‹ ist, lässt sich eine glatte Seide beispielsweise rutschfreier arbeiten als mit Metall- oder Holznadeln, die selbst glatt sind, mit Bambus wird das Gestrickte fester als mit Metall. Spitze Nadeln sind für dünne Lacegarne gemacht, bei dickerem Garn wird man mit einer etwas stumpferen Spitze glücklicher, weil dünn-spitze Nadeln das Garn leicht splitten.

Wenn die Anleitung, Ihre Maße und Ihre Maschenprobe nicht zusammenpassen, müssen Sie das Muster *umrechnen*. Hier schließen Sie sich vielleicht dem Stoßseufzer einer Strickerin an, sie habe schließlich keine Doktorarbeit in Mathematik. So schlimm ist das alles nicht, aber hier zeigt sich ein weiteres Mal, dass es – sagen wir: *unterkommuniziert* ist, wie viel Mathematik man beim Stricken braucht. Zumindest mit dem *Dreisatz* sollte man vertraut sein. Aber das ist Ihnen vermutlich schon bei der Lektüre von Tina Hees' Garnberechnung aufgefallen.

Wenn Sie Glück haben, hat die Designerin gut und professionell gearbeitet und die Anleitungen so berechnet, dass die Proportionen bei allen Konfektionsgrößen stimmen. *Professionell* bedeutet, dass sie Länge und Breite für jede Größe neu berechnet hat, was vor allem bei Struktur- und mehrfarbigen Mustern wichtig ist. Ein Pullover Größe 36 hat nicht nur eine andere Maschenzahl als einer in Größe 50, ein Zopfmuster oder eine Sternbordüre muss auch anders aufgebaut werden, um auf der jeweiligen Fläche symmetrisch zu bleiben. Die Qualität einer Anleitung erkennen Sie unter anderem daran, ob das Muster des Ärmels harmonisch auf das Muster von Vorder- und Rückteile trifft. Bei der Konstruktion gestrickter Oberteile ist die Stelle, wo Ärmel und Rumpfteil zusammen kommen, sowieso heikel – achten Sie einmal bei den Anleitungsbildern darauf, wie viele Ärmel zu hoch oder zu tief sitzen, wie viele unter der Achsel Falten schlagen.

Nun geht es – endlich – ans Stricken, endlich beginnen die Stunden des meditativen Flows, in denen wir mit unseren Händen etwas Einzigartiges schaffen. In unserem Beispiel sind das zwei Ärmel, ein Rücken- und ein Vorderteil in sanftem Alpaka. Wenn Sie das gestrickt haben und *eigentlich* fertig sind, müssen die Einzelteile zusammengenäht werden.

Viele Strickerinnen scheuen diesen letzten Arbeitsschritt. Sie schieben ihn auf, und wenn es richtig schlecht läuft, verschwindet das Alpaka-UFO – das *unfinished object*, wie ein nicht beendetes Strickteil heute heißt – beim vorweihnachtlichen Großaufräumen im Schrank, wo es sich zu dem tannengrünen Pullover für den Liebhaber gesellt, mit dem man schneller fertig war als mit dem Pullover für ihn, sowie dem schwarzen Lace-Jäckchen, in dem noch die Rundnadel mit 228 aufgenommenen Ausschnittmaschen für den raffinierten Rüschenkragen steckt, an dessen komplizierten Zu- und Abnahmen man mehrfach so gründlich scheiterte, dass einem die Lust vergangen war.

Das Zögern ist verständlich. Das letzte Ausarbeiten verlangt noch einmal Zeit und Konzentration, und die Zahl der Bücher zu diesen letzten Schritten sollte einem zu denken geben. Die Amerikanerin Deborah Newton hat gleich mehrere Ratgeber dazu geschrieben:

»Eine gute Ausarbeitung ist ebenso wichtig wie ein guter Schnitt – ohne sie wären meine Pullover nicht chic, sondern hausbacken. Nichts ist schlimmer als eine wellige Naht, eine Abschlusskante, die leiert oder sich zusammenzieht – egal, wie schön das Teil gestrickt ist: Solche schlampigen Details ziehen den Blick auf sich. Aber wie erreicht man eine perfekte Ausarbeitung – und wie hat man auch noch Spaß dabei? Ich weiß inzwischen, dass man dafür nur ein paar Fertigkeiten erwerben und vorausschauend denken muss. Das Fertigstellen eines Strickstücks ist nämlich nicht zwingend kompliziert, mühselig oder besonders zeitaufwendig.«

Ein schlampig zusammengeschusterter Pullover verhöhnt die vielen Stunden, die man mit dem Stricken verbracht hat. Und es ist auch schade um das Geld für das Garn.

Vielleicht liegt es an der Scheu vor dem Zusammennähen, dass rundgestrickte, nahtlose Pullover im Aufwind sind, bei denen die Ärmel in einem Rutsch mitgestrickt werden. Es gibt sogar Anleitungen, die nicht nur ganz ohne Maschenprobe auskommen, sondern bei denen der Pulli oder die Jacke während des Strickens an die Körperform angepasst wird – eine deutsche Designerin, die das macht, ist Nicolor.

Wenig beliebt sind die rundgestrickten Schläuche, mit denen man großflächige Jacquardmuster strickt und in die am Ende die Ärmelöffnungen hineingeschnitten werden müssen. Dafür sichert man die Maschen beidseits der Schnittstelle zunächst durch Häkeln oder Nähen, ganz Unerschrockene schneiden einfach drauflos. Das ist nichts für Feiglinge, aber ich kann Ihnen versichern, dass es, so man es mit der gebotenen Konzentration angeht (und kein glattes Superwash-Garn genommen hat), tadellos funktioniert. Wolle ribbelt sich nämlich horizontal auf – das ist das, was passiert, wenn Sie die Stricknadel rausziehen und am Faden ziehen. Vertikal – also von oben nach unten – fällt eine Masche nur zum Anschlag. Auch das kann ziemlich viel Verdruss verursachen, aber es zerstört das Gestrick nicht.

Es gibt gute Gründe, einen Pullover in Einzelteilen – Vorder- und Rückenteile sowie Ärmel – zu stricken. Zum einen hat man bei der Arbeit mehr Kontrolle über den Schnitt, also die Passform, außerdem sitzt das fertige Teil besser, weil die Nähte stabilisieren. Manche rund gestrickten Pullover verziehen sich nämlich nach einiger Zeit und wickeln sich um die Trägerin. Das liegt daran, dass man beim Rundstricken, technisch gesprochen, eine Spirale herstellt, die als Gestrick nicht formstabil ist, während man beim Hin- und Zurückstricken eine abgeschlossene Reihe auf die andere setzt.

Nun gibt es eine große und stetig wachsende Fraktion überzeugter Rundstrickerinnen, die die Behauptungen des vorherigen Absatzes völlig unsinnig finden. Für sie ist vor allem die *top-down seamless*-Konstruktion – das Rundstricken vom Halsausschnitt nach unten zum Bund – in Sachen Kontrolle und Passform allen anderen Methoden haushoch überlegen. Ihre Argumente sind überzeugend – ich raten Ihnen, das beim nächsten Pullover auszuprobieren.

Sie aber haben nun, nach Spannen und Zusammennähen, einen Pullover, der Ihrer Figur schmeichelt, Ihre Augen zum Leuchten bringt und Sie sogar wärmt. Leider, das ahnten Sie schon bei der Arbeit, kommt das Zopfmuster, das Sie beim Stricken so manchen Nerv gekostet hat, in dem flauschigen Alpaka nicht so gut zur Geltung wie in dem Kaschmir mit seiner schönen Stichdefinition. Außerdem beginnt Ihr Pullover nach einigem Tragen zu leiern. Das Garn passt nicht wirklich zur Form, es ist zu weich, es mangelt ihm an Stand und Robustheit.

Die Lehre für das nächste Projekt ist: Zum Grundwissen, das man als Strickerin eher früher als später erwerben muss, gehört auch eine kleine Materialkunde der üblichen Garnarten.

## *MEHR STOPFSTELLE ALS STRICK*
## DIE WERTSCHÄTZUNG

Wie jeder andere Gegenstand, der uns umgibt, hat auch jedes Strickstück eine Geschichte. Wenn wir es selbst gestrickt haben, kennen wir sie, wenn es für uns gestrickt wurde, wissen wir schon weniger. Und von einer handgestrickten Jacke, die wir auf dem Flohmarkt finden, wissen wir vermutlich nur, ob die Strickerin ihr Handwerk beherrschte.

Wer war sie? Warum hat sie diese Jacke so und nicht anders gemacht? Hat sie die Jacke selbst entworfen oder folgte sie einer Anleitung – und wenn ja: Woher hatte sie die?

Warum dieses Garn? Hat sie es gekauft, geschenkt bekommen, vielleicht selbst gesponnen und obendrein selbst gefärbt? Nahm sie es aus ihrem Vorrat oder hat sie es für diese Jacke gekauft? Weil ihr Farbe und Qualität gefielen oder nur, weil es günstig war? Wir sehen der Jacke nicht an, ob sie mit Metall-, Holz-, Aluminium- oder Bambusnadeln gestrickt wurde, ob die Spitzen stumpf oder spitz waren. Wenn die Jacke alt ist, wissen wir, dass es vermutlich Stahlnadeln waren, ist sie sehr alt, ist auch das nicht sicher. Stricknadeln waren lange kostbar, daher wurde alles Mögliche verwendet. Von Gänsekielen und Weidenruten war schon die Rede, später behalf man sich auch mit Fahrradspeichen, alles Materialien, die sich beim Arbeiten verbiegen und außerdem rau sein können. Wenn wir die Innenseite der Jacke genau anschauen, sehen wir, ob sie Nähte hat oder nicht, ob die Einzelteile mit geraden Nadeln flach gestrickt und zusammengenäht wurden. Wenn Armlöcher und die vordere Öffnung aufgeschnitten sind, entstand sie auf einer Rundnadel oder mehreren langen Nadeln. So kommen wir einigen Geheimnissen auf die Spur, nicht aber denen, ob der Strickerin das Muster leicht von der Hand ging, ob sie Freude daran hatte, ob sie mit dem Ergebnis zufrieden war.

Die Schottin Kate Davies ist nicht nur Strickerin, sondern auch Historikerin. Sie besitzt eine ungewöhnlich schöne Jacke, die sie tatsächlich auf einem Flohmarkt erstanden hat. Das traditionelle Shetlandmuster hat sieben Farben, in jeder Reihe sind, wie es sein soll, nicht mehr als jeweils zwei kombiniert. Aber erkennt die Fachfrau etwas, das uns entgeht? Durchaus!

Schnitt, Garn, Farben und Knöpfe verraten, dass die Jacke in den 1930er Jahren entstanden sein muss. Bestätigt sieht Davies das durch das absolut einfarbige Shetland-Garn. Tweed- und Melangeeffekte gab es in den 1930er und 1940er Jahren nämlich ebenso wenig wie Garne, in denen unterschiedliche Farben so verzwirnt sind, dass sie fast einfarbig wirken – im Englischen nennt man das *heathered*.

Sie ist sicher, dass die Jacke von den Shetlands stammt, und bewundert ihre handwerkliche Perfektion: Die Strickerin hat die Jacke rund gestrickt, aufgeschnitten, und dann, was kaum zu glauben ist, an den vorderen Kanten *jedes Garnende aus jeder Reihe einzeln vernäht*. So entstand eine sehr glatte Abschlusskante, die Knopfleiste ist so präzise angenäht, dass die Naht kaum zu erkennen ist. Ähnlich aufwendig sind die Ärmel eingesetzt.

Sie ist unter den Achseln und auf der Innenseite leicht verfilzt, wurde also viel getragen, und hat, wie das bei alten Stricksachen oft der Fall ist, eine Stopfstelle am Ellbogen. Diese durchgescheuerte Stelle wurde mit großer Präzision dem Muster folgend und mit Originalfarben gestopft, doch ein Blau ist ein klein wenig heller als das Original. Warum diese große Mühe? Weil die Strickerin stolz auf ihre Arbeit war? War es ihre Lieblingsjacke? Konnte sie sich keine andere leisten?

Neben den nüchternen Informationen darüber, wo und wann die Jacke gestrickt wurde, erzählt sie also auch die Geschichte einer Frau, die ihr Handwerk ernst nahm und es souverän beherrschte. Sie pfuschte nicht, *gut genug* war für sie eben *nicht* gut genug. Sonst wissen wir nichts über sie, nichts darüber, wer sie war, was für ein Leben sie führte, was Stricken ihr bedeutete. Wer hat die Jacke getragen? Sie selbst? Jemand, der ihr nahestand? Oder war das nur eine von vielen dieser Art, die sie in Heimarbeit machte, weil Stricken ihr Beruf war? Und schließlich: Wie kam sie auf den Flohmarkt?

Vielleicht war die Jacke ein ›Familienstück‹ wie der rote Zopfmusterpullover meiner Freundin Maggie. Ihre Mutter hatte ihn etwa 1966 nach einer Anleitung der Zeitschrift *Brigitte* für ihre Tochter gestrickt, die ihn gern trug. Nachdem er viele, viele Jahre im Schrank lag, holte Maggie ihn wieder hervor und gab ihn ihrer eigenen Tochter, die ihn ebenfalls trug. Im Moment liegt Großmutters und Mutters Pullover wieder im Schrank, aber Maggie hat eine Enkeltochter bekommen – also wer weiß? (2016 – etwa fünfzig Jahre nach der Erstveröffentlichung – tauchte der rote Zopfmusterpullover erneut in der *Brigitte* auf. Die neue Anleitung für den »Pullover mit Rauten« ist mit dem Hinweis versehen, die Strickzeit betrage etwa 45 Stunden.)

Maggies Tochter wird ihren Pullover nicht in die Kleidersammlung geben, wie es die letzte Besitzerin von Davies' Shetlandjacke tat. Ich wüsste gern, was zu dieser Entscheidung führte, wieso sie (oder er) sie nicht behalten hat. Geschah es schweren Herzens und in dem Wissen, dass das eine kleine Kostbarkeit ist? Und das nicht nur, weil in die Jacke fraglos erheblich mehr Zeit investiert wurde als die mindestens einhundert Arbeitsstunden, die in jedem handgestrickten Shetland-Pullover stecken.

Vielleicht war es einfach eine alte Jacke. Eine Shetländerin, die in den 1990ern Teenager war, erzählte, damals habe man auf den Inseln Selbstgestricktes regelrecht verachtet. Einen klassischen Yoke-Pullover zu tragen, war so etwas wie »sozialer Selbstmord«. (Noch 2014 erzählte eine 80-jährige Deutsche, in ihrer Jugend – den frühen fünfziger Jahren – habe man sich niemals mit einer Strickarbeit im Zug oder im Café gezeigt, denn das konnte nur eines bedeuten: Man war zu arm, um etwas Fertiges zu kaufen.) Die Älteren unter uns erinnern sich vermutlich noch, dass wir in den 1980er Jahren wilde Mohairpullover und voluminöse Jacken mit großflächigen Landschaften oder Katzenköpfen gestrickt haben, die wir Jahre später, peinlich berührt oder amüsiert, in den blauen Müllsack versenkten. Hätten wir sie aufheben sollen? Die Meinungen gehen auseinander. Jedenfalls waren es Zeitdokumente. Aber Zeitgeist und Geschmack wandeln sich, manchmal erkennt erst eine neue Generation die Schönheit von Dingen, die ihre Eltern als Plunder und Kitsch abgetan haben. Bis es so weit ist, landen abgelegte Stricksachen in der Altkleidersammlung und werden nach Gewicht an eine Reißwollfabrik weiterverkauft, um zu neuem Garn versponnen zu werden.

1983 kaufte die Norwegerin Annemor Sundbø eine solche Fabrik, im Kaufpreis inbegriffen waren sage und schreibe sechzehn Tonnen alter Textilien. Mit Mundschutz und Arbeitshandschuhen ging Sundbø daran, den Inhalt der ungeöffneten Säcke zu sichten. Das meiste wanderte tatsächlich in den Reißwolf, aber sie war nicht im Geringsten darauf vorbereitet, dass sie, ohne es zu ahnen, fast einhundert Jahre norwegischer Strickgeschichte mitgekauft hatte. Denn die ausgebildete Textilfachfrau zog Handgestricktes aus ganz Norwegen aus den Säcken, über eintausend Fäustlinge mit zahllosen Varianten des *Norwegersterns*, Strümpfe, Jacken und Pullover mit einer atemberaubenden Mustervielfalt. Sundbø besitzt nun eine weltweit einzigartige Sammlung von gestrickter Alltagskleidung, die Sammlung zeigt auch, was ›ganz normale‹ Frauen strickten, wie sie mit den tradierten Mustern umgingen, wie sie diese veränderten.

Diese Strickstücke erzählen von einer Zeit und einem Leben, als die Menschen auf die Dinge, die sie besaßen, besser aufpassten, als wir es heute tun. Oft waren sie zu arm, um etwas Kaputtes ersetzen zu können, manches war nur schwer oder gar nicht wiederzubeschaffen. Sie waren sparsam, alles, was sie besaßen, wurde auf die eine oder andere Weise ›recycelt‹. Anhand von Sundbøs Fundstücken lässt sich folgende Geschichte rekonstruieren:

Eine Frau strickt einen Pullover oder eine Jacke mit einem schönen Muster, ihr Mann trägt das Stück viele Jahre lang. Sie flickt

und stopft es, trennt ausgefranste Ärmelbündchen ab und strickt sie neu, bis Reparieren nicht mehr sinnvoll ist. Nun gibt es eine Reihe von Möglichkeiten. Manche der Strickstücke hatten aufgenähte Webbordüren, die wurden natürlich abgetrennt und wiederverwendet. Einen Pullover konnte man umdrehen, schon hatte man eine warme Unterhose. Man konnte ihn aufribbeln, die Wolle wieder verstricken oder mit neuer Wolle neu spinnen. Jacken hingegen, die rund gestrickt und aufgeschnitten waren, ließen sich nicht aufziehen. Sie wurden zum Wams, zur wärmenden Auflage im Babybettchen, zu Isoliermaterial. Die letzten intakten Strickstückchen wanderten vielleicht viele Jahre, nachdem die Maschen der ehemals prachtvollen Jacke abkettet worden war, als warme Einlagen in die Schuhe.

Lange Haltbarkeit war oft Teil der Konstruktion. Die nordskandinavischen Sami tragen Handschuhe, die am Bündchen eine bunte Kordel, oft mit Quaste, haben, was sehr hübsch aussieht. Eine amerikanische Textilhistorikerin, die die Kleidung der Sami erforschte, hat diese Handschuhe nachgearbeitet. Für die Schnüre machte sie einen Kreuzanschlag mit einem extrem langen Faden, den sie zur Kordel drehte. Sie fand, dass das Zeit und Material spare, doch die Sami schüttelten nur den Kopf: Die Kordel sei kein Schmuck, sondern dazu da, den Handschuh, wenn man ihn auszog, rasch irgendwo einhängen zu können. Sie werde also strapaziert und gehe lange vor dem Handschuh kaputt. Und man könne doch ein gutes Paar Handschuhe nicht wegen einer zerfetzten Schnur wegwerfen! Also wird sie angenäht, damit sie leicht zu ersetzen ist. Wenn die Innenflächen der Handschuhe verschlissen waren, schnitt man auch bei den Samen die intakte Vorderseite zurecht, säumte das Stück und fütterte damit Kinderschuhe.

Eine Engländerin, die 1892 durch Island reiste, vermerkt in ihrem Reisebericht erstaunt: »Die Männer trugen Handschuhe mit zwei Daumen, sie waren für uns eine Kuriosität. Diese Handschuhe haben keine Finger, sie sind wie Babyhandschuhe gearbeitet, haben aber an jeder Seite einen Daumen; hat ein Mann beim Rudern oder anderen schweren Arbeiten die Handfläche seines Handschuhs durchgescheuert, dreht er ihn einfach um und benutzt den anderen Daumen. Die Handschuhe sind meist aus grauer Wolle gestrickt, die Daumen aber sind weiß, von weitem ähneln sie einem Hasenkopf mit langen Ohren. Isländer tragen grundsätzlich Handschuhe, egal, ob sie rudern, reiten, fischen, waschen oder nähen.« Dieser Bericht lebt, wie Sie merken, von fröhlicher Übertreibung, aber rund um den Nordatlantik trugen Fischer wirklich solche Zweidaumen-Handschuhe. Sie waren sehr groß und wurden vor dem ersten Gebrauch leicht gefilzt, nach einer Fischfang-Saison waren sie »steif und dicht wie Hutfilz«. Besonders strapazierfähig wurden sie durch die Beimischung von Frauenhaaren, die entweder ins Garn eingesponnen oder mitgestrickt wurden.

Die Engländerin berichtete nichts von einer anderen isländischen Besonderheit, die es offenbar nur dort gibt: Die Isländerinnen strickten mehrfarbige, gemusterte Einlegesohlen, einen Stern oder eine Rose, Streifen oder indianisch anmutende, graphische Motive, sie liegen in dünnen Schuhen aus Fisch- oder Robbenhaut, die wie feinste Ballerinas aussehen. Man kann die Schuhe mit den Sohlen im Museum bewundern, und ich finde es ehrlich gesagt bewegend, dass jemand so viel Mühe auf etwas verwendet, das, außer der Strickerin selbst, so gut wie niemand sieht. Das ist eine Bescheidenheit, die man heute nicht mehr oft antrifft.

Zum Abschluss eine Geschichte über Stricken, Liebe und Krieg: Im Shetland Museum in Lerwick ist ein ganzflächig gemusterter Fair-Isle-Pullover ausgestellt. Er gehörte einem Shetländer namens Ralph Paterson, seine Frau hat ihn 1921 aus ungefärbter Schafwolle gestrickt. Paterson wurde 1940, weil er Brite war, in Hongkong inhaftiert und saß im Zweiten Weltkrieg fast durchgehend dort im Gefängnis. Er besaß nur diesen Pullover, der 1940 immerhin schon zwanzig Jahre alt war, trug ihn ständig und reparierte ihn so oft und an so vielen Stellen, dass er schließlich mehr gestopft als gestrickt war. Der Begleittext im Museum lautet: »Der Pullover war ein kostbarer Besitz, nicht nur, weil er warm und behaglich, sondern vor allem, weil er eine Verbindung zu den geliebten Menschen in der Heimat war.«

## *FÜR GELD UND OHNE*
## DAS HOBBY UND DIE HEIMARBEIT

Der Erste Weltkrieg zog so gravierende gesellschaftliche Veränderungen nach sich, dass manche Historiker den Beginn des 20. Jahrhunderts nicht auf das Jahr 1900, sondern auf 1918 datieren. Die Frauen hatten in den Kriegsjahren neue Aufgaben übernommen und neue Freiheiten erlebt, auf die sie nicht mehr verzichten wollten, als die Männer aus dem Krieg zurückkamen. In den meisten europäischen Ländern und in den USA durften Frauen, nach langen Jahren des Kampfes, endlich wählen (Frankreich folgte 1944, die Schweiz, man glaubt es kaum, 1971). Frauen gerieten körperlich und in Sachen Lebensplanung in Bewegung, Unverheiratete konnten zum ersten Mal allein in einer Stadt leben und in ehrbaren Berufen arbeiten (wobei die Ehe für die allermeisten das erstrebte Ziel blieb).

Das Aussehen der Frauen veränderte sich binnen weniger Jahre auf drastische, ja revolutionäre Weise. Statt eng geschnürter Korsetts und stoffverschlingender, bodenlanger Röcke trugen sie nun gerade geschnittene, lose sitzende Hängekleider, die bis zum Knie reichten. Zum ersten Mal seit vielen Jahrhunderten sah man in der Öffentlichkeit Frauenbeine, zum ersten Mal sah man tagsüber unbedeckte Arme. Ebenso ungeheuerlich war, dass Frauen sich die Haare zu einem kurzen *Bob* mit Pony schnitten, Ski liefen, wild tanzten und (kaum bekleidet) schwimmen gingen. Frauen waren nicht mehr nur das Anhängsel eines Mannes, sie hatten Anrecht auf ein eigenes Leben. Zumindest theoretisch.

Auch das Handstricken veränderte sich in diesen Jahren, aber diese Veränderungen waren so subtil, dass man sie leicht übersieht. Nachdem Frauen vier Kriegsjahre lang genötigt worden waren, für Soldaten und Verwundete praktische und robuste Kleidungsstücke herzustellen, legten viele die Nadeln für immer weg.

Vor allem die großbürgerlichen Frauen hatten nach der nationalen Strickeuphorie offenbar gründlich genug davon. Sturmhauben für Soldaten waren nicht mehr nötig, Spitzendeckchen für das Sofa nicht mehr zeitgemäß. Hinzu kam, dass dem Stricken auch der Ruch von Mangel, Not und Armut anhaftete.

Andere blieben dabei, weil sie die Erfahrung gemacht hatten, dass eine Handarbeit ihre Ängste beruhigte und ihnen das Gefühl gab, etwas Sinnvolles zu tun. Manche strickten Kleidung für sich und die Familie, die Heimarbeit auf dem Land nahm ab, nur an den Rändern Europas blieb sie ein wichtiger Nebenerwerb, manchmal die einzige Einkommensquelle. All das klingt, als ob das Stricken, aller Veränderungen durch Jahrhundertwende und Krieg zum Trotz, blieb, was es seit mindestens einhundert Jahren schon war: Zeitvertreib für die einen, Erwerbstätigkeit für die anderen. Doch der Schein trügt.

Das Ideal einer Familie, in dem der Mann der ›Ernährer‹ war, hatte die Kriegsjahre überlebt, aber die Realität sah oft anders aus. Dieses Ideal war ja schon vor dem Krieg oft nur Fassade gewesen, in vielen Arbeiter- und Kleinbürgerfamilien mussten die Frauen Geld verdienen, und ob sie erwerbstätig waren oder nicht, die Hausarbeit blieb ihre Sache. An alldem änderte sich nach dem Krieg wenig. Nun aber wurde es üblich, dass Frauen abends »nach getaner Arbeit und zur Entspannung« strickten. Doch das taten sie nicht, weil es, wie früher die Landbevölkerung, für den Lebenserhalt unverzichtbar war, und anders als für die Salondamen der Vorkriegszeit war das nun auch keine sinnfreie Betätigung, um die langen Stunden eines untätigen Tages totzuschlagen. Es war etwas, dem sie sich widmeten, wenn die Tagesarbeit erledigt war, etwas, das sie gern taten, bei dem sie sich entspannten. Es war etwas, das es zuvor nicht gegeben hatte: ein Hobby.

Das änderte nichts daran, dass Stricken für eine Frau dazugehörte und jedes Mädchen es lernen musste. Es wurde in der Schule unterrichtet, in den meisten Familien wurden die Töchter zum Handarbeiten angehalten. Wie schon in früheren Generationen,

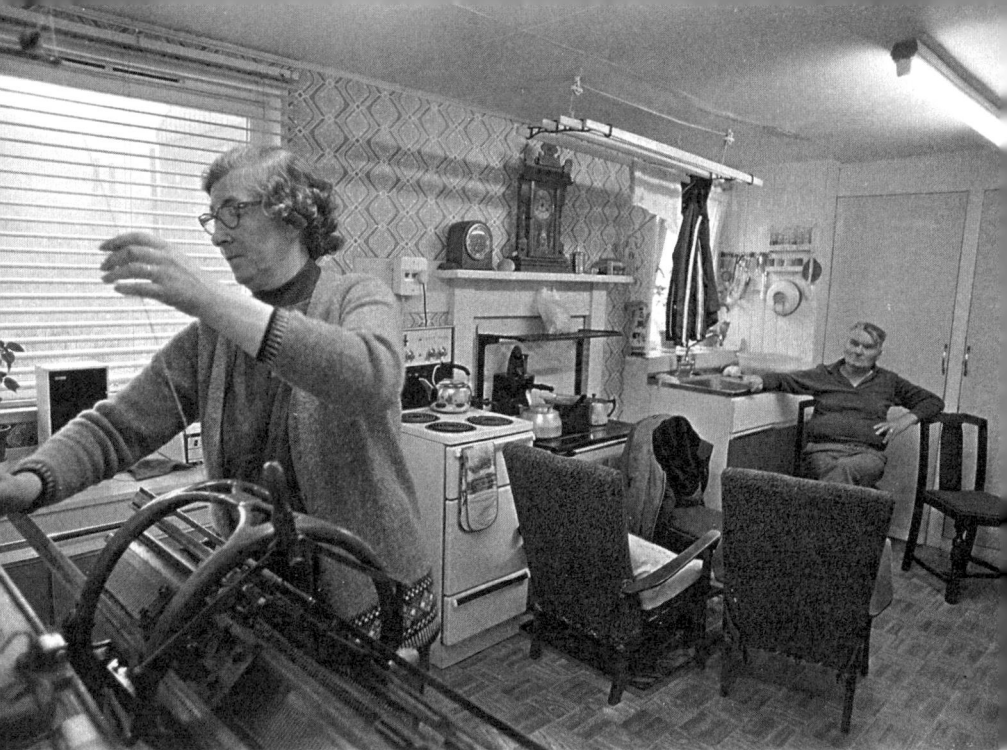

traf das bei den Mädchen nicht immer auf Begeisterung. Mit einem »Wunderknäuel« versuchte man ihnen das Stricken schmackhaft zu machen: im Inneren des Knäuels wartete eine kleine Überraschung auf sie. Wer zum ›Freistricken‹ zu ungeduldig war, bohrte mit dem Finger so lange im Knäuel herum, bis sich das Geschenkchen herausziehen ließ.

Die Wollspinnereien erkannten die Gunst der Stunde und förderten das Hobby, indem sie ihre Handstrickgarne nicht nur wie bisher durch Zeitungsanzeigen bewarben, sondern attraktive Modelle ausarbeiteten und Anleitungsblättchen druckten. Die wurden in Handarbeitsläden billig oder kostenlos abgegeben, um die Kundinnen zu ›inspirieren‹ und zum Kauf der Wolle zu verlocken. Die meisten Damen- und Herrenmodelle in diesen Heften und Heftchen wirken heute altmodisch, während viele Baby- und Kindersachen fast zeitlos sind. Ihr Schnitt und – sieht man vom dünneren Garn ab – auch ihr Aussehen haben sich wenig verändert.

• Die Strategie der Wollspinnereien war erfolgreich, die Strickerinnen griffen begeistert nach diesen Anleitungen. Zeitungen und Zeitschriften sprangen auf den Zug auf, sie berichteten über die neueste Mode und die Eleganz »der großen Welt«, und brachten Anleitungen, mit denen die Leserinnen diese neuen, schicken Kleidungsstücke selbst schneidern, stricken oder häkeln konnten.

Nach dem Kriegsende ging es in Deutschland wirtschaftlich zunächst bergauf. Doch die vielen Fotos und Geschichten von den »Wilden Zwanzigern« dürfen nicht darüber hinwegtäuschen, dass die Zwischenkriegsjahre für viele, vielleicht die meisten Menschen, nicht einfach waren. Sie mussten jeden Pfennig umdrehen, die beruflichen Möglichkeiten für Frauen vervielfachten sich zwar, doch die meisten Stellen waren schlecht, mitunter erbärmlich bezahlt.

Ich verbinde jene Jahre auch mit einer Praktik, die mit dem Stricken insofern zu tun hat, als Frauen in einer Notlage zu dem griffen, was sie hatten: Stricknadeln. Abtreibungen waren strengstens verboten, und so führten ungewollt Schwangere oft eine Stricknadel ein, um einen Abbruch herbeizuführen. Wenn sie die Uteruswand durchstieß, führte das zu schweren Komplikationen und nicht selten zum Tod. Trotz dieser Gefahren haben Frauen das schon lange vor den Zwischenkriegsjahren getan und sie taten es weiter, bis 1972 in der DDR und 1974 in der damaligen Bundesrepublik die Gesetze geändert wurden.

Kommen wir nach diesem bedrückenden Einschub zurück zum Stricken. Bei den heutigen Schleuderpreisen für Kleidung und den Luxuspreisen für Strickgarn ist es kaum noch vorstellbar, dass es tatsächlich sehr lange Zeit erheblich billiger war, selbst zu stricken, wenn man sich selbst oder Mann und Kinder modisch einkleiden wollte. Auch wenn das Stricken in jenen Jahren als Hobby zur Entspannung betrachtet wurde, eine sinn- und ziellose Beschäftigung war es nicht.

So entstanden abends in den Stuben neben den traditionellen Handschuhen und Socken auch hübsche Herrenpullover aus dünner Wolle, Strampelanzüge für die Babys, Kleidchen, Matrosenjacken und Schuljacken für die größeren Kinder. Das alles sollte nicht mehr nur, wie früher, wärmen, es sollte auch, wie man nun sagte, *Pfiff* haben. Das Image des Handgestrickten wandelte sich von der reinen Kleiderproduktion zum Liebesbeweis. Es bestätigte die traditionellen Familienwerte und war doch die perfekte Verbindung der häuslichen mit der modernen, modebewussten Frau, die mit ungewöhnlichen Details und Mustern zeigen konnte, dass sie zwar liebevolle Mutter, aber keineswegs ein biederes Hausmütterchen war. Das wirklich Neue an diesen Zwischenkriegsjahren aber waren nicht die Pullover für Mann und Kind. Neu war, was die Frauen für sich selbst strickten.

Diese Wende hatte Jahre zuvor begonnen, und zwar mit Coco Chanel. Statt Frauen, wie bisher, in (zu) enge Schnitte und steife Stoffe zu stecken, entwarf die Modeschöpferin schon während des Ersten Weltkriegs locker sitzende, bequeme Kleider aus Baumwolljersey, die viel Bewegungsfreiheit ließen. Chanel wurde sofort zu einem großen Namen, ihre legere Linie brachte den Zeitgeist perfekt auf den Punkt, ihre Kollektionen katapultierten Gestricktes in die Haute Couture und machten es zu einem Fashion-Statement der modernen Frau. Sie selbst ging sogar so weit, Herrenhosen zu tragen.

Die zweite große Veränderung begann 1927 mit einem schwarzen Damenpullover der italienischen Modeschöpferin Elsa Schiaparelli: Das gerade geschnittene, handgestrickte Teil hatte am Halsausschnitt und auf der Brust eine große asymmetrisch gebundene weiße Schleife, die dreidimensional wirkte, weil sie in einer speziellen Intarsientechnik gestrickt war. Deren Urheberin war die Armenierin Aroosiag Mikaelian, sie hat auch das Original gemacht. Der Pullover verband Mode mit Kunst und bewies mit seinem täu-

schend echten Trompe-l'œil-Effekt auch noch Humor. Schiaparelli selbst erschien bei einem New Yorker Empfang für Modeeinkäufer in diesem, wie die amerikanische *Vogue* schrieb, »künstlerischen Meisterwerk«, das Luxuskaufhaus Lord & Taylor orderte auf der Stelle vierzig Stück. Der Pullover wurde zum Sensationserfolg, Schiaparelli-Mikaelian machten Handgestricktes zum Bestandteil der eleganten Garderobe, vielleicht sogar der Abendgarderobe. Nachdem Strickerinnen einhundert und mehr Jahre lang die traditionellen Muster und Schnitte im Grunde unverändert nachgearbeitet hatten, kam etwas ganz Neues: Die Revolution bestand darin, dass von da an die *Mode* entschied, was die Frauen der westlichen Welt strickten.

Mode war, was man im Kino und in den Magazinen sah, die meisten Inspirationen kamen aus den USA. Hollywood hatte seinen stilbildenden Siegeszug begonnen, begehrenswert war, was die Filmstars trugen. Deren teure Garderobe war selbstverständlich unerschwinglich (wobei die Fans vermutlich nicht ahnten, was diese Stücke *wirklich* kosteten), doch die Frauen begannen, sie mit Stoff und Wolle zu kopieren, sie verstrickten dünne Wolle in technisch anspruchsvollen Mustern zu Jacken, Röcken, Kostümen, Kleidern, Büstenhaltern und Hemdhöschen, die wir heute *Body* nennen, und sogar zu langen Abendkleidern.

Das Auffallendste an den Mustern der 1920er und 1930er Jahre ist die schiere Menge und die unfassbare Vielfalt an Damenpullovern. In den androgynen zwanziger Jahren waren sie, um weibliche Kurven zu kaschieren, zunächst recht weit und hüftlang, man trug sie über einem schmalen Rock, der knapp das Knie bedeckte. Dann wurden die Oberteile dünner, kürzer und enger, bis sie den Oberkörper umschmiegten; auch hier folgten sie dem Vorbild der Filmstars. Auf Englisch hießen diese Figurwunder *jumper*, auf Deutsch *Pulli*, die Frauen stürzten sich mit einer solchen Begeisterung darauf, dass man in England von *jumper craze* sprach, auch Deutschland war vom Pulliwahn ergriffen. (Dass Gestricktes sich sehr vorteilhaft dehnt, führte viele Jahre später auch Marylin Monroe in ihren Pullöverchen vor. Es gibt übrigens Fotos von einer strickenden Monroe am Filmset – in Händen hält sie allerdings keinen kleinen Kurvenschmeichler, sondern etwas Großes, Weißes, das vage an einen Kraken erinnert.)

Der niedliche Name täuscht darüber hinweg, dass die Machart der Pullis alles andere als niedlich war, sondern mitunter ausgesprochen anspruchsvoll. Details wie angenähte (!) Häkelbordüren mögen nicht mehr unserem Geschmack entsprechen, handwerklich kann man sie dennoch bewundern.

In wenigen Jahren schrumpfte die Bademode von knielangen, stoffreichen Badekleidern zu anliegenden Trikots, Vorreiterin war auch hier wieder Coco Chanel. 1924 ließ sie die Tänzer und Tänzerinnen des Avantgarde-Ballettstücks *Le Train Bleu* in handgestrickten Unisex-Badeanzügen auftreten, im Grunde eine Kombination aus langem Unterhemd und kurzer Hose. Sie stammten aus Chanels aktueller Kollektion und wurden sofort breit kopiert – nicht nur von Chanels Konkurrenten, sondern auch von den heimischen Strickerinnen.

An Stränden und in Badeanstalten verzichteten Herren bald ganz auf das Oberteil und trugen Strickshorts. Die hatten aus leicht nachvollziehbaren Gründen immer einen Gürtel; Wolle saugt ein Mehrfaches ihres Gewichts an Wasser auf, wenn sie nass ist, beginnt die Schwerkraft zu wirken. Die Damenbadeanzüge wurden ebenfalls einteilig und knapper, auch dafür gab es Anleitungen. Im *Esslinger Wollheft* 1933 wird die »Marke Trockenwolle« angepriesen: »Stößt Wasser ab, trocknet schnell, klatscht nicht an, schützt gegen Erkältung, kein Frieren, gesund. Auf Wunsch Bezugsquellen vom Verlag.«

Der berühmt-berüchtigte Monokini, der bekannte busenfreie Damenbadeanzug, mit dem Designer Rudi Gernreich 1964 die Welt schockierte, war übrigens aus dem gleichen Wollmaterial gemacht wie die körperverhüllenden Badekleider der viktorianischen Ära – ein ironisches Augenzwinkern des Designers angesichts der skandalösen Freizügigkeit des Monokinis.

Mit dem Börsencrash von 1929, dem sogenannten Schwarzen Freitag, endeten die Jahre des Aufschwungs. Es begann die Weltwirtschaftskrise mit Massenarbeitslosigkeit und Massenarmut. Nun ging es für die meisten Frauen nicht mehr (nur) darum, sich chic zu kleiden, sondern überhaupt etwas zum Anziehen zu haben. Wie immer in Zeiten wirtschaftlicher Not, pufferten sie mit ihrer Arbeit und ihrem Improvisationstalent die wirtschaftliche Not der Familie ab. Wenn es kein Garn zu kaufen gab oder das Geld nicht reichte, trennten sie alte Pullover auf und machten aus einer Herrenjacke einen Kinderpullover, aus einem Kinderpullover einen Schal. Die Zeitschriften brachten Anleitungen für Pullover, deren mehrfarbige Muster kaschierten, dass man von der Hauptfarbe zu wenig hatte. Plötzlich wurde viel Streifen getragen.

Dass die Familie etwas Schönes zum Anziehen bekam, war also nicht mehr (nur) eine erfreuliche Begleiterscheinung des Strick-Hobbys. Aber so wurde das in der Öffentlichkeit nicht dargestellt. Stattdessen tat man weiterhin so, als handele es sich um eine Liebhaberei und nicht um etwas, das zum Lebenserhalt notwendig war. Ja, man machte Kleidungsstücke für die eigenen Kinder, aber dass das häufig aus finanziellen Gründen geschah, war nahezu tabu. Und als *Arbeit* galt das schon gar nicht, wir kennen das von Hausarbeit ganz allgemein: *Arbeit* ist nur, was für Geld geschieht.

Tatsächlich führte die Weltwirtschaftskrise der 1930er dazu, dass sich Frauen in vielen Ländern Europas wieder auf das Stricken als Haupt- oder Nebenerwerb besannen. Aber auch hier wiederholten sich die alten Zustände nicht eins zu eins. Um Frauen in Arbeit zu bringen und Käufer anzusprechen, gab es Initiativen, die traditionelle Stricksachen modernisierten und neue Modelle entwickelten. Mancherorts schlossen sich Frauen zu Kooperativen zusammen, weil sie gemeinsam handlungsfähiger waren und gerechter entlohnt wurden.

Das vermutlich berühmteste Projekt dieser Art entstand 1939 im Distrikt Bohuslän an der schwedischen Westküste. Die Ehefrauen arbeitsloser Steinbrucharbeiter wandten sich an die Ehefrau des Gouverneurs und baten sie, ihnen bei der Suche nach einer Verdienstmöglichkeit zu helfen. Emma Jacobsson, die seit 1912 mit dem Gouverneur verheiratet war, stammte aus dem Wiener Großbürgertum, ihr Vater, ein jüdischer Kommerzienrat, war mit Sigmund Freud befreundet gewesen. Sie war promovierte Biologin, hatte aber auch Kunstgeschichte studiert, ein Informationsheft des Bohuslän-Museums betont, dass ihr »ausgezeichnetes Gespür für Farben, Schnitte und Qualität an den ästhetischen Traditionen Mitteleuropas geschult war«.

Nach einigem Nachdenken kam man überein, dass der klügste und erfolgversprechendste Erwerbszweig für die Frauen Stricken war, weil sie das schon konnten. Zunächst arbeiteten sie robuste Handschuhe und Strümpfe, aber das brachte nicht genug ein. Dann

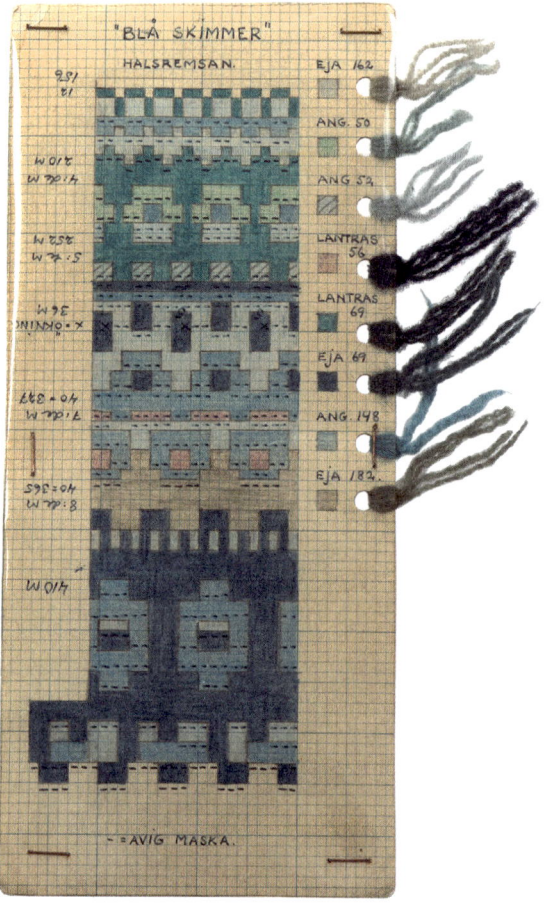

entwarf Jacobsson Pullover, bei denen sie sich von der europäischen Malerei, alten schwedischen Stoffen, peruanischen Textilien und chinesischen Gebrauchsgegenständen inspirieren ließ, alles Dinge, die Jacobsson aus Museen kannte. Sie schuf zarte, elegante Pullover mit Rundpassen in zarten und sehr differenzierten Farbschattierungen, es herrscht weitgehend Einigkeit darüber, dass das die allerersten Pullover mit jener Rundpasse waren, die später für Shetland-Pullover typisch werden sollten. Eine Strickreihe hatte selten mehr als zwei Farben, die aber wechselten in fast jeder Reihe.

Die nötigen Techniken lernten die Frauen in Kursen, das Wissen, das sie dort erwarben, wurde zur Grundlage einer florierenden Heimindustrie. Die Strickerinnen waren Ausführende exakter Vorgaben und nicht, wie in den alten Stricktraditionen, eigenständige Gestalterinnen eines Strickstücks und dessen ›Mustersprache‹. Im Gegensatz zu Shetland-Pullovern sind Bohus-Pullover immer komplett handgestrickt, aber die Fertigung geschah (auch) arbeitsteilig: Die Passen blieben den besten Strickerinnen vorbehalten, die anderen machten Ärmel und Korpus.

Anfangs arbeitete Jacobsson allein. Sie führte die Firma *Bohus Stickning*, verschickte die Alpaka-Garne und die Anleitungen an die Strickerinnen, kontrollierte deren Arbeit, organisierte Vermarktung und Verkauf. Unter ihrer Leitung wurden die Pullover zu einem ebenso teuren wie gesuchten Luxusartikel, den Höhepunkt erreichte die Firma in den fünfziger Jahren, als Frauen wie Helena Rubinstein, Juliette Gréco, Ingrid Bergman, Eartha Kitt und Grace Kelly Bohus-Pullis trugen.

1958 kam die Designerin Kerstin Olsson hinzu, die bis zum Ende in der Firma blieb und Jacobssons Entwürfe kongenial weiterentwickelte. Die Muster wurden komplizierter, die Wolle wurde dünner, das Stricken mühseliger, und als sich die wirtschaftliche Situation der Region in den sechziger Jahren besserte, sank die Zahl der Strickerinnen, die die Muster weiterhin stricken oder zum Gelderwerb neu lernen wollten. Die Firma wurde 1969 aufgelöst.

Heute ist *Bohus* eine echte schwedische Tradition, doch zu Beginn war das nicht mehr als ein kollektives Projekt für arbeitslose Frauen, das rein kommerzielle Ziele verfolgte, und nicht weniger als eine Technik der Pulloverkonstruktion, die ebenso innovativ wie genial war. Im Gegensatz zu vielen anderen Stricksachen, die seit den 1940er Jahren entworfen wurden, sind diese zarten Pullover von zeitloser Schönheit und Eleganz.

Bohus war nicht das einzige Strickkind der dreißiger und vierziger Jahre, das Frauen ein Einkommen verschaffen sollte. Andere Projekte bauten auf Bestehendem auf, so war es bei dem *Aran-Pullover*, dessen Entstehungsgeschichte im Kapitel Musterwanderungen erzählt wird.

Die Araninseln vor Irlands Westküste waren, wie alle Inseln im Westen und Norden Großbritanniens, eine bitterarme Gegend mit sehr wenigen Verdienstmöglichkeiten. Auch hier strickten die Frauen, und auch sie strickten Pullover. In den 1920er Jahren trat eine Irin namens Dr. Muriel Gahan auf den Plan, die sich für den Erhalt irischer Traditionen einsetzte. Sie beklagte eine mangelnde Wertschätzung für die *craft worker*, also der lokalen Handwerker und Kunsthandwerker, und eröffnete 1930 in Dublin ein Ladengeschäft, damit diese dort ihre Produkte anbieten konnten. Sie ermunterte die Frauen der Araninseln, ihr Pullover zu schicken, und stärkte ihr Selbstvertrauen, indem sie ihr Können anerkannte. Sie brachte sie dazu, neue Muster einzuarbeiten und Unikate zu schaffen, die nicht nur schön, sondern auch bequem waren. Gahan bezahlte die Frauen fair, was ihnen half, sich aus jenem Teufelskreis von Armut und Verschuldung zu befreien, in dem viele Bewohner der westirischen Inseln steckten. So gelangten Anfang der 1930er Jahre die ersten für den Verkauf hergestellten Zopfmusterpullover von den Inseln in einen Laden auf dem Festland. Über die Umsatzzahlen ist nichts bekannt, möglich, dass sie nicht sehr hoch waren.

In den 1950er und 1960er Jahren begann die irische Regierung, Stricken als Erwerbstätigkeit zu fördern. In Kursen lernten die Frauen, standardisierte Pullover in gut verkäuflichen Konfektionsgrößen zu stricken, das war ein wichtiger Schritt hin zu einer Professionalisierung der Strickerinnen (und zu deren Disziplinierung). In diesen Jahren entstand mit Hilfe des Aran-Sweater eine florierende, eigenständige Heimindustrie. Angefangen hatte das aber nicht in Irland, sondern in den USA.

Den ersten Erfolgs-Schub löste ein Aran-Herrenpullover samt Anleitung aus, der 1957 in der beliebten Zeitschrift *Vogue Knitting*

*Book* erschienen war (gestrickt hatte ihn keine Irin, sondern Elizabeth Zimmermann). Der Durchbruch kam mit den *Clancy Brothers*, das waren drei irische Brüder und ein Freund von ihnen, die in die USA auswanderten und in den 1960er Jahren mit irischer Folkmusik Karriere machten. Sie traten grundsätzlich in diesen weißen Pullovern auf, sie wurden ihr Erkennungszeichen. Angeblich hatte ihre Mutter sie in Irland gestrickt und über den Teich geschickt, damit ihre Jungs in New York nicht froren. Ob diese anrührende Geschichte wahr oder nur eine raffinierte PR-Erfindung war – jedenfalls sangen sie einige Male im Fernsehen, einmal sogar vor Präsident John F. Kennedy (der ja selbst Nachkomme irischer Einwanderer war), und schon wollte halb Amerika einen solchen Pullover.

Die Nachfrage explodierte, die irischen Lieferanten kamen nicht nach. Das lag vor allem daran, sagte Donal Standún, der auf dem Festland in Connemara ein großes Geschäft führte und zeitweise 700 Strickerinnen unter Vertrag hatte, dass sich die Strickerinnen nicht aus der Ruhe bringen ließen. Um von ihnen 500 Pullover zu bekommen, habe er 1200 in Auftrag geben müssen. Damit die Teile schneller gestrickt werden konnten, vereinfachten und standardisierten Standún und andere Händler die Machart, denn je weniger Varianten es gibt, umso weniger muss man beim Stricken überlegen und umso schneller geht es. Problematisch am Aran-Sweater ist beispielsweise, dass verschiedene Zopfmuster verschiedene Spannung haben und daher schwierig zu kombinieren sind, Gleiches gilt für die Kombination von Glattstrick und Zöpfen. Zudem sind die Muster und Motive verschieden breit, ihre Abfolge sollte jedoch für möglichst viele Konfektionsgrößen gleich bleiben. Man muss sie so zusammenstellen, dass sie mit unverändertem Ablauf größer oder kleiner gestrickt werden können.

Also wurde die Zahl der Zopfmuster deutlich reduziert, daraus folgte ein ›klareres‹ Design. Das kam dem Geschmack der Käufer entgegen, die, wie sich bald zeigte, Herrenpullover mit großen, vertikal verlaufenden Musterbändern wollten, weil die ›männlich‹ wirkten. Sie wollten Naturweiß, weil das die Muster am besten zur Geltung brachte. Die Schnitte wurden einfacher und die Wolle wurde dicker. Das hat auch sein Gutes, denn ein etwas robusteres Material ist strapazierfähiger. Die Arbeitsgänge wurden immer weiter rationalisiert, bis die Strickerinnen schließlich nur noch Einzelteile ablieferten, die in der Fabrik zum fertigen Produkt zusammengenäht wurden.

Sobald ›Originale‹ einer Stricktradition in großen Stückzahlen hergestellt werden, sind solche Vergröberungen völlig normal. Manche Selbu-Fäustlinge hatten vor einhundert Jahren an einem Daumen so viele Maschen wie heute der ganze Handschuh, statt zehn und mehr verschiedenen Muster haben sie heute selten mehr als zwei oder drei, von den Mustern der Vorderseite ist nur der achtzackige Stern geblieben.

Ähnlich erging es den Shetland- oder Fair-Isle-Pullovern, deren Siegeszug 1921 mit einem wahren Coup begann: Ein großer Textilhändler von den Shetlandinseln schenkte dem damaligen englischen Thronfolger und späteren König Edward VIII. (das ist der, der lieber heiraten wollte, als König sein) einen ganzflächig gemusterten Fair-Isle-Pullover mit V-Ausschnitt. Die Strickerin des geschichtsträchtigen Stückes ist, was selten vorkommt, namentlich bekannt, sie hieß Maggie Simpson. Edward, eine Stil-Ikone seiner Zeit, trug den Pullover zum Golfen, 1922 ließ er sich, mit Hündchen auf dem Arm, in diesem Prachtstück malen. Damit waren Fair-Isle-Stricksachen zum begehrten Modeartikel geworden.

Eine englische Strickhistorikerin fand in den veröffentlichten Strickmustern der Jahre 1900 bis 1919 keinen einzigen Fair-Isle-Pullover, in den 1920ern hingegen war er allgegenwärtig – allerdings nur für Frauen, es gab keine Anleitung für einen Herrenpullover. Andererseits soll er um diese Zeit ein unverzichtbares Kleidungsstück für jeden College-Studenten gewesen sein.

Entscheidend für den Erfolg war also, dass der Pullover den Frauen gefiel. Er wurde zu einem Fashion-Statement der Ladys der Oberschicht und passte zu dem sportlich-legeren Stil, den sie pflegten, zu ihrem modernen Körper und seiner Beweglichkeit. Coco

Chanel hätte an diesem Unisex-Stück sicher ihre helle Freude gehabt.

Für die Strickerinnen der Shetlandinseln kam diese Mode genau zum richtigen Zeitpunkt, denn der Markt für die Spitzenstolen, mit denen sie bisher Geld verdient hatten, brach gerade zusammen. Stolen waren plötzlich zu unpraktisch, zu empfindlich, zu unmodern, sie passten einfach nicht mehr in die Zeit.

Auch die Herstellung der Fair-Isle-Pullover wurde rationalisiert. Sie entstanden zu Hause in Akkordarbeit, eine Shetländerin erinnert sich daran, wie groß der Druck auf die Strickerinnen war:

»In den 1960er Jahren gab es kaum Arbeit auf den Shetlands, hunderte verdienten ihr Geld mit Maschinen- und Handstricken. Viele Altersgenossen von mir erinnern sich, dass sie zum Rhythmus des Strickschlittens einschliefen, den die Eltern hin- und zurückschoben, wenn sie noch mehr *bodies* machten – die geraden Teile von Pullover und Jacken. Tausende dieser *bodies* waren für die Handstrickerinnen bestimmt, die die Fair-Isle-Yokes und die Hals- und Ärmelbündchen anstrickten.«

Die Großmutter der Shetländerin Andrea Harrison verdiente so ihr Geld. »Sie stand unter großem Druck, vor allem am Abend, bevor die Stücke abgeholt wurden. Damit meine Großmutter die Stückzahl erhöhen konnte, hatte meine Mutter die Aufgabe, die Fäden zu vernähen. Sie war damals ein kleines Kind, die Folge ist, dass sie nicht strickt. Sie kann es, aber sie hat keine Freude daran. Sie ist in einer Welt aufgewachsen, in der Stricken kein Hobby, sondern eine Arbeit war, die unter Zwang und Zeitdruck erledigt werden musste.« Hazel Tindall, ebenfalls Shetländerin, die mit Großmutter, Mutter und einer unverheirateten Tante in einem Haushalt lebte, erzählte, dass sie alle sechs Tage die Woche und bei jeder Gelegenheit strickten, nur am Sonntag nicht. »Meine Großmutter hatte ihr Leben lang gestrickt, meine Tante hatte keine andere Einkommensquelle, ihr Ziel war es, genug zu stricken, um eine ›Marke‹ kaufen zu können, das war der Beitrag zur staatlichen Versicherung, um einmal eine Rente zu bekommen (was ihr gelang). Für meine Mutter war Stricken kein Vergnügen; so bekam die Familie etwas Warmes zum Anziehen, außerdem stand es für den ewigen Kampf, irgendwie an ein bisschen Geld zu kommen.« Die meisten Pullover, die sie strickten, waren eine kostbare Ware, die verkauft werden musste.

Bis in die 1960er Jahre konnten die Strickerinnen Muster und Farben der Passen selbst bestimmen, sofern die Farben mit den von der Fabrik gelieferten Teilen harmonisierten. Ende des Jahrzehntes war es damit vorbei, erinnerte sich mit deutlichem Bedauern, dass ihnen nun Farben und Muster vorgeschrieben wurden, was die Arbeit viel weniger kreativ machte. Wir lesen das und denken – *ich* denke –, dass das eine ziemlich dumme Entscheidung war: Die Strickerinnen hatten *Freude* an ihrer Arbeit. Sie lieferten den Firmen für einen geringen Stückpreis nicht nur die Passen, sondern auch ihre Kreativität, ihr Farbempfinden, ihre Kenntnis der traditionellen Muster, ja ihre Lebenserfahrung. All das machte jeden einzelnen Pullover zu einem wahren Unikat. Doch die Firmen wollten dieses Geschenk nicht. Sie wollten reproduzierbare Massenware und keine strickenden Menschen.

Mitte der 1970er Jahre sank der Absatz der Strickwaren, um die gleiche Zeit wurde in der Nordsee Öl gefunden, die Ölindustrie etablierte sich auf den Shetlands. Die Frauen fanden andere Arbeit, mit der sie vermutlich mehr verdienten, außerdem saßen sie nicht mehr allein zu Hause, sondern arbeiteten in der Gemeinschaft mit anderen. Es wurde immer weniger in Heimarbeit gestrickt, aber noch 1974 suchte eine Strickwarenfirma in Edinburgh per Anzeige in der *Shetland Times* neue Strickerinnen. Sie bot ihnen, je nach Konfektionsgröße, zwischen 3,00 und 4,70 Pfund pro Yoke.

Kaufkraftvergleiche sind immer eine äußerst heikle Angelegenheit. Ich wage es dennoch, weil ich es wichtig finde, dass wir wenigstens eine vage Vorstellung haben, was den Frauen da angeboten wurde. 1974 stand das Britische Pfund bei etwa sechs Deutschen

Mark, ein Kilo Brot kostete 1,87 DM. Sehr grob geschätzt hieße das, dass die Passe eines Herrenpullovers den damaligen Gegenwert von zwölf bis dreizehn Laib Brot einbrachte.

In Heimarbeit und nach Stückzahl arbeiten zu müssen – und das oft zu einem erbärmlichen Lohn – ist immer elend. Es muss in möglichst kurzer Zeit möglichst viel hergestellt werden, der starre Blick auf den Markt degradierte Strickerinnen und Stricker letztlich zu atmenden Handstrickmaschinen. Je präziser und länger jemand Anleitungen befolgen muss, umso mehr drohen Fantasie und Wagemut zu verkümmern. Auch die Freude an arbeitsintensiver Kunstfertigkeit bleibt auf der Strecke, wir denken vielleicht zu selten darüber nach, dass man sich Kreativität auch finanziell leisten können muss. Die Entwicklung zu immer mehr Effizienz endet oft am anderen Ende dessen, wofür die Irin Muriel Gahan kämpfte, als sie die Strickerinnen der Araninseln ermutigte: Wertschätzung des handwerklichen Könnens und der Kreativität von Frauen an Europas Rändern.

1983 strickten von 23 000 Bewohnern der Shetlandinseln immer noch etwa 2000 in Heimarbeit und produzierten jährlich etwa 500 000 »Strickstücke«; dazu gehörten große Teile wie Herrenjacken ebenso wie Handschuhe und Mützen. Andere verkauften ihre Pullover direkt an Touristen oder an Einheimische. In manchen Familien wurde die Heimarbeit arbeitsteilig betrieben, die Männer fertigten auf der Strickmaschine die geraden Teile, die Frauen strickten die Yokes.

Die meisten Strickerinnen, die an Händler lieferten, arbeiteten im 20. Jahrhundert unter erheblich besseren Bedingungen als in den Jahrhunderten zuvor. Sie erlebten die Arbeit als anstrengend, aber eine präzis vorgegebene Routine kann auch entlastend sein. Sie beherrschten den Job, er ging schnell von der Hand, so verdienten sie eben ihr Geld. Wir sollten uns auch vor der Annahme hüten, dass alle *zwangsläufig* Opfer raffgieriger Händler waren, viele waren sicher klug genug, ihre Berufstätigkeit selbst zu managen. Denken Sie nur an die schlaue alte Frau von Unst, die sich als anachronistisches Folklore-Bild inszenierte, um Touristen anzulocken!

Eine amerikanische Bloggerin hat sich über die widersprüchlichen Varianten Gedanken machen, die über die Geschichte des Aran-Pullovers kursieren. Die eine, Sie erinnern sich sicher, ist die romantische Legende vom Familienerbe, das über Generationen von Mutter auf Tochter weitergereicht wurde, die andere ist die nüchterne Geschichte eines Produkts, das an die Erfordernisse des Marktes angepasst wird.

Da ist einerseits diese Legende, andererseits die reale Geschichte. Die eine Version handelt von Frauen als Wahrerinnen einer Tradition, die von den Großmüttern ihrer Großmütter begründet wurde; es geht um Häuslichkeit, Pflichterfüllung, die freudige Hinnahme einer unwandelbaren sozialen Rolle. Die andere Version kreist um unternehmerisch denkende Frauen, die neue Fähigkeiten erwerben, die Bestehendes kombinieren und erweitern, um etwas starkes Neues zu schaffen. Dabei behalten sie den Markt im Blick, und wenn es den Absatz fördert, sind sie gern bereit, sich selbst zu romantisieren. In dieser Geschichte geht es um Kreativität, um Geschäftstüchtigkeit und das Ziel, alle verfügbaren Ressourcen so zu nutzen, dass dies die eigene Lage verbessert.

Was die Frauen auf den Inseln im Norden und Westen von Großbritannien schufen, wurde, wie die Strickhistorikerin Kate Davies schreibt, von Frauen auf der ganzen Welt getragen. Jeder Pullover bereitete seiner Trägerin Freude, jeder war ein gestrickter Auswanderer, jeder trug die individuellen Eigenheiten und Erkennungszeichen seiner – namenlosen – Produzentin.

Doch die Zahl der Shetländerinnen, die die Muster ihrer Insel stricken können, sinkt. Zu Hause lernen es die Kinder nicht mehr, der Handarbeitsunterricht in den Schulen wurde vor einigen Jahren abgeschafft. Traditionsbewusste ShetländerInnen fürchten, dass das Erbe verloren gehen könnte, und haben im Internet einen Spendenaufruf gestartet, um Kurse für junge Menschen finanzieren zu können.

Meiner Meinung nach sollte sich der britische Wirtschaftsminister ein Beispiel an der Regionalregierung der Shetlands nehmen, die 1983 beschloss, jährlich eine Million Pfund in die Förderung und Vermarktung des traditionellen Gewerbes zu investieren, wozu auch die Förderung der dazu nötigen Kenntnisse gehören sollte. Begründet wurde das interessanterweise damit, dass die Fischindustrie zurückgehe und das Öl nicht ewig reiche. Man wolle daher »das Stricken mit Nachdruck fördern, damit es diese Rückgänge auffangen kann«.

Ein solches Programm sollte neu aufgelegt werden. Es ist nicht nur für Strickenthusiasten und Nostalgiker, sondern für die Wirtschaft der Shetlandinseln wichtig, dass es auch künftig Menschen gibt, die die Techniken souverän genug beherrschen, um sie weiterführen und weitergeben zu können. Die Inseln erleben nämlich seit einigen Jahren einen boomenden ›Textiltourismus‹, wofür hauptsächlich das Internet verantwortlich ist. Dort finden Strickerinnen die Originalmuster, die früher einem kleinen Kreis Eingeweihter vorbehalten waren, und seinerzeit, wenn überhaupt, nur in Büchern mit Mini-Auflagen verbreitet wurden. Die modernen Strickerinnen begeistern sich für die Muster und möchten sie nacharbeiten, und wer das nicht kann, wünscht sich oft eine kompetente Lehrerin. Für sie gibt es seit einigen Jahren auf Strickerinnen zugeschnittene Angebote, die spezielle Seminare mit Rundreisen und Besuchen bei Strickerinnen, Schafzüchtern und Spinnereien verbinden; nicht wenige Besucherinnen verstummen vor Ehrfurcht, wenn sie beim Besuch der Traditionsfirma Jamieson's of Shetland erfahren, dass diese die Garnqualität für die echten Fair Isles in weit über 200 Farben anbietet.

Zu einer solchen Wiederbelebung der Tradition tragen Bloggerinnen wie Kate Davies bei, die seit vielen Jahren kundig, detailliert und mit fantastischen Fotos über die Schönheit der Inseln und deren Handwerkstraditionen berichtet – nein: schwärmt. Viele ihrer eigenen Entwürfe variieren alte Muster und Techniken, und weil sie promovierte Historikerin ist, weiß sie über deren Herkunft und Geschichte immer viel zu erzählen. Sie ehrt und verehrt die Berufsstrickerinnen früherer Tage, stellt aber auch Menschen vor, die jetzt auf den Inseln leben und mit Wolle arbeiten: Schafzüchterinnen, Weberinnen, Spinnerinnen, Strickerinnen, einige von ihnen selbstverständlich Männer. Jedes dieser Porträts begeistert und vergrößert Davies' große Fangemeinde. Und jedes ihrer Porträts ist eine nachhaltige Tourismuswerbung, da es *die Shetlands* und *Schottland* als Marke und als Reiseziel stärkt.

Eine deutsche Strickerin spricht vermutlich vielen aus dem Herzen, wenn sie sagt, nachdem sie sich mit Davies' Modellen beschäftigt habe, würde sie am liebsten in den Flieger steigen und ein paar Tage in Schottland, Irland und auf den Hebriden verbringen.

## ELIZABETH ZIMMERMANN UND ANDERE GENIALE
## DIE DESIGNERINNEN

1951 kam die Zeitschrift *Constanze Strickmoden* auf den Markt, die erst 1990/91 eingestellt wurde. Jede Ausgabe brachte eine unglaubliche Vielfalt an Schnitten, Modellen, Mustern, die Strickbloggerin Tina Hees hat sich die Mühe gemacht, einige Nummern durchzuzählen, sie kommt auf 145–231 Modelle pro Heft. Jede dieser Anleitungen war von jemandem ersonnen, ausgerechnet, niedergeschrieben und an die Zeitschriftenredaktion geliefert worden, doch anders als die großbürgerlichen Strickbuchautorinnen des 19. Jahrhunderts, blieben diese Designerinnen meist namenlos. Damals nannte man sie noch Entwerfer, auch wenn die meisten Modelle vermutlich von Frauen stammten.

Es gab in jenen Jahren zahllose begabte Designerinnen, von denen wir nie etwas erfahren werden. Eine große Ausnahme ist die in England geborene Amerikanerin Elizabeth Zimmermann. EZ, wie ihre Anhänger sie nennen, war eine begeisterte, man könnte sagen: fanatische Strickerin, und sie war die erste Berufsstrickerin, die sich auf allen denkbaren Wegen vermarktete. Dabei bewies sie viel Fantasie, was für ihren exzellenten Geschäftssinn spricht. Beispielsweise schrieb sie ab 1959 einen monatlichen Newsletter, den man abonnieren konnte und der im Grunde wie ein Blog funktionierte. Darin erzählt sie amüsant von ihrem Alltag im ländlichen Wisconsin und stellte jeweils ein neues Strickstück vor. Sie beschrieb zunächst ›frei‹, also ohne konkretes »mit einer Nadel der Stärke X schlagen Sie y Maschen auf«, wie das zu stricken sei. Immer wieder ermunterte sie ihre Leserinnen, etwas zu wagen, zu experimentieren, ihren Sinnen mehr zu trauen als gedruckten Anleitungen und sich von der Idee des Fehlers zu verabschieden – man solle Abweichungen souverän zu *design features*, also zu besonderen Designmerkmalen erklären. Sie spöttelte oft über Strickerinnen, die sich sklavisch an Anleitungen hielten, unterschied konsequent zwischen der »denkenden Strickerin« und der »blinden Nachmacherin« und gab sich große Mühe, um diese Nachmacherinnen zu mehr Mut und Eigeninitiative zu bewegen. Am Ende jedes hektographierten Monatsbriefs, oft demonstrativ in eine Ecke gequetscht, gönnte sie jenen Abonnentinnen, die ihrer Ansicht nach anleitungssüchtig und allzu angstgeplagt waren, auch ›konventionelle‹ Details wie Maschenzahl, Zu- und Abnahmen.

1957 hatte die Redaktion von Vogue Knitting Book ihr die Vorlage für einen Aran-Pullover geschickt und sie gebeten, ihn für das Heft zu stricken. Es wurde, wie sie erzählt, kein Honorar vereinbart, sie wurde auch nicht als Strickerin genannt. Sie kam dennoch auf ihre Kosten, denn im Heft wurde erwähnt, dass es die ungebleichte Originalwolle in den USA nur bei ihr gab. Sehr viele Leserinnen von Vogue Pattern Book wollten diesen Pullover nachstricken, das war der Anfang von Zimmermanns kleinem Versandhaus für Wolle, Strickzubehör und Bücher – denn natürlich schrieb EZ auch Bücher. Sie bekam eine eigene Fernsehsendung, 1974 organisierte sie an der University of Wisconsin das weltweit erste Strick-Camp (die Teilnehmerinnen wurden benotet), danach reiste sie durch die USA und gab Kurse.

1955, Zimmermann war 45 Jahre alt, brachte die große amerikanische Frauenzeitschrift Woman's Day einen Artikel mit dem Titel »Norwegian Sweaters the Easy Way«, samt Abbildung eines außerordentlich schönen Norweger-Pullovers. Autorin des Artikels war Elizabeth Zimmermann, was sie zu einer der ersten, vielleicht der ersten Designerin überhaupt machte, die in einer Zeitschrift jener Jahre ebenso locker wie informativ über das Handwerk des Strickens schrieb. Natürlich war auch das keine Anleitung mit Nadelstärke und Maschenzahl ... das wäre mit ihrer Philosophie des eigenverantwortlichen Strickens unvereinbar gewesen. Es war überhaupt keine Anleitung. Stattdessen benannte (und löste) sie vier Strickprobleme, die, wie sie schrieb, zwischen ihr selbst und dem abgebildeten Prachtstück gestanden hatten. Diese Liste dürfte ihren Leserinnen einen dankbaren Seufzer des Wiedererkennens und der Erleichterung entlockt haben:

1. Ich hasse linke Rückreihen.
2. Ich hasse es, bei jedem Farbwechsel die Fäden verschränken zu müssen.
3. Ich hasse komplizierte Grafiken und dass ich ständig Punkte, Sternchen und komische Schnörkel in Garnfarben übersetzen muss.
4. Und vor allem hasse ich es, dauernd eine Farbe loslassen und die andere aufnehmen zu müssen, weil das Muster das verlangt, und das manchmal bei jeder zweiten Masche.

Diese ›Problemliste‹ zeigt, dass die Strickerin und deren praktische Fragen immer im Mittelpunkt ihrer Überlegungen standen, Selbstbespiegelung und Eitelkeit waren EZ ein Graus. Viele ihrer Entwürfe und Techniken waren nie zuvor beschrieben worden, sie hätte also durchaus für sich in Anspruch nehmen können, sie erfunden zu haben – das hatte sie nämlich. Aber das tat sie nicht – und zwar, wie sie mehrfach schrieb, weil sie einen großen Respekt vor den strickenden Menschen der Geschichte hatte: Alles, was sie tue, habe es mit Sicherheit schon gegeben, es sei bloß nicht schriftlich überliefert. Und so nannte sie ihren Prozess des Entwickelns nicht *invent*, also *erfinden* oder *entdecken*, sondern dachte sich das Wort *unvent* aus, was man mit *auffinden* oder *aufdecken* übersetzen könnte.

Ihre Bescheidenheit kann uns nicht darüber hinwegtäuschen, dass sie die Konstruktion von Gestricktem grundlegend neu konzipiert hat und dass seither *anders* gestrickt wird. Ihr Ziel war es, das Handwerk des Strickens so weiterzuentwickeln, dass es *einfacher* wurde, und das, ohne es zu verflachen und ohne seine Komplexität zu opfern. Das gelang ihr auf spektakuläre Weise, sie hat das Stricken tatsächlich revolutioniert.

Als ausgebildete Bildhauerin dachte sie ein Strickstück schon bei der Planung dreidimensional und nicht, wie es damals üblich war, in vier beziehungsweise fünf flachen Einzelteilen, die erst durch Zusammennähen zu einem Pullover oder einer Jacke, also einem ›räumlichen‹ Kleidungsstück wurden. Konkret hieß das: EZ strickte die meisten ihrer Teile in einem Stück, also rund und ohne linke Maschen.

Der Gegensatz zwischen ihrer Technik und den Gesetzen des ›Establishments‹ führte 1958 zum Zwist mit einem Garnfabrikanten. Der hatte sie mit einem Shetland-Pullover beauftragt, den sie von unten nach oben, rund und nahtlos strickte. Ein Foto des von ihr gestrickten Pullovers illustrierte die Anleitung, die nahtlose Seite war deutlich zu sehen. Die Firma aber hatte Zimmermanns Anleitung eigenmächtig so umgeschrieben, dass (wie gehabt) Vorderteil, Rückenteil und zwei Ärmel flach gestrickt und zusammengenäht werden mussten.

Ihre Empörung über diese Willkür führte zu der Idee, sich mit einem Monatsbrief direkt an die Strickerinnen zu wenden. Das war zunächst ein Verlustgeschäft, Vervielfältigung und Porto mussten bezahlt werden, es gab zu viele Kundinnen, die ihn bekamen, aber nichts bestellten. Erst als die Sache finanziell aus dem Ruder zu laufen drohte und die Familie ihr Veto einlegte, erhöhte sie die Abonnementskosten. Und erst da begann ihr Geschäft zu florieren.

Zimmermann gilt als Erfinderin des *bottom-up seamless*, des von unten nach oben rund gestrickten Pullovers ohne linke Maschen und ohne Naht. In Norwegen strickte man Pullover schon sehr lange rund, doch die Ärmel wurden separat gestrickt und eingesetzt, der erste (uns bekannte) Yoke-Pullover, der völlig ohne Naht gestrickt wurde, wurde 1952 von der Norwegerin Unn Søiland Dale gestrickt. Er hieß *Eskimo*, weil die große Schulterpasse von den perlenbestickten Schultercapes der grönländischen Eskimo-Trachten inspiriert war. Wir wissen nicht, ob EZ diesen *Eskimo* je gesehen hat. Ihre *bottom-up seamless*-Technik ist möglicherweise ein treffendes Beispiel für ihr »unvent«, dafür also, dass sie etwas bereits Existierendes noch einmal erfand. Sicher ist, dass sie die Technik populär machte und jenen Instanzen die Stirn bot, die keine Alternative zum »Flachstricken« dulden wollten.

EZs Originalentwürfen fehlt jene Leichtigkeit und lässige Eleganz, die wir heute schätzen, aber ihre Gedanken zu Design und Konstruktion haben Bestand. Ihre inzwischen legendäre »EPS-Methode« (Elizabeth's Percentage System) ist eine mathematische Formel, mit deren Hilfe man ohne Anleitung einen passenden Pullover stricken kann. Sie beruht, vereinfacht gesprochen, auf der Standardproportion von Rumpf zu Ärmeln und ist noch heute ein verbreitetes Hilfsmittel bei der Berechnung von Strickmustern. Jared Flood schreibt, er würde vermutlich keins von EZs Stücken unverändert nachstricken, doch ihre Arbeit und ihre Innovationskraft faszinierten ihn, sie habe ihn stark beeinflusst und sei eine »unerschöpfliche Inspirationsquelle«.

Die nächste wichtige Neuerung in der Nachkriegsgeschichte des Strickens kam mit dem *top-down seamless*-Pullover der Amerikanerin Barbara Walker. Er wird nahtlos und in Runden von oben nach unten gestrickt, ein wahrer Konstruktionssprung, der sich inzwischen durchgesetzt hat. Kate Davies, eine große Techniktüftlerin vor dem Herrn, hat sich in den letzten Jahren besonders der Perfektionierung der von oben eingestrickten Ärmel verschrieben.

*Bottom-up* und *top-down* sind heute die gängigen Standards, es gibt kaum noch namhafte Designerinnen, die ›flach‹ entwerfen. Eine in diesen Dingen bewanderte Bekannte schrieb mir, soweit sie wisse, »stricken auf Ravelry nur drei der ›großen‹ Designerinnen flach. Das sind Norah Gaughan, Kim Hargreaves und Lori Versaci, und die sind alle über das Couture-Gewerbe zum Stricken gekommen.« Will sagen: Sie denken und arbeiten wie Schneiderinnen.

Internet und soziale Medien haben die Arbeitswelt derer, die vom Stricken leben, völlig auf den Kopf gestellt. Jared Flood, mit seiner Firma Brooklyn Tweed ein angesehener ›Player‹ auf dem internationalen Strickmarkt, bezeichnet das Strickforum Ravelry als Revolution. Bevor es Ravelry gab, hatten die traditionellen Strickmagazine und Wollspinnereien ein Monopol; sie waren die einzigen Auftraggeber von Designern, sie konnten darüber befinden, wessen Arbeit, Ideen und Entwürfe bekannt wurden, wer überhaupt als *Strickdesigner* gelten durfte. Diese Situation hat sich binnen weniger Jahre komplett geändert. Nun kann jede/r ein Strickstück ausarbeiten und die Anleitung – umsonst oder gegen Gebühr – auf Ravelry anbieten. So erreicht man ein Millionenpublikum, bleibt als Urheber erkennbar und kann sich mit seiner Arbeit einen Namen machen. Weltweit.

Wer auf Ravelry erfolgreich ist, arbeitet oft auch für Strickzeitschriften. Das geschieht nicht mehr anonym, aber die Designerinnen verkaufen alle Rechte an ihren Entwürfen. Dennoch profitieren in der Regel beide Seiten von diesem Arrangement. Die eine bekommt ein garantiertes Honorar und (weiter) wachsende Bekanntheit, die andere sichert sich das exklusive Modell einer Designerin, die in der Szene oft bekannt genug ist, um auf dem Titelblatt angekündigt zu werden.

Eine solche Designerin ist Isabell Kraemer, »die weltweite Sweater-Queen aus Hamburg«. Sie arbeitet für große Zeitschriften wie *Vogue Knitting* und *The Knitter*, sowie für einen amerikanischen Garnproduzenten, für den auch die Bonner Melanie Berg gelegentlich entwirft, die auf Tücher spezialisiert ist.

Ich weiß nicht, wie Kraemer und Berg ihre Arbeit organisieren, viele Designerinnen gehen früher oder später dazu über, ihre Ideen in Entwurfszeichnungen und Anleitungen zu skizzieren und von ihren Strickerinnen umsetzen zu lassen. Sehr wichtig sind Tech Editors, die darauf spezialisiert sind, eine Anleitung auf Richtigkeit zu überprüfen und eventuell umzuschreiben. Denen geht diese Arbeit vermutlich leichter von der Hand als einer deutschen Bloggerin, die verriet, dass sie an den Anleitungen für die Socken, die sie auf Ravelry verkauft, mindestens 10–20 Stunden schreibt. (Das sind allerdings sehr aufwendige, gemusterte Socken, und

sie haben möglicherweise auch mehr als die durchschnittlichen 34 000 Maschen pro Sockenpaar.)

Ich habe Isabell Kraemer und Melanie Berg erwähnt, doch es gibt viele Dutzend begabte Designerinnen, die ich nennen könnte, ja sollte. Hier sind einige: Heidi Kirrmaier, Regina Moessmer, Martina Behm, die nachnamenlose Anke von Ankestrick. Åsa Söderman, Ysolda Teague, Norah Gaughan, Kate Davies, Marianne Isager. Veera Välimäki aus Finnland und Joji Locatelli aus Argentinien, jede für sich sehr erfolgreich, arbeiten seit vier Jahren auch zusammen und bringen unter dem Namen *Interpretations* eine gemeinsame Mustersammlung heraus. Dafür einigen sie sich auf ein paar Begriffe, machen Entwürfe und treffen sich dann irgendwo auf der Welt zum Fotoshooting – einmal war das Potsdam, diese Kollektion kreiste um *kind, curious, free, aged, significant, whole* (freundlich, neugierig, frei, gealtert, signifikant, ganz).

Die Engländerin Bev designt unter dem Namen Boo Knits bemerkenswerte Perlentücher, Romi Hill ist Lace-Spezialistin. Dann sind da noch Julie Weisenberger, Hannah Fettig, Amy Miller, Justyna Lorkowska, Carrie Bostick Hoge, Jane Richmond, Bristol Ivy ... nicht zu vergessen Frankie Brown, die sich auf entzückende und technisch sehr interessante Figuren spezialisiert hat, oder Ann Myhre aus Oslo, die traditionelle norwegische Muster und Konstruktionstechniken gleichzeitig bewahrt und modernisiert.

Ich weiß nicht, wie viele dieser Frauen es wirklich ›geschafft‹ haben, vom Entwerfen zu leben. Vermutlich ist es für manche nach wie vor ein Zweitberuf, weil Stricken allein nicht genug einbringt. Und während ich dies schreibe – am Frauentag des Jahres 2017 –, wird die Ravelry-Liste der erfolgreichsten DesignerInnen von zwei Männern angeführt: Stephen West und Jared Flood.

Dennoch träumen viele Strickerinnen davon, ihr Hobby zu ihrem Beruf zu machen. Es geht ihnen wie Martina Behm, die Journalistin war und Strickdesignerin wurde, weil sie, wie sie sagt, »gerne etwas er-schaffe. Und gern Wolle in den Händen habe!« Tatsächlich kommen viele der Frauen, die im Strickgeschäft Erfolg haben, aus völlig anderen Berufen: Nicole Eisinger und Cordula Surmann-Schmitt von DyeForYarn sind Molekularmedizinerin beziehungsweise Biologin; Kate Davies Historikerin; Carlos Zachrison von Arne & Carlos Politologe, Stephen West war Tänzer.

Wer mit eigenen Designs an die Öffentlichkeit gehen möchte, kann auf dem virtuellen Bauernmarkt Ravelry einen Stand aufschlagen. Dabei sind nicht alle so erfolgreich wie Behm, West, Davies oder Arne & Carlos, kaum jemand erzählt ehrlich, was der Weg an die Spitze gekostet hat. Dass es nicht nur Gewinner gibt, ist eine ebenso banale Erkenntnis wie die, dass eine freiberufliche Existenz nicht nur Sonnenseiten hat. Wer für Zeitschriften und Spinnereien entwirft, bekommt ein Garantiehonorar. Das mag niedrig sein, aber es ist eben sicher. Wer nur im Internet und auf eigene Rechnung arbeitet, steht oft erheblich schlechter da. Aber weil über Geld selten gesprochen wird, ist es umso bewundernswerter, dass die Amerikanerin Terri Shea in ihrem Blog Zahlen offengelegt hat. Sie ist auf klassische norwegische Strickstücke spezialisiert und hat mehrere Anleitungsbücher veröffentlicht, in der Strickwelt hat sie also durchaus einen Namen.

Mit der Anleitung für ein Paar Handschuhe, die auf Ravelry sechs Dollar kostet, nahm sie in zweieinhalb Jahren 570 Dollar ein. Für die Entwicklung der Anleitung, das Fotografieren, Layouten und Veröffentlichen brauchte sie 33 Stunden. Bei einem, wie ich finde, sehr bescheidenen Stundenlohn von zehn Dollar blieben ihr also 240 Dollar – wovon sie Steuern, Büromiete, Strom, ihren Computer, Krankenversicherung und einiges mehr bezahlen muss. 2013, als sie den Beitrag schrieb, kosteten neun der 25 beliebtesten Handschuh-Anleitungen auf Ravelry im Schnitt sechs Dollar, 16 gab es kostenlos. Sheas nüchterne Bilanz lautet, dass Strickerinnen für eine Anleitung bestenfalls einen kleinen Betrag, am liebsten nichts bezahlen möchten.

Ob man auf diesem Weg wirklich Geld verdienen kann, hängt – wie überall – auch davon ab, wie gut man ist und ob man auf *die richtige Art* gut ist. Erfolg hat nur, wer den Spagat schafft, einen eigenen, eindeutigen Stil zu entwickeln und dennoch den Geschmack vieler zu treffen. Das Internet und die sozialen Netzwerke können auch hier desillusionierend sein, denn sie sind ein strenger Lehrmeister. Entwürfe müssen bis ins letzte Detail durchgearbeitet, Anleitungen leicht verständlich sein. Konstruktionsfehler oder Unklarheiten werden von den Nutzerinnen sofort entlarvt und öffentlich kritisiert. Und selbst der sensationellste Entwurf hat keine Chance, wenn er nicht mit attraktiven, professionell wirkenden Fotos in Szene gesetzt wird. Wer einmal versucht hat, einen anthrazitfarbenen Pullover so zu fotografieren, dass er nach was aussieht, weiß, dass das Zeit und oft auch Geld kostet. Von Nerven zu schweigen.

Die ständige Präsenz auf Instagram, Facebook und möglichst auch Twitter sowie eine eigene Webseite sind für den Erfolg ebenso unverzichtbar wie ein eigener Blog. Das alles muss regelmäßig gepflegt werden, der Blog sollte kurzweilig, informativ und persönlich sein. Vorbildlich macht das die Kanadierin Stephanie Pearl-McPhee, die in dreizehn Jahren 2337 Blogeinträge geschrieben hat, in denen sie auf brillante Weise über Stricken und ihr privates Leben berichtet. Von ihr stammt auch das Wort *Interknit*, das perfekt einfängt, wie ungeheuer wichtig und verbindend das Internet für die globale Strickgemeinde geworden ist.

Wenn alles gelingt und ein Quäntchen Glück dazukommt, erwirbt die Designerin eine ›Fangemeinde‹ und wird mit ihren Entwürfen zu einer Marke. Das erweitert den Markt für ihre Bücher, sie wird eingeladen, Vorträge und Seminare zu halten, das alles bringt Geld. Der Gipfel des Erfolgs ist für manche der Vertrag mit einer Wollspinnerei – was allerdings nur wenigen vergönnt ist. Dann dürfen Strickdesigner wie Arne & Carlos, von manchen als »Popstars des Strickens« bezeichnet, einem Garn den eigenen Namen geben, um daraus lauter schöne Sachen zu stricken und zu häkeln, die auch dem Umsatz der Spinnerei guttun. Dort sind sie übrigens die Nachfolger von Kaffe Fassett, von dem Sie später noch hören werden.

Es wirkt wie eine Ironie der Geschichte, dass die Stars der Branche dorthin zurückkehren, wo ihr Berufsstand angefangen hat: zu den Wollspinnereien. Doch die Bedingungen sind völlig andere. Zumindest von außen betrachtet scheint es, als hätten sich die früheren Machtverhältnisse zwischen Wollfirmen und Designern angenähert, wenn nicht gar umgekehrt.

## *WOLLE ZU GELD SPINNEN*
## DIE KREATIVEN

Welche Möglichkeiten hat eine Strickerin, die ihr Hobby zum Beruf machen, aber keine Designerin werden möchte?

Selbstverständlich gibt es immer noch Heimarbeit, man kann für Auftraggeber stricken (oder häkeln), die nach Stückzahl bezahlen. Ein Beispiel sind die Strickerinnen der Fäustlinge, die man auf einer Norwegenreise in Läden kaufen kann, die keinen Souvenirkitsch, sondern hochwertiges norwegisches Kunsthandwerk anbieten. Die Strickerinnen stammen tatsächlich aus Selbu, die meisten sind Rentnerinnen und schaffen (wenn sie nicht allzu viel anderes tun) ein Paar pro Tag. Dafür bekommen sie 12 bis 15 Euro, im Laden kostet das Paar etwa vierzig Euro. Gemessen am Verkaufspreis ist der Lohn also gar nicht schlecht, aber als Lohn für ein Paar Handschuhe finde ich das erschütternd. Die Selbuerinnen sehen das anders: Für sie ist das eine sehr willkommene Aufbesserung ihrer Rente. Sie stricken sowieso immer und vermutlich mehr, als sie selbst und ihre Familien verkraften können, sie beherrschen die komplizierten Muster buchstäblich blind, schauen beim Stricken nicht einmal hin. Auch sie er-schaffen etwas, auch sie haben Wolle in den Händen. (Wenn sie doch einmal für sich und ihre Familien stricken, sind Garn und Nadeln dünner, die Muster komplizierter.)

Vermutlich werden die Frauen, die in Deutschland für Jungunternehmer Mützen häkeln oder stricken, ähnlich schlecht bezahlt. Aber das sind keine Ausbeutungsverhältnisse wie im neunzehnten Jahrhundert, und auch wenn es selbstverständlich immer noch Frauen gibt, die unter entwürdigenden Bedingungen stricken *müssen*, um sich zu ernähren, leben sie vermutlich nicht in Norwegen oder Deutschland. Die Handschuh- und Mützenstrickerinnen tun das aus freien Stücken. Aber jede Strickerin weiß doch, wie viel Zeit und *Können* in einem solchen Strickstück steckt. Finden wir einen Stundenlohn von einem, bestenfalls zwei Euro angemessen? Ist es noch Zeitvertreib, Freude, Entspannung, wenn man tagein, tagaus das immer gleiche Muster macht, oder ist es eben doch Arbeit? Etwas, das man Masche um Masche, Reihe um Reihe hinter sich bringen muss – nur um am nächsten Tag von vorne anzufangen?

Die Irin Mary O'Flaherty hatte auf Inishmore, eine der Araninseln, ein eigenes Geschäft, in dem sie auch selbst gestrickte Aran-Pullover verkaufte. Etwa dreißig Stunden brauchte sie für einen und verkaufte ihn für 100 Euro und mehr. Das ist wahrlich kein atemberaubender Stundenlohn, es wäre vermutlich lohnender, wenn sie für die Haute Couture-Kollektion der großen Pariser, Londoner, New Yorker Modehäuser arbeiten würde. Jedes Stück dieser Kollektionen ist ein Unikat, nach höchsten handwerklichen Standards von Hand gefertigt, die Strickwaren werden von Berufsstrickerinnen gemacht, die ungenannt bleiben.

Prêt-à-porter-Kollektionen sind weniger exklusiv, die gezeigten Stücke werden in vielen Exemplaren hergestellt. Man kann nicht behaupten, dass sie billig wären, aber 2000 Euro für einen sehr ausgefallenen Kaschmirpullover der Vivian Westwood-Kollektion 2016 ist kein wirklich unverschämter Preis, denn er hat ein schwieriges, achtfarbiges Jacquardmuster und wurde, wie das Modehaus versicherte, in Italien handgestrickt. An diesen 2000 Euro müssen das Unternehmen Westwood und die italienische Textilfabrik, die den Pullover herstellt, verdienen, Material, Transport und vieles andere will bezahlt werden, auch im Einzelhandel soll etwas hängen bleiben. Wo bleibt in dieser Kalkulation die Strickerin?

Eine, die diese Frage beantworten könnte, ist die Berlinerin Ruta Sluskaite. Sie besitzt, wie Mary O'Flaherty, ein Wollgeschäft, und da das ein Saisongeschäft ist, strickt sie in den warmen Monaten zwanzig bis vierzig Pullover für Haute Couture-Labels. Zwanzig bis vierzig Pullover pro Sommer – das ist eine ganze Menge. Sluskaite verrät nicht, was sie dafür berechnen kann. Es ist mit Sicherheit mehr, als Frauen in den armen Gegenden Europas und im Fernen Osten für eine solche Arbeit bekommen.

Was beispielsweise verdienen die Strickerinnen des *Handgestrickten Rollkragenpullovers für Damen*, den ein amerikanisches Versandhaus auch in Deutschland anbietet? Er wird aus Hongkong importiert, also in China hergestellt, das Garn stammt aus Italien. Der (wirklich hübsche) Pullover für 199 Euro ist also weit herumgekommen, bevor er in einem deutschen Kleiderschrank landet; vielleicht führte der Weg von Hongkong nach Deutschland sogar über die Mutterfirma in den USA.

Wie soll das handgestrickte Woll-Minikleid entstehen, das für 19,90 Euro auf DaWanda angeboten und aus Thailand verschickt wird, wenn nicht durch Hungerlöhne (an Kinderarbeit wollen wir gar nicht denken)? Wie die präzise gearbeiteten Zopfmuster der Wärmflaschenbezüge, die für 20 Euro aus Litauen kommen? Sind dreizehn Euro ein angemessener Preis für ein Paar Damensocken mit Ajourmuster?

Es ist selbstverständlich richtig, dass Frauen, die überhaupt keine Arbeit finden können, auf diese Weise wenigstens etwas Geld verdienen. Aber wie soll man es nennen, wenn ein Designer aus Manhattan an Russinnen und Polinnen in den armen New Yorker Stadtteilen Garn verteilt und sie für zwanzig Dollar einen Pullover stricken lässt, den er dann in seiner Boutique für 300 Dollar und mehr verkauft? Ist das wirklich eine Situation, in der, wie es immer wieder heißt, alle gewinnen?

Würde eine junge Frau heute noch einem Laden ihr Gestricktes gegen etwas Geld oder Wolle überlassen, wie Elizabeth Zimmermann es tat, als sie um 1930 in München Kunst studierte? Würde heute eine Schülerin, um ihren Führerschein zu finanzieren, für ein Wollgeschäft ein Kostüm aus feiner Merinowolle stricken, wie es eine Freundin von mir in den 1970er Jahren tat? Türkis mit farbigen Blüten sei es gewesen, also gar nicht so einfach zu stricken und ziemlich nervenaufreibend, »weil ja nichts drankommen durfte«. Die 350 Mark dafür aber waren »sehr toll«. Und sie weiß noch, dass ›ihr‹ Kostüm lange im Schaufenster lag und 1400 Mark kostete.

Heute ginge eine junge Frau vermutlich einen anderen Weg, um mit Stricken Geld zu verdienen: Sie würde einen Prototyp des Kostüms stricken, es auf einer eigenen Website vorstellen und Onlineshops eröffnen: einen bei *etsy*, dem weltweit größten Online-Marktplatz für Handgemachtes, einen zweiten beim europäischen Marktführer *DaWanda*. Auch dort würde sie Fotos des Kostüms und weiterer Handarbeiten einstellen, die sie verkaufen möchte. Das kostet zunächst nur wenige Cent, denn die Plattformen kassieren ihre Provision nur auf Verkäufe. Stricken würde unsere Schülerin nicht auf Vorrat, sondern erst, wenn eine Bestellung eingeht.

Doch was soll sie berechnen? Diese Frage wird unter Freizeitstrickerinnen kontrovers diskutiert. Weil wir das gern und in der Freizeit machen, weil wir dabei oft sogar noch fernsehen oder uns unterhalten können, wird es (nicht nur von Außenstehenden) als Hobby definiert und nicht mit Arbeit oder gar Geld verbunden. Mir selbst ist es bisher selten passiert, dass jemand mich mit einem Schal oder einem Paar Socken ›beauftragen‹ wollte, doch dann habe ich immer gefragt, was das denn kosten dürfe. Niemand hat bis jetzt mit hochgezogenen Augenbrauen reagiert, weil sie (oder er) schon die Idee (*bezahlen? du machst das doch gern!*) komisch fand. Aber ich weiß, dass andere das erlebt haben.

Ich habe ein achselzuckendes »na ja, sag mal was« zu hören bekommen, woraufhin ich vorrechne, dass ich für ein paar Socken etwa zehn Stunden veranschlage, beim gegenwärtigen Mindestlohn von 8,84 Euro sind das rund 90 Euro. Hinzu kommt das Garn, wobei einhundert Gramm handgefärbtes Merinogarn durchaus so viel kosten kann wie vier Paar gekaufte Socken. Tatsächlich sind 90 Euro Lohn natürlich zu wenig, Sockenstricken ist schließlich eine hochspezialisierte Tätigkeit. In die völlige Funkstille, die unweigerlich auf diese Rechnung folgt, zitiere ich fröhlich Katja Petrowskajas Beteuerung, Socken seien »der Kunstflug des Strickens«.

(Ja, das habe ich in einem anderen Kapitel schon zitiert – aber ich finde es einfach zu schön.) Noch einmal die Frage: Sind 13 Euro ein angemessener Verkaufspreis für ein paar Damensocken mit Ajourmuster?

Auch in Deutschland wird für Geld gehandarbeitet. Wenn ein Unternehmen in der Presse davon spricht, dass es Frauen in Heimarbeit beschäftigt, fällt immer das Wort *Frauenförderung*. Die Berliner Designerin Ann-Kathrin Carstensen entwirft Häkelkragen. Sie werden von türkischstämmigen Frauen gearbeitet, die das Handwerk perfekt beherrschen. Carstensen will ihnen auf diese Weise auch helfen, sich in Deutschland mit einem gut bezahlten Job besser zu integrieren. Die zarten Stücke, die die Häklerinnen machen, zeugen von hohem Können, was sie damit verdienen, bleibt geheim.

Ich kenne eine Berlinerin, die eine Zeitlang für Film- und Theaterproduktionen Strickwaren entworfen hat. Die Entwürfe wurden mit der Kostümbildnerin abgestimmt und oft noch ein- oder zweimal verändert, bevor sie zum Nachstricken in Auftrag gegeben wurden. Ein großes Problem sei gewesen, dass sich die Strickerinnen »alle für gestalterisch begabt« hielten. Wenn ihnen ein Entwurf nicht gefiel, hätten sie ihn einfach so gestrickt, wie es ihnen gefiel.

In strukturarmen Regionen unserer Welt werden immer noch Kooperativen gegründet, um mit Stricken Geld zu verdienen. 1969 gründeten 250 Eskimo-Frauen an der Ostküste Alaskas eine Kooperative namens Oomingmak, sie verkaufen Schals, Mützen und Pullover, die sie aus Qiviut stricken. Qiviut, das Wort stammt aus der Sprache der alaskischen Iñupiat-Eskimos und bedeutet *Daunen*, ist das Unterfell der Moschusochsen. Es ist eine der edelsten Wollsorten der Welt, die Tiere werden nicht geschoren, sondern mühsam gekämmt. Die Frauen von Oomingmak haben verschiedene Muster entwickelt, die sich auf lokale Traditionen und die 1200 Jahre alte Eskimokultur beziehen, inspiriert wurden sie von verzierten Gebrauchsgegenständen und dem typischen Inuit-Perlenschmuck. Eine Mütze aus dem seltenen Material kostet 200 US-Dollar, da es eine Kooperative ist, bleibt zu hoffen, dass ein nennenswerter Teil davon den Strickerinnen zufließt.

Eine ähnliche, weitaus bekanntere Stricktradition gibt es im nordöstlichen Kanada. Um 1860 hatten die dort lebenden Indianer das Stricken von den französischen Nonnen einer katholischen Missionsstation sowie von schottischen Siedlern gelernt. Die Frauen der Cowichan-Indianer haben sich zusammengetan und stricken seit 1950 dicke Wollpullover mit auffallend großen, zweifarbigen Motiven. Ursprünglich benutzten sie dafür acht bis neun sehr lange Nadeln, heute sind es vermutlich Rundnadeln. Die Frauen kardierten und spannen Wolle, die sie von weißen Farmern bekamen, die Männer stellten die Nadeln her, anfangs aus Wal- und Hirschknochen, Telefondraht oder Bambus-Essstäbchen, später nur noch aus Holz.

Mit der Begeisterung eines Historikers bezeichnet Richard Rutt, der Experte für die Geschichte des Handstrickens, den Cowichan-Pullover als »interessantes Beispiel dafür, wie die Techniken der indigenen Bevölkerung und der Siedler in einem Kleidungsstück zusammenkommen. Der Schnitt stammt von den schottischen Siedlern, die Motive der mehrfarbigen Einstrickmuster wurden nach dem Ersten Weltkrieg, als die Fair-Isle-Pullover so populär waren, von Shetland-Pullovern übernommen.«

Die Freude des Theoretikers Rutt ist allerdings matt gegen den Freudentaumel des kanadischen Schriftstellers Bruce Hutchinson, der 1945 wegen seines Pullovers ein bisschen die Fassung verlor: »Einen echten Cowichan-Pullover kann man auf mehrere Meter Entfernung riechen, selbst ein Blinder kann das. Es ist ein schwacher, ursprünglicher Geruch nach Schafen, Weiden, Rauch, indianischen Siedlungen und, wenn man ihn richtig trägt, nach Fisch. Diesen Geruch gibt es kein zweites Mal. Vor allem darf er nie gewaschen werden, sonst büßt er seine Vorzüge und vor allem seinen Geruch ein. Es braucht Jahre, viele Angeltouren, viele Nächte am

Lagerfeuer, ziemlich viele Kaffee-, Tee- und Whiskyflecken sowie den Schleim des Coho-Lachses, um einem Cowichan-Pullover seine Würze zu geben, bis er, wie eine gut eingerauchte Pfeife, zum Gebrauch taugt.«

Eine Kooperative, die Oomingmak in Alaska ähnelt, ist *Manos del Uruguay*, die vor vierzig Jahren gegründet wurde. Die *Hände Uruguays* sind ein Verbund von 250 Frauen, die an verschiedenen Orten im ländlichen Uruguay Garne spinnen und färben, was ihnen eine fair bezahlte Arbeit verschafft. *Manos del Uruguay* ist ein sehr erfolgreiches Unternehmen. Es hat den schwierigen Sprung auf den internationalen Markt geschafft, die Garne sind nicht nur über das Internet, sondern auch in vielen Wollgeschäften erhältlich.

Eine Geschichte mit überraschendem Happy End begann 2008, als die deutsche Entwicklungshelferin Judith Grümmer in ein bolivianisches Dorf kam und feststellte, dass man dort kein Nadelspiel kannte und folglich keine nahtlosen Socken stricken konnte. So wurde die »señora con cinco palillos«, die Dame mit den fünf Nadeln, zur Stricklehrerin. Ihre Schülerinnen strickten bald nicht nur für den eigenen Bedarf, sondern begannen, Socken auf dem Markt zu verkaufen.

Wer bei uns Wolle zu Geld spinnen möchte, denkt selten daran, auf dem Wochenmarkt Socken anzubieten. Viele Strickerinnen träumen von einem eigenen Wollladen. Ich persönlich finde das erstaunlich – ein eigenes Unternehmen zu gründen und zu führen, ist kein Kinderspiel. (Ich weiß, wovon ich rede, ich bin in einem Geschäftshaushalt aufgewachsen.)

Bevor man Geld verdient, braucht man Startkapital für die Renovierung und Einrichtung des Ladens und für den Ersteinkauf der Wolle, ab dem ersten Tag sind Miete, Heizung und Versicherungen fällig, Steuern müssen beglichen, neue Saisonware bezahlt werden und bis sich der Laden trägt, muss man sich selbst finanzieren. Grundkenntnisse der Betriebswirtschaft sind also unabdingbar, und es gibt Herausforderungen, an die man nicht gleich denkt: Wer einen Laden eröffnen möchte, weiß ein chinesisches Sprichwort, muss lächeln können. Das könnte manchmal schwerfallen, nicht jede Kundin ist so liebenswert, dass man sie zur Freundin haben möchte. Und die Eigentümerin eines Wollladens *muss* stricken. Immer. Auch Sachen, die ihr eigentlich nicht gefallen, denn nun strickt sie ja nicht (nur) zum Spaß. Und wenn es richtig gut läuft, kann es sogar sein, dass ihr zum Stricken gar keine Zeit mehr bleibt.

Selbstverständlich sollte am Monatsende genug übrig bleiben, um davon leben zu können. Ruta Sluskaite machte an einem heißen Julitag einmal einen Umsatz von 13,05 Euro. Wenn all das durchdacht und durch*ge*rechnet ist, bleibt der Traum meist das: ein Traum.

Wer es dennoch wagt, muss einen Namen für den Laden finden. Naheliegendes wie *Ninas Wollädchen* oder *Der Wollkorb* sind aus der Mode gekommen. Friseursalons mit Namen wie *Scherenhände*, *Bel Hair*, *SaHAARa* oder *Fönix* haben es vorgemacht, nun sind auch bei Garnläden Originalität und Wortwitz gefordert. *Wollen* ist noch recht unauffällig, wo ein Laden doch *Strickeria*, *Jawollja!*, *Frau Wolle* und *Hot Wollée* heißen kann, etwas, sagen wir: gewagter sind *Wolllust* oder *Stricktease*. Im amerikanischen Sacramento gibt es ein Geschäft namens *Rumpelstiltskin*, was eine eigenartige Wahl ist: Rumpelstilzchen strickte nicht, sondern spann, außerdem liegen die Sympathiewerte des Namensgebers doch eigentlich bei null.

Auch Garne heißen schon lange nicht mehr *Rot 3546*. Die amerikanische Wollmarke Madelinetosh setzt auf Poetisches, ihre sechs »Winterweiß«-Farben heißen Salz, Geweih, Farmhaus-Weiß, Milchshake, Papier und Silberfuchs. Claudia Höhl-Wellmann von Wollmeise verweigert sich dem Trend, dem viele deutsche Färberinnen folgen, ihren Garnen mit Blick auf die internationale Kundschaft englische Namen wie *Women of the World* oder *Cosmic Chaos* zu geben. Höhl-Wellmann bleibt ebenso hartnäckig bei Deutsch wie IKEA bei Schwedisch, und das ist durchaus mutig.

Wie, meinen Sie, klingt *Mäuseschwänzchen* aus dem Mund einer Amerikanerin oder Dänin? Nicole Eitzinger und Cordula Surmann-Schmitt sind die Eigentümerinnen von DyeForYarn, ein Wortspiel, das auf *to die* – sterben – und *to dye* – färben beruht. Sie verfolgen ein ganz anderes Projekt: Sie kämpfen an allen Fronten ihres Unternehmens gegen das Stereotyp vom Stricken als einem Zeitvertreib für gemütliche Omas. Ihr Logo ist ein Totenkopf mit gekreuzten Schwertern, die (englischen) Namen ihrer Garne sind unromantisch bis martialisch und dabei oft witzig, sie heißen *Misanthrop, Regen auf dem Friedhof, Zu viel Aperol Spritz, Vergiftetes Blut, Nachlassender Whisky-Kater* oder *Schimmelige Kefirmilch*.

Wie für die Handfärberinnen, ist es auch für Handspinnerinnen und Färberinnen dank Internet einfacher geworden, ihr Hobby zum Beruf zu machen. Sie müssen nicht mehr (ausschließlich) auf Märkten verkaufen oder einen Laden davon überzeugen, ihre Garne ins Sortiment zu nehmen. Wer Nadeltaschen näht oder Maschenmarkierer herstellt, bietet sie auf den Verkaufsplattformen *etsy* oder *DaWanda* an (die man als *E-Commerce-Online-Portal* bezeichnet).

Man kann natürlich, allein oder zu mehreren, Kurse geben: Spinnen, Färben, Weben, Stricken, für Anfänger und Fortgeschrittene, einen Abend pro Woche oder ein Wochenende lang. Gelegentlich werden aus kleinen Initiativen mehrtägige Veranstaltungen mit vielen Kursen und vielen hundert Teilnehmerinnen, wie das *Berlin Knits Yarnfestival*, das *Wollfest Hamburg* oder die *Shetland Wool Week*, die im Herbst stattfindet. Alle Festivals verzeichnen zunehmende Besucherinnenzahlen. Geradezu legendär ist das *New York Sheep & Wool Festival*, das am dritten Oktoberwochenende eines jeden Jahres im Städtchen Rhinebeck im US-Bundesstaat New York stattfindet, und vor bald vierzig Jahren als biedere Landwirtschaftsmesse begann. Erst Ravelry und die sozialen Medien machten *Rhinebeck* zum begehrten Treffpunkt für Yarnies mit Wollständen, Seminaren und Begegnungen, erst dank dieser neuen Kommunikationswege konnten und können so viele mit so vielen gleichzeitig in Kontakt kommen, sich in großem Stil und problemlos organisieren, informieren, kurzschließen und verabreden.

2016 besuchten weit über 30 000 Besucher aus der ganzen Welt das Festival. Das waren natürlich nicht nur Strickerinnen, aber für sie ist *Rhinebeck*, wie sie das Wochenende nennen, inzwischen fast eine Art Mekka. Martina Behm hat es einmal als ihr »persönliches Traumziel« bezeichnet.

Wer etwas auf sich hält, strickt jedes Jahr einen neuen »Rhinebeck-Sweater«. Das ist kein offizielles Festival-Muster für alle, im Gegenteil: Jede Strickerin entscheidet, welchen Pullover oder welche Jacke sie sich vornimmt. Der Sweater sollte, wenn möglich, dort zum ersten Mal getragen werden, vor allem aber sollte er etwas Besonderes sein, man will sich ja nicht blamieren.

## *WENN DA EIN FRÄULEIN GESESSEN HÄTTE* DIE MÄNNER

Ich verrate Ihnen vermutlich nichts Neues, wenn ich sage, dass nur wenige Männer begeistert stricken, häkeln oder nähen. Handarbeiten gelten als *typisch weiblich*, was an sich nicht falsch ist, schließlich sind das Betätigungen, die tatsächlich eher von Frauen als von Männern ausgeübt werden. Das war, wie wir in früheren Kapiteln sahen, keineswegs immer so – auch wenn es natürlich Unsinn ist, dass »Männer das Stricken ja erfunden haben«, wie ein strickender Mann im Überschwang eines *Male Knit-Pride* trötete. Aber es gab Handstrickergilden, denen nur Männer angehören durften, Schäfer strickten ebenso wie Soldaten oder Seeleute, ganze Familien strickten zum Nebenverdienst, all das hörte erst mit der Verbreitung der Strickmaschine auf, Handstricken wurde von einer gewerblichen Tätigkeit zur »freien Arbeit« . Um es ganz deutlich zu sagen: Handstricken wurde erst *weiblich*, als es sich finanziell kaum noch lohnte. Arme Frauen strickten, um Geld zu verdienen (oder zu sparen), die anderen, weil sie Spaß daran hatten – und die Zeit dafür. Historisch lohnt auch hier ein Blick über den Tellerrand: Noch in den 1940er Jahren strickten bosnische Moslems ihre langen weißen Strümpfe grundsätzlich selbst, um diese Zeit verdienten im norwegischen Selbu Buben und junge Männer mit Stricken nicht nur das Geld für ihren Konfirmandenanzug oder ihre ersten Skier, manche strickten sich auch eine ganze Garderobe aus Strümpfen, Fäustlingen, Mütze und Jacke oder Pullover.

Dass auf Taquile, einer Insel im peruanischen Titicacasee, die Männer stricken und nicht die Frauen, ist weltweit bekannt, weil Touristen das so skurril finden. Folglich gibt es zahllose Amateur- und Profifotos von diesen Männern, als Motiv nicht halb so begehrt sind die jungen Mädchen, die auf Handspindeln, die sie überall mittragen, Garn spinnen, und die erwachsenen Frauen, die dieses Garn zu leuchtenden Stoffen verweben.

Ebenso skurril und folglich berichtenswert erschien der Weltpresse die Meldung, der Gladiatordarsteller Russell Crowe habe stricken gelernt. Es sei, so las man, Teil einer Therapie, mit der er seine Tobsuchtsanfälle in den Griff bekommen sollte. Letzteres wurde so oft und mit solcher Penetranz wiederholt, dass man sich fragen muss, ob damit auf seinen problematischen Charakter hingewiesen oder einfach beteuert werden sollte, dass Crowe *trotzdem* ein ganzer Mann und bestimmt nicht schwul ist. Jeder strickende Mann gerät ja automatisch in Verdacht, schwul zu sein.

Ich wüsste gern, ob das auch schon 1929 so war. Da waren nämlich in einer Ausstellung der Wohltätigkeitsorganisation *Queen Mary's London Needlework Guild* drei »weiche Wollschals« zu bewundern, die Edward, Prince of Wales, höchstselbst gestrickt hatte, drei weitere Schals hatte sein Bruder George beigesteuert. Die *New York Times* war »überrascht«, mehr wusste sie dazu offenbar nicht zu sagen. Die Schals waren bestimmt nicht als Beitrag des Königshauses zur Veränderung von geschlechtsspezifischem Verhalten gedacht, die Brüder waren nicht als tobsüchtig bekannt, schwul waren sie vermutlich auch nicht: Edward galt als Schürzenjäger, George ist der Vater der heutigen Königin Elizabeth II. Mindestens ebenso gern würde man Näheres über die Schals erfahren – doch auch hierzu schweigen die Quellen.

1972 wollte ein Amerikaner namens Dave Fougner, der sich als »strickender Cowboy« bezeichnete, die amerikanischen Männer zum Stricken animieren und schrieb eine kleine Einführung mit dem Titel *The Manly Art of Knitting* (das Wort *manly* reichte damals als Hinweis, dass ein Mann unmöglich schwul sein konnte). Das Buch, schrieb er, verfolge zwei Ziele. Zum einen wolle es interessierten Männern die Angst vorm Stricken nehmen, zum anderen solle es bereits strickende Männer ermuntern, auch öffentlich dazu zu stehen.

Der Umschlag zeigt einen Cowboy, der im Freien auf einem

Pferd sitzt und strickt, jedes einzelne Projekt im Buch zielt auf echte Kerle. Erst bekommt der Hund eine Decke. Dann wird mit einem angespitzten Gartenschlauch eine Satteldecke für das Pferd gestrickt. Am Ende belohnt sich der Stricker mit einer Hängematte aus Manilaseil, die mit Besenstielen oder Billardstöcken genadelt wird – vielleicht sollte man sagen: werden soll.

Während Fougner kein Rollenstereotyp scheut, können Männer vierzig Jahre später damit spielerischer umgehen. Ende 2016 machte eine chilenische Gruppe namens *Hombres Tejedores* – Strickende Männer – von sich reden. Sie strickten zu mehreren an öffentlichen Orten, ihr erklärtes Ziel war es, ein Zeichen gegen Rollenklischees zu setzen. Im Internet kursieren Videos ihrer Aktionen, eines zeigt ein gutes Dutzend junger Männer, die an einer belebten Straße auf einem Parkmäuerchen Platz genommen haben. Sie stricken kleine Läppchen, doch das *Was* ist weniger interessant als das *Wie*: Alle tragen die männliche Uniform Anzug, Hemd und Krawatte, alle verstricken die gleiche Wolle in Babyrosa; ein andermal ein tiefes Magenta. Als am 26. November 2016 in ganz Lateinamerika Demonstrationen gegen Gewalt gegen Frauen stattfanden, saßen einige *Hombres Tejedores* in rosa T-Shirts im Kunstmuseum von Santiago de Chile inmitten der Exponate und strickten orangefarbene Schals.

Während Frauen heute ganz selbstverständlich in ehemalige Männerdomänen eindringen, brechen noch (zu) wenige Männer mit der gleichen Selbstverständlichkeit aus ihren traditionellen Rollen aus. In den USA und auch bei uns greifen zwar immer mehr junge Männer freiwillig, ja freudig zu Stricknadeln, aber in Gruppen auf Parkmäuerchen trifft man sie nicht an. Ich kenne einen ehemaligen Waldorfschüler, der in Berlin Kurse gibt und den (ausnahmslos weiblichen) Teilnehmerinnen zeigt, wie man entzückende Islandpullover für Babys strickt, in Frankfurt lädt ein vielseitig kreativer Mann in einem Strickládchen ein, mit ihm *wild* zu stricken – ohne Muster, einfach drauflos, ganz anders als das übliche Stricken, bei dem man einen Plan hat, den man auch einhalten möchte. Sein Name ist Oliver Metzler, er selbst strickt seit Jahren drauflos, folgt seinen Stimmungen und nennt das, was dabei entsteht, seine gestrickten Tagebücher.

Tatsächlich habe ich immer wieder den Eindruck, dass Männer, wenn sie schließlich stricken, das oft auf andere Weise tun als Frauen. Mir fällt auf, dass viele, wie Oliver Metzler, eigene Wege gehen, während andere sich mit großer Ernsthaftigkeit komplizierten Fragen der Stricktechnik und der Konstruktion widmen. (Einer speziellen und äußerst seltenen Subspezies strickinteressierter Männer gehört Harry Potters Schulleiter Albus Dumbledore an. Er liest Muggles-Zeitschriften, weil er Strickmuster liebt.)

Ich will jetzt keine fundamental-feministischen Überlegungen anstellen, warum es so viele berühmte Köche, Schneider und Stricker gibt, wo sich doch im Alltag nur wenige Männer mit dergleichen beschäftigen – halte aber die Geschichte des Berliners Horst Schulz für typisch. Er erfand eine Technik des Patchworkstrickens, die *schulzen* genannt wird, und gab in den 8oer Jahren Workshops, die teilweise auf Jahre ausgebucht waren. Er unterrichtete in Holland, Südafrika, Kanada, den USA und der Schweiz, seine Schülerinnen nannte er liebevoll ›Stricklinge‹.

Er hatte nach dem Krieg als Elfjähriger stricken gelernt, doch erst in den 1970er Jahren, inzwischen war er Chefdekorateur eines großen Berliner Wollgeschäfts, begann er wieder zu stricken und bot Kundinnen Strickkurse an. Für eine Werbeaktion Mitte der 8oer Jahre strickte er einen Tag lang im Schaufenster – und kam als strickender Mann ins Fernsehen. Er selbst kommentierte das mit den knappen Worten: »*Wenn da ein Fräulein gesessen hätte, hätt das keen Mensch interessiert.*«

»Wenn da ein Fräulein gesessen hätte, hätt das keen Mensch interessiert.«

Fakt ist, dass es, gemessen an der üblichen Rollenverteilung, erstaunlich viele bekannte und erfolgreiche Strickdesigner gibt. Nehmen wir als Beispiel vier große Namen: Kaffe Fasset, Stephen West, Jared Flood und Arne & Carlos (vier, weil wir das unzertrenn-

liche Duo Arne & Carlos auch hier nicht trennen wollen). Diese Herren arbeiten keineswegs still und bescheiden vor sich hin, sie stürmen selbstbewusst ins Rampenlicht – das ihnen auch gewährt wird.

Fangen wir mit Kaffe Fassett an, dem ›Vater‹ der männlichen Nachkriegsdesigner. Der Amerikaner lebt in England und arbeitet als Künstler mit Malerei, Stoffen, Keramik und Stickgarn. Berühmt aber wurde er als der erste große männliche Strickdesigner des 20. Jahrhunderts und als kreativer Neuerer des Handwerks. Das verdankt sich offenbar auch seinem durchaus robusten Selbstbewusstsein: »In einer Spinnerei in Inverness habe ich Strickgarne entdeckt, im Zug zurück nach London brachte ich eine Mitreisende dazu, mir das Stricken beizubringen. Ich hatte Shetland-Garn in 20 Farben gekauft und verstrickte sie alle in ein und demselben Pullover. Damit ging ich schnurstracks zu *Vogue* und fragte, ob sie Interesse hätten, ihn ins Heft zu nehmen. Ich war nicht gerade der typische zurückhaltende Engländer!« Das war etwa 1969.

So wurde die Chefredakteurin der bedeutenden amerikanischen Strickzeitschrift *Vogue Knitting* auf ihn aufmerksam und bat ihn, für das Magazin einen Fair-Isle-Pullover zu stricken. »Ich hatte keine Ahnung, was Fair Isle ist. Meine Putzfrau brachte es mir bei, das dauerte etwa 20 Minuten.« Noch im selben Jahr erschien seine Anleitung für eine vielfarbige Herrenweste, die ungewöhnlich und recht schwierig zu stricken war. Zum ersten Mal veröffentlichte das Magazin auch den Namen des Designers, darauf hatte Fassett bestanden. Wir wissen nicht, was die Redaktion dazu veranlasste, auf diese damals sehr ungewöhnliche Forderung einzugehen – vielleicht, wer weiß, hatte es etwas damit zu tun, dass er kein Fräulein war.

Fassett ist ohne Zweifel ein genialer Kopf, sein besonderes Talent liegt in der Komposition sehr vieler Farben, seine Strickstücke in Intarsientechnik gleichen Patchworkdecken oder Gemälden. Wie bei Zimmermann, würde man die Arbeiten, die ihn berühmt gemacht haben, vermutlich nicht mehr unverändert nachstricken, denn sie wirken überladen, die Schnitte klobig. Aber seinerzeit waren die Entwürfe so aufregend und innovativ, dass das Victoria and Albert Museum ihm 1988 als erstem lebenden Textilkünstler eine Einzelausstellung widmete.

Fassett blieb auch mit Stricknadel ein Maler, der vor allem eins wollte: sich verwirklichen. Wenn er sagt, es sei ihm völlig rätselhaft, warum selbst erfahrene Strickerinnen seine Entwürfe kompliziert fänden, wo er die Technik doch in 20 Minuten von seiner Putzfrau gelernt habe, grenzt er sich demonstrativ von der Masse der ›Verbraucherinnen‹ ab. Das ist entweder kokett oder arrogant, auf jeden Fall herablassend, denn seine Techniken sind so schwierig, dass sie in teuren Kursen unterrichtet werden. Auch von ihm selbst.

Stephen West ist ein – man kann es nicht anders sagen – *Megastar* der Designer-Szene. Er inszeniert sich, exzentrisch gekleidet, als kreativ-durchgeknallter Schwuler, die Wörter, die in Blogs in Verbindung mit ihm am häufigsten fallen, sind *schräg*, *abgedreht* und *genial*. Er hat sich auf große, ja riesige Tücher für Frauen spezialisiert; wie bei Fassett fallen auch seine Stricksachen durch ihre Farben auf, die allerdings, anders als die gedämpfte Fassett-Palette, meist sehr schrill sind. Wests Stücke sind raffiniert konstruiert und technisch dermaßen anspruchsvoll, dass hinter der grellen *Ich bin wild, ich bin entfesselt!*-Fassade ein detailversessener und äußerst disziplinierter Mensch stecken muss (zumindest wenn wir annehmen, und das tue ich, dass er seine Modelle selbst erarbeitet).

Arne Nerjordet und Carlos Zachrison, ein Norweger und ein Schwede, sind als *Arne & Carlos* das reine Gegenteil von schrill. Sie geben das nette schwule Paar von nebenan, sitzen in ihren Videos in hübschen Strickpullovern nebeneinander auf einem Sofa, das sehr an Loriots grünes Biedermeier-Sofa erinnert, plaudern onkelgleich über die Geheimnisse des Strickens und Häkelns, stellen ihre neuen Entwürfe vor und erklären Techniken.

Die beiden entwarfen bereits erfolgreiche Strickwaren-Kollektionen, die norwegische Stricktraditionen variierten, als ihnen 2009 die ebenso schlichte wie geniale Idee kam, Weihnachtskugeln mit Norwegermustern zu stricken. Damit wurden sie zu den gegenwärtig vermutlich erfolgreichsten Strickdesignern weltweit. Ihre Bücher sind in 15 Sprachen übersetzt, sie werden umjubelt wie Popstars, in Tokio mussten Polizisten sie vor hysterisch-begeisterten Fans schützen. Sie schreiben auch Strickbücher mit Anleitungen für Kleidungsstücke, in letzter Zeit haben sie sich ganz und gar dem Entwerfen entzückender Kleinigkeiten wie Püppchen, Osterschmuck, Pantoffeln und Vögeln verschrieben.

Bei Stephen West kaschiert das Laute, wie gut er sein Handwerk beherrscht, bei Arne & Carlos verstellt das Niedliche den Blick darauf, wie avanciert ihre Entwürfe sind und wie präzise sie diese in leicht nachzuarbeitenden Anleitungen umsetzen. Wie West, jetten auch sie um den Globus und geben Seminare, die immer sofort ausgebucht sind.

Andere männliche Designer arbeiten ebenfalls technisch makellos, aber sie entwerfen klassische Kleidungsstücke mit solch kühlem Understatement, dass selbst eine geübte Strickerin oft erst bei genauem Hinsehen, manchmal sogar erst beim Studium der Anleitung erkennt, wie raffiniert und nicht zuletzt: wie raffiniert *neu* die Konstruktion ist. Exemplarisch für diese Designer ist Jared Flood, dessen besondere Liebe Strukturmustern und sanften Farben gilt. Er stuft seine Entwürfe in die Schwierigkeitsgrade 1 bis 5 ein, es kann einem zu denken geben, dass von 500 bisher veröffentlichten Anleitungen nur sieben in die Kategorie 1 fallen, 146 hingegen in die Kategorien 4 und 5. Dass keiner seiner Entwürfe ›designt‹ wirkt, liegt paradoxerweise an seiner Detailversessenheit sowie daran, dass viele von ihnen absolut klassisch aussehen. Und vermutlich auch daran, dass er in seiner Firma *Brooklyn Tweed* eine kleine Abteilung hat, in der Leute arbeiten, die nur für Schnittkonstruktionen zuständig sind.

Jeder Mann, der es wagt, in der Öffentlichkeit zu stricken, bekommt etwas von dem Rampenlicht ab, in dem diese berühmten Stricker stehen. Ich schätze, dass auf jeden Mann, der abschätzig die Mundwinkel nach unten zieht, zehn Frauen kommen, die einen Stricker cool, interessant, möglicherweise sogar sexy finden, er ist in jedem Strickzirkel der Hahn im Korb. Hier möchte ich noch einmal auf die Behauptung zurückkommen, dass alle strickenden Männer schwul sind. Das ist selbstverständlich völliger Quatsch. Die Wahrheit ist: Nicht alle strickenden Männer sind schwul. Aber viele.

Die Angestellte eines Berliner Wollladens erzählte mir, es arbeite auch ein Mann im Laden. »Die meisten Frauen, die hier reinkommen und ihn stricken sehen, unterschätzen ihn total. Aber glauben Sie mir, wenn die Kerle mal anfangen mit dem Stricken, stricken sie uns unter den Tisch.« Sie sagte das augenzwinkernd und wir lachten, schließlich wussten wir beide, dass das nicht stimmt. Aber wir mögen sie, die strickenden Kerle, denn sie bereichern unsere Strickwelt.

Eines aber will ich wirklich, wirklich nie mehr lesen oder hören: dass Zeitungen und Magazine von einem strickenden Mann behaupten, er sei *Der Mann, der den Frauen das Stricken beibringt*.

## *ICH STRICKE, DAMIT ICH KEINEN UMBRINGE*
## DIE GESUNDHEIT

Vor einigen Jahren gab es in meinem Leben eine Phase, in der mir beruflich nichts gelingen wollte: Niemand bot mir eine neue Übersetzung an, ich schlug mehreren Verlagen Projekte vor, hatte Ideen für ein eigenes Buch und auch für einige Zeitungsartikel – doch sosehr ich mich bemühte, nichts klappte. Jedes Gespräch, jeder Brief und jede Mail war vergeblich. Das war außerordentlich demoralisierend. Ich fühlte mich entwertet, mein Selbstwertgefühl befand sich im freien Fall.

Nach vielen Wochen tat ich an einem ganz normalen Vormittag etwas, das mich überraschte: Ich gab von einer Minute auf die andere alle Versuche auf. Das war nicht geplant, und ich folgte auch keinem Plan, als ich auf direktem Weg in mein Wollgeschäft ging und Wolle für einen Pullover kaufte, den ich kurz zuvor im Fenster dekoriert gesehen hatte. Zu Hause begann ich sofort zu stricken und tat nichts anderes mehr. Es wirkte wie eine Blitz-Therapie: Ich widmete mich einer Sache, die ich beherrschte, ich konnte sie ausführen und zu Ende bringen, ohne auf das Wohlwollen oder das Urteil anderer angewiesen zu sein. Als der zweite Ärmel halb fertig war, kam ein Auftrag. Der wäre selbstverständlich auch ohne Stricken gekommen – aber mit den Stricktagen auf dem Sofa hatte ich mir instinktiv eine Insel der Geborgenheit und Sicherheit geschaffen; die Zeit hatte meinem Selbstbewusstsein gutgetan und meine innere Ruhe wiederhergestellt.

Alle Strickerinnen wissen, dass unser Hobby nicht nur Mützen und Jacken, sondern auch Stimmungen produziert. Es lässt einen nicht nur Wartezeiten, sondern auch die Verrücktheiten der Mitmenschen besser ertragen: »An diesem Morgen strickte die Frau Propst ausnahmsweise mit solchem Eifer, daß die Nadeln klirrten. Nur auf diese Weise konnte sie soviel Torheit gegenüber ihre Ruhe bewahren«, schreibt die schwedische Schriftstellerin Selma Lagerlöf in einem ihrer Romane. Heutzutage werden drohende Gefühlsaufwallungen wie die der verehrten Frau Probst um einiges krasser formuliert – ein bei Strickerinnen beliebter Button verkündet *I knit so I don't kill people – Ich stricke, damit ich keinen umbringe.* Das ist etwas zugespitzt, aber Stricken macht durchaus gelassener – jedenfalls, sobald man es halbwegs beherrscht. Die Lehrzeit kann mit Stimmungsschwankungen, ja Zornausbrüchen einhergehen, aber wenn die Bewegungen fließen, stellt sich jener tranceähnliche Zustand namens *Flow* ein: Man geht in dem auf, was man tut, vergisst alles um sich herum, merkt nicht, wie die Zeit vergeht, denkt an nichts und vieles zugleich. Manche stricken überhaupt nur, um im Flow zu sein – sie schlagen Maschen an, stricken entrückt vor sich ihn, bis der Knäuel aufgebraucht ist, ziehen alles wieder auf und fangen von vorne an.

Sie sind das Extrembeispiel einer *Prozessstrickerin*. Für sie ist der Weg das Ziel, sie stricken um des Strickens willen, ihnen ist die Freude an der Tätigkeit mindestens so wichtig, oft wichtiger als das Ergebnis, also das fertige Strickstück. Das wiederum steht für die *Projektstrickerin* im Mittelpunkt, sie strickt, weil sie etwas Konkretes herstellen möchte, das ihr besonders gut gefällt oder das sie braucht, im Extrem nimmt sie das Stricken eher seufzend in Kauf. Die meisten Strickerinnen bewegen sich natürlich irgendwo in der Mitte und sind, je nach Projekt, mal mehr auf der einen, mal mehr auf der anderen Seite.

Eine angenehme Begleiterscheinung des Strickflows ist, dass die Hände beschäftigt sind. Das mindert den Impuls, alle drei Minuten nach Fernbedienung, Smartphone, Tablet, Zigarette oder Chipstüte zu greifen (Chips sind ja auch fettig, was Strickstücken schlecht bekommt, außerdem haben hundert Gramm Chips 500 Kalorien und Stricken verbrennt pro Stunde nur 100). Möglicherweise schützt Stricken auch vor zu viel Alkohol, denn schon ein kleiner Schwips wirkt sich verheerend auf Konzentration und

Feinmotorik aus. In jungen Jahren, lange her, als dergleichen noch vorkam, habe ich einmal ziemlich betrunken versucht, mit einer 3er Nadel 220 Maschen anzuschlagen und zum Rund zu schließen. Dazu gibt es kaum mehr zu sagen als: Das kann ich nicht empfehlen.

Seit einigen Jahren häufen sich Studien über die medizinischen und psychischen Auswirkungen des Handarbeitens im Allgemeinen und des Strickens im Besonderen, und die Ergebnisse sind durchweg positiv. Mehr als das: Bei einer weltweiten Studie sagten angeblich über achtzig Prozent der befragten Strickerinnen, dass sie nach dem Stricken glücklicher sind.

Die rhythmische Wiederholung einfacher Bewegungen beruhigt das Denken, lullt es aber nicht ein, Zählen verlangt Konzentration, was von negativen und aufwühlenden Gedanken ablenkt. Stricken dämpft innere Unruhe, Depressionen und Angstattacken, es kann sogar Puls und Blutdruck senken und Schlaflosigkeit mildern (allerdings nicht, wenn Sie vor dem Zubettgehen mit etwas Kompliziertem kämpfen, das Sie aufbringt und den Blutdruck hochtreibt). Im 19. Jahrhundert, erinnert uns Stephanie Pearl-McPhee, wurde Stricken als Therapie gegen Nervosität und Hysterie verschrieben, was »viele Strickerinnen kaum glauben können. Bis man es wirklich beherrscht, scheint Stricken diese Leiden eher auszulösen.«

Im Rahmen einer kanadischen Studie erklärten drei von vier Magersucht-Patientinnen, Stricken habe sie beruhigt, ihre Ängste stark verringert und ihr obsessives gedankliches Kreisen um die Essstörung reduziert, jede Zweite hatte das Gefühl, etwas geleistet zu haben, das sie stolz und zufrieden machte. In einer anderen Studie fühlten sich 81 Prozent einer Gruppe von Menschen mit Depression durch Stricken glücklicher.

Dergleichen hat selbstverständlich Grenzen. Die Schriftstellerin Virginia Woolf war eine leidenschaftliche Strickerin. 1912 malte ihre Schwester Vanessa Bell sie, tief in einem orangefarbenen Sessel versunken, mit einem roten Strickzeug, im gleichen Jahr schrieb Woolf an ihren Verlobten Leonard, »Stricken ist mein Lebensretter«. Letztlich konnte nichts ihre Depression aufhalten, sie nahm sich 1941 das Leben.

Ganz andere ›heilsame‹ Ziele verfolgt die Amerikanerin Lynn Zwerling. Sie wollte nach ihrer Pensionierung etwas Sinnvolles tun und hatte die ungewöhnliche Idee, Gefangenen Stricken beizubringen. Gefängnisverwaltungen in den USA zögerten zunächst, verurteilten Gewaltverbrechern Stricknadeln auszuhändigen, erst nach fünf Jahren kam ein Kurs zustande, und zwar, aus bürokratischen Gründen, in einem Männergefängnis. Inzwischen finden in weiteren Männer- und auch Frauengefängnissen Kurse statt, es hat nie einen Angriff gegeben, nie eine absichtlich herbeigeführte Verletzung, nie wurde eine Stricknadel gestohlen. Für Zwerling ist Stricken eine Schule fürs Leben: »Es lehrt, sich zu konzentrieren, sich einer Aufgabe zu stellen und sie zu Ende zu führen, seine Wut zu kontrollieren. Wir sind der Ansicht, dass man all diese Fähigkeiten fürs Leben und für einen Job braucht. Und es sind Fähigkeiten, die vermutlich vielen Menschen in unserer Gesellschaft fehlen.« Was sie als *Zen des Strickens* bezeichnet, passt gut zu einem Satz, den man in letzter Zeit immer häufiger hört: Stricken ist das neue Yoga.

Strickdesigner Jared Flood denkt ähnlich wie Zwerling: »Ich bin ein großer Anhänger der modernen Technologien, aber ich sehe auch, wie sie unsere Aufmerksamkeitsspanne verkürzen. Wir werden so schnell ungeduldig, alles, was Zeit braucht, frustriert uns so leicht, das finde ich besorgniserregend. Etwas von Hand zu machen, zwingt dazu, langsamer zu werden, weniger hektisch zu denken, man muss darüber nachdenken, was und für wen man etwas macht, darüber, wie man es besser machen kann.«

Weil die Knastkurse in den USA so erfolgreich waren und sind, hat (mindestens) eine deutsche Haftanstalt die Idee aufgegriffen. Im thüringischen Tonna stricken zwei Beamtinnen einmal pro Woche mit Männern, die offenbar ein robustes Selbstwertgefühl haben. Schließlich genießen Handarbeiten als Männerhobby, schon gar im Knast, keinen guten Ruf. Sie müssten sich von den Mithäftlingen oft doofe Sprüche wie *Strickliesel* anhören, sagte einer, doch das komme an ihn nicht ran: »So eine Stricknadel kann mir meine Männlichkeit nicht nehmen.«

Diese unerschrockenen Männer wollen 600 Mützen stricken, sie auf einem Weihnachtsmarkt im Justizministerium verkaufen und den Erlös einem Kinderhospiz spenden. So werden sie hoffentlich erfahren, was wir Strickerinnen gut kennen: Wenn man sich die Zeit nimmt, mit Sorgfalt etwas Schönes herzustellen, stellt sich ein tiefes Gefühl von Zufriedenheit ein, und wenn man ein solches Stück verschenkt, macht man nicht nur dem Beschenkten eine Freude, sondern auch sich selbst.

Übrigens empfahlen Ärzte schon 1956 »wichtigen Herren, die an der Managerkrankheit leiden, zum Beispiel Klöppelhölzchen und Stricknadeln zu balancieren, und bei solcher Therapie bestimmte Handbewegungen auszuüben«. Was eine Leserin damals mit dem trockenen Satz kommentierte: »Stricken sollten sie, dann entsteht auch etwas dabei.«

Die positiven Auswirkungen von Stricken und anderen Handarbeiten sind an den Hirnaktivitäten nachweisbar. Im Kopf einer still vor sich hin strickenden Person ist nämlich viel los: Die rechte Gehirnhälfte, die vor allem für emotional-kreative Prozesse zuständig ist, ist ebenso aktiv wie die linke, die mehr für logische Prozesse zuständig ist. Aktiv sind auch die Hirnregionen für Aufmerksamkeit, Planung, sensorische Informationen, räumliche Orientierung, visuelle Informationen, das Speichern von Erinnerungen, das Sprachverstehen, das Entschlüsseln von Bedeutung und die Koordination von Bewegung. Zwischen all diesen Regionen verlaufen neuronale Verbindungen, die umso geschmeidiger bleiben, je mehr sie beansprucht werden.

Diese gleichzeitige Beanspruchung verschiedener Hirnareale kann Demenzerkrankungen möglicherweise hinauszögern und ihren Verlauf mildern; Studien lassen vermuten, dass Handarbeiten das Risiko für pathologische Gedächtnisverluste, eine Vorstufe der Alzheimer-Demenz, um vierzig Prozent senkt.

Stricken hält also das Gehirn und somit den Menschen jung, aber auch junge Menschen profitieren. Es gibt bereits Pädagogen, die fordern, dass Handwerklichem und kreativem Gestalten im Unterricht wieder mehr Platz eingeräumt werden solle. Tätigkeiten wie Stricken förderten die Vernetzung im Gehirn und seien für Heranwachsende ideal, um Lernpotenziale auszuschöpfen.

Stricken ist auch ein hervorragendes Training für Finger, Hände und Unterarme, denn die Gelenke bleiben durch die ständige Bewegung geschmeidig. Das kann dem Knorpelabbau entgegenwirken und das Arthroserisiko verringern.

All das hören wir gern. Doch wie bei vielem im Leben, gibt es auch hier ein paar Schattenseiten. Es sind nicht viele – aber unter den Teppich kehren wollen wir sie nicht.

Langes Stricken kann Hände, Arme und Schultern verkrampfen und zu Schwielen oder Hornhaut an den Fingern führen. Die Strickbloggerin Tina Hees schreibt: »Das erste Glied meines linken Mittelfingers hat durch das Stricken einen gewaltigen Knick und zudem ein verdicktes Gelenk bekommen. Liegt vermutlich daran, dass ich die linke Nadel zum Halten mit dem Daumen gegen den Mittelfinger drücke, nach einigen hunderttausend Maschen hat der dann beschlossen, dass er der Klügere ist und hat nachgegeben.« Sehr eifrige Strickerinnen haben im linken Zeigefinger, über den tausende von Garnkilometer gelaufen sind, sogar eine bleibende Rille.

Strickerinnen mögen den Spruch: »Nein, ich bin nicht stricksüchtig! Ich kann jederzeit aufhören! Nur noch eine Reihe...«, und zitieren ihn lächelnd. Schließlich bedeutet *süchtig sein* heute oft nur, dass man etwas außerordentlich gernhat oder gern tut. Was aber, wenn man wirklich nicht mehr vom Stricken lassen kann? Wann wird es zu viel des Guten?

Ein Strickzeug, schreibt das *Grosse vollständige Universal Lexicon aller Wissenschaften und Künste, welche bisshero durch mensch-*

*lichen Verstand und Witz erfunden und verbessert worden* bereits 1744, sei eine »ganz reinliche Arbeit, die bey dem Ausgange überall mit sich genommen werden kan«. Und so nehmen denn auch heute viele ihr Strickzeug mit auf die Parkbank, ins Wartezimmer, Auto und Flugzeug, in den Bus und Zug. Beim Gehen zu stricken, ist heutzutage ungewöhnlich, für Stephanie Pearl-McPhee allerdings bedeutet *zu Fuß gehen* grundsätzlich auch Stricken, außer, wie sie bedauernd einschränkt, im Winter. Denn der sei in Kanada viel zu kalt, um ohne Handschuhe draußen sein zu können.

Noch viel – was soll ich sagen?: ungewöhnlicher verhielt sich die Engländerin Susie Hewer. Als sie mit fünfzig Jahren ihren ersten Marathon laufen wollte, lästerte »a friend«, sie solle sich altersgemäß verhalten und mit ihrem Strickzeug daheim bleiben. So wurde Hewer der erste Mensch, der einen Marathon lief und dabei strickte. Der Amerikaner David Babcock kopierte die Idee, er schaffte in fünf Stunden, 48 Minuten und 27 Sekunden einen 3,7 Meter langen, vierfarbigen Schal. Das Garn hatte er sich um die Taille gewickelt, den wachsenden Schal band er sich beim Laufen um den Rücken. Er sammelte, wie Hewer, Geld für eine Alzheimerstiftung, anders als sie, die einfach nur lief und strickte, sah Babcock sich als *Performancekünstler*. Dass er während des Laufs eine Sonnenbrille trug, geschah dennoch nicht aus Gründen der Coolness, sondern aus Vorsicht: Er wollte sich bei einem möglichen Sturz nicht die Nadel ins Auge rammen.

Und dann wären da noch die wirklich Verrückten. In Westnorwegen stoppten Polizisten eine Autofahrerin, die Schlangenlinien fuhr. Sie werden schon ahnen, dass sie keineswegs betrunken war, wie die Beamten zunächst vermuteten, sondern strickte. *Während des Fahrens.* Ihre Erklärung lautete, sie müsse stricken, sie könne es nicht mehr lassen. Und da es keine Idiotie auf der Welt gibt, die nur einen Menschen allein befällt, geistert ein Filmchen aus Nowosibirsk durchs Internet, auf dem eine Smart-Fahrerin auf der Überholspur die Hände nicht am Lenkrad, sondern am Strickzeug hat. Spätestens bei diesen beiden Autofahrerinnen ist die Grenze zwischen gern stricken, *sehr* gern stricken und echter Stricksucht fraglos überschritten.

Im Vergleich wirkt Elizabeth Zimmermann, die jahrelang auf dem Sozius ihres Motorrad fahrenden Mannes saß und mit einer kleinen Rundstricknadel Socken strickte, fast schon normal.

Noch ein Wort zu der Sache mit dem Umbringen: Der britische Krimiautor Ian Fleming schickte in seinem Roman *Liebesgrüße aus Moskau* schon 1957 eine sowjetische Agentin ins Rennen, die James Bond mit vergifteten Stricknadeln ermorden wollte, was ihr (selbstverständlich) misslang. Im sonntäglichen *Tatort* steht, soweit ich weiß, ein Mord mit Stricknadeln noch aus – wie wäre es mit Strangulieren durch eine Rundnadel?

## *ES WIRD WIEDER MEHR GESTRICKT UND GEHÄKELT*
## DIE STRICKWELLEN

Ende der 1970er, Anfang der 1980er Jahre passierte in Deutschland etwas recht Eigenartiges: Die Mädchen, die (wie auch die Buben) in den 1950er und frühen 1960er von ihren weiblichen Verwandten mit kratzendem Selbstgestrickten versorgt worden waren und es gehasst hatten, die in der Schule unter (streng verbotenem und folglich unterdrücktem) Fluchen stricken und häkeln lernen mussten – begannen plötzlich mit Begeisterung zu stricken und schlossen sich damit der Generation ihrer Mütter an, die damit nie aufgehört hatten.

Sie strickten nicht nur daheim auf dem Sofa, sondern überall, sogar in der Schule und während der Vorlesungen in der Uni. Die Hamburgerin Tina Hees kann sich nicht nur lebhaft an diese Zeit erinnern, sie besitzt auch eine umfangreiche Sammlung alter Strickzeitschriften aus jenen Jahren. Sie schreibt in ihrem Blog:

»In den 80ern hat fast jeder gestrickt oder konnte es zumindest. Vor allem bei den ganz jungen Frauen zwischen 15 und 25 war Stricken total angesagt. Man hat überall gestrickt und wurde nie komisch angeguckt oder gar belächelt. In der Schule, an der Uni, auf der Arbeit, sogar im Bundestag – überall sah man Weiblein und auch viele Männlein mit Strickzeug in der Hand. Es gab an jeder Ecke ein Wollgeschäft. Und es gab massenhaft Strickhefte: Nicole, Constanze, Verena, Strick & Schick, Diana, Die neue Masche, Gabi, Carina, Ingrid, Sandra, Mikado und wie sie alle hießen. Dazu gab es in fast jeder Frauenzeitschrift regelmäßig Strickanleitungen, besonders zu erwähnen sei hier die Brigitte, von der es auch Strickbücher gab. Und natürlich die Publikationen der zahlreichen Garnhersteller.

In der DDR hatte man die ›Modische Maschen‹, dort waren allerdings die Zeitschriften aus dem ›goldenen Westen‹ viel begehrter und die Anleitungen wurden – wie man mir erzählt hat – mühselig mit der Hand kopiert und von Strickerin zu Strickerin weitergegeben.«

Tina Hees hat in ihrem Blog einige Fotos aus den genannten Heften eingestellt. Sie zeigen, dass die Schnitte der 1970er und 1980er Jahre gerader und die Garne dicker waren als zuvor, die Stücke waren also in gewisser Hinsicht einfacher zu stricken. Dieser ›Einfachheit‹ widerspricht die Selbstverständlichkeit, mit der (besonders im Vergleich zu heutigen Publikationen) nicht nur die Strickmagazine, sondern auch normale Frauenzeitschriften komplizierte Anleitungen mit ausgefallenen Techniken veröffentlichten, man traute den Strickerinnen offenbar einiges an Können und auch Experimentierlust zu. Es gab Pullover mit großen Intarsienmotiven, Patchwork-Pullover aus sechs oder sieben verschiedenen Wollarten im gleichen Farbton, oft hatte jedes dieser Garne obendrein ein eigenes Maschenmuster.

Für die Wollproduzenten waren das goldene Jahre, sie entwickelten viele neue Garne und erweiterten ihre Produktpalette sehr stark. Eine elegante Nachbarin von mir, die seit ihrer Kindheit strickt, immer, wie sie betont, sogar damals im Luftschutzkeller, produzierte in den 1970ern und 1980ern einen Stapel Seidenpullover, die jetzt alle unmodern sind. Sie hat sie aufgezogen, das Garn geglättet und daraus eine große Decke gestrickt.

Merkwürdigerweise scheint diese Strickwelle in der Öffentlichkeit fast vergessen, selbst die, die sie miterlebt und mitgestaltet haben, erwähnen sie selten. Und wenn man doch einmal davon hört, schrumpft sie auf ein Phänomen: die strickenden Grünen im Bundestag.

Marielouise Beck, 1983 Mitglied der ersten Grünen-Fraktion im Bundestag, erinnerte sich drei Jahrzehnte später an ihren ersten Tag als Abgeordnete: »Ich beherrschte ja die hohe Strickkunst und habe das getragen, was ich immer trug: fein säuberlich selbst gestrickte Pullover. An diesem Tag war es ein zartlila Mohair-Pullover mit sehr kompliziertem Strickmuster, darunter eine sorgfältig gebügelte weiße Bluse und dazu einen weiten Rock.« Was uns bieder vorkommen mag, galt damals als ungehörig, weil es den ungeschriebenen Kleidungscode für Bundestagsabgeordnete verletzte. Sieht man sich die damalige Grünen-Fraktion an, die jungen Männer mit langen Haaren und Bärten, die jungen Frauen mit offenen Haaren und Flatterröcken, sticht sofort ins Auge, dass die ›legere‹ Kleidung eine politische Aussage war, mit der sie sich von den etablierten älteren Anzugträgern (und den wenigen Kostümträgerinnen) distanzierten. Doch auch die Grünen hatten ihre Codes; Beck war nämlich, wie sie selbst sagt, nach damaligen Landkommunen-Vorgaben durchaus schick, möglicherweise sogar *zu* schick gekleidet. Das entging den Parlamentskollegen der anderen Parteien natürlich. Was ihnen nicht entging, war, dass einige dieser schrägen Vögel auch noch anfingen, während der Parlamentsdebatten zu stricken. Um es salopp zu sagen: Die Nation war kurz davor, deswegen auszuflippen.

Vor allem die strickenden Männer haben sich ins kollektive Gedächtnis eingebrannt. Dabei war das im Grunde ein Medienphänomen, denn die drei oder vier, die im Parlament und bei Parteitagen *wirklich* strickten, wurden von den Zeitungen und im Fernsehen so oft gezeigt, bis ›Grüner‹ und ›Stricken‹ fast synonym geworden waren. Die Botschaft der Fotos war klar: Strickende Männer in handgestrickten Pullovern wollen den Staat übernehmen! Was soll das denn!

Ja, was sollte es? Ludger Volmer, ebenfalls ein Grüner der ersten Stunde, der übrigens dezidiert *nicht* strickte, sagte 2013, »die Kritik an der Industriegesellschaft war ein wesentliches Motiv der Parteigründung. Stattdessen sollten wieder traditionelle Produktionsformen etabliert werden. Dazu gehörte auch, dass man sich mit Schafswolle die eigenen Pullover strickt. Mich persönlich hat das Geklapper der Nadeln oft genervt. Und wenn man eine Rede hielt, wusste man häufig gar nicht, wie man aufs Publikum wirkte. Da saßen im Saal lauter strickende Frauen, die ihre Lippen allenfalls zum Maschenzählen bewegten. Ob sie das Gesagte für gut oder für bescheuert hielten, konnte man nicht erkennen.« Ich denke, wir verstehen uns, liebe Leserin, wenn ich jetzt nicht auf die weibliche Fähigkeit zum Multitasking oder gar darauf eingehe, was ein Mann als angemessene Aufmerksamkeit deutet.

Die strickenden Öko-Grünen sind inzwischen Folklore geworden, anlässlich des 25. Geburtstags der Grünen schenkte die Parteiführung 2005 nicht nur den Delegierten des Parteitags, sondern auch den anwesenden JournalistInnen einen Knäuel grüner Wolle samt Stricknadeln. Was die Veränderung traditioneller Geschlechterrollen angeht, hat sich (dennoch?) einiges getan. Schließlich wird heute an manchen Grundschulen ein Fach namens WTG (Werken und textiles Gestalten) unterrichtet, bei dem auch die Jungs stricken lernen können / dürfen / müssen.

Mir scheint, dass eine Ideologie, die Stricken mit Anti-Atom-Bewegung und Kapitalismuskritik zu einem weltanschaulichem Gesamtpaket verschnürte, strikt auf Westdeutschland begrenzt war. Auch in England lebte in jenen Jahren die Begeisterung für das Handstricken wieder auf, sie blieb aber auf das Private begrenzt. Und für die jungen, politisch aktiven Amerikanerinnen wäre (öffentliches) Stricken ganz undenkbar gewesen. Ihre politische Aussage bestand im Gegenteil darin, das dezidiert *nicht* zu tun. Für sie war Stricken ein Relikt traditioneller Frauenrollen, das dem emanzipatorischen Kampf Schaden zufügte.

Zu Beginn der neunziger Jahre endet der Strickboom. Manche meinen, Stricken habe damals an Attraktivität verloren, weil es zu alternativ und zu öko geworden war, andere, dass die Frauen keine Zeit mehr dafür hatten, weil sie ins Fitness-Studio rannten. Ich halte beides für Unsinn, habe aber keine Erklärung, die mir selbst einleuchten würde. Bei mir jedenfalls kam das Ende fast über Nacht, und ich war nicht die Einzige, die buchstäblich mitten im Pullover die Lust verlor. Der lag dann übrigens sage und schreibe 25 Jahre lang als UFO – *unfinished object* – in einer Kiste, bis ich ihn einem jungen Freund zeigte. Der war ganz begeistert und machte daraus ein ziemlich cooles Sofakissen.

Danach war Stricken zwanzig Jahre lang absolut und völlig out. Wer unbeirrt dabei geblieben war, nahm um 2010 eine Veränderung wahr. Zeitschriften wie *Brigitte* brachten wieder Strickanleitungen, die allerdings sehr einfach gehalten waren, die Garnfabrikanten bemerkten, dass wieder mehr gestrickt, gestickt und gehäkelt wurde. Es rollte eine neue Strickwelle heran, angeblich aus den USA. Sollte das zutreffen, brauchte sie ungewöhnlich lange, um bei uns anzukommen, denn schon 1999 berichtete die *New York Times*, in New York seien Strickkurse auf Monate ausgebucht, überall eröffneten neue Wollgeschäfte, die ausschließlich Luxusgarne führten, gerade seien 7000 Leute einem Aufruf gefolgt, sich zum Stricken am Union Square einzufinden. Man sehe auch, so die Zeitung weiter, in der Subway oder am Flughafen, sogar bei Starbucks Frauen in Business-Kostümen stricken, die völlig in ihre Arbeit versunken seien. Und das gelte nicht nur für New York.

Verantwortlich für diese Strickbegeisterung, munkelte man, sei das *Cocooning*. So nannte man seinerzeit den Wunsch, vor einer anstrengenden globalisierten Welt in die Sicherheit des eigenen Heims zu flüchten und es sich dort nett zu machen. (Das neuste Modewort dafür ist das dänische *Hygge*.)

Inzwischen ist diese ›neue Strickwelle‹ schon so alt, dass eine neue Generation von Strickerinnen herangewachsen ist. Wenn man sie fragt, warum sie stricken, geht es äußerst selten um Weltflucht. Sie sprechen vielmehr von Entschleunigung, davon, dass sie den billig und menschenverachtend produzierten Billigklamotten etwas Nachhaltiges entgegensetzen, etwas mit eigenen Händen schaffen wollen. Dass Selbststricken viel Zeit in Anspruch nimmt, erscheint ihnen besonders erstrebenswert, dass es wegen der Garnpreise mehr kostet als billig Gekauftes, verleiht dem fertigen Stück in jedem Sinne mehr Wert. Eine junge Frau hat mir vorgerechnet, dass sie mit teurem und ungewöhnlichem Garn Dinge stricken kann, die in den Edel-Boutiquen leicht das Doppelte und mehr des Garnpreises kosten. Einen Baby Kamel-Pullover, der fertig mindestens 250 Euro koste, habe sie für etwa 85 Euro gemacht, aus einem japanischen Luxusgarn habe sie – in ihrer Lieblingsfarbe – einen federleichten Pullover gestrickt, den es so in keinem Laden gebe und der daher im Grunde unbezahlbar sei.

Videos im Internet ersetzen den Unterricht in der Schule, den es schon lange nicht mehr gibt, oder die Lehrstunden bei Müttern oder Großmüttern. Im globalen Strickforum Ravelry gibt es viele Formen von virtuellen Stricktreffs. Eine besondere ›Community‹ entsteht durch ein KAL, das ist die Abkürzung für *Knit-Along*, was etwa *Mitstricken* heißt. Dabei stricken viele Strickerinnen zur selben Zeit ein Teil nach ein und derselben Anleitung. Sie haben ein gemeinsames Strickerlebnis, können einander helfen und beraten. *Viele* kann bei einem KAL ein Grüppchen in einem Wollladen bedeuten oder, wie bei Aktionen des Star-Strickers Stephen West, Tausende rund um den Globus.

Man trifft sich zu ›echten‹ Strickrunden (die schon mal als *Knit Nite mit Klubatmosphäre* vermarktet werden), wo man wie früher zusammensitzt und klönt, oder zu gemeinsamen Unternehmungen wie Zugsocking, das sind Zugfahrten, bei denen (nicht nur) Socken gestrickt werden. Ziel der Reise ist oft ein besonders begehrter Wollladen oder ein überregionales Stricktreffen. Da kann es passieren, dass virtuelle und reale Strickerinnenwelten aufeinandertreffen: Beim Festival *Berlin Knits* wurde meine Begleiterin von einer Fremden begrüßt, die sie jauchzend mit ihrem Ravelry-Namen ansprach. Die beiden kannten sich seit Jahren aus mehreren Ravelry-Gruppen, waren sich aber noch nie persönlich begegnet. Die Fremde hatte meine Freundin an ihrem ungewöhnlichen Pullover erkannt, den sie – Sie ahnen es schon – kurz zuvor auf Ravelry präsentiert hatte.

Diese immense Strickbegeisterung hat dazu geführt, dass der Markt für Wolle und Strickzubehör heute so ausdifferenziert ist wie nie zuvor: Für Anfängerinnen und Leute mit wenig Zeit gibt es superdicke Garne, die mit Nadeln der Stärke 15, 20 oder sogar mehr gestrickt werden. Eine Wollladenbesitzerin nennt das Malen mit Wachsstiften, je dicker das Garn, umso weniger Maschen. Der (vorläufige) Höhepunkt dieses Trends ist das *Giant Knitting*, das eine in den USA lebende Ukrainerin erfunden hat. Ihre bewundernswert schönen Originalstücke sind mit 40er (!) Nadeln gestrickt, die Garne bis zu anderthalb Zentimeter dick. Angeblich strickte sie anfangs mit Besenstielen und PVC-Schläuchen. (Erinnern Sie sich an David Fougner aus dem Männer-Kapitel, der seine Hängematte mit einem alten Gartenschlauch strickte? Er war einfach nur seiner Zeit voraus.) Der logische nächste Schritt war natürlich, die Nadeln wegzulassen und gleich mit den eigenen Armen zu stricken. Bei dieser – wenig überraschend – *Armstricken* genannten Technik braucht man nur dreißig Maschen für einen ganzen Meter. Das gibt eine schöne Decke, und für mehr ist auf einem Unterarm auch kein Platz.

Der Gegentrend zu immer Größerem und Gröberem besteht in immer präziseren, kleinteiligeren Arbeiten. Fortgeschrittene, Geduldige und Ambitionierte haben eine Auswahl an feinsten Garnen aus der ganzen Welt und unbeschränkten Zugang zu traditionellen Techniken und komplizierten Anleitungen. Diese Verfügbarkeit ist in der Geschichte des Strickens absolut beispiellos. Wer sich solchen Projekten widmet, weiß, was Elizabeth Zimmermann mit dem Satz meinte, eine feine Strickarbeit schenke einer Strickerin viel mehr Stunden ihres liebsten Hobbys als ein Projekt mit dickem Garn.

Schon seit langer Zeit stricken Menschen, die es sich zeitlich und finanziell leisten können, für andere, die schlechter gestellt sind als sie selbst. Manchmal wurden sie zur Wohltätigkeit genötigt, wie die Schülerinnen eines katholischen Mädcheninternats in Bayern, die noch in den 1960er und 70er Jahren aus dünner, ungefärbter Baumwolle endlos lange Leprabinden stricken mussten, die an eine Missionsstation in Afrika geschickt wurden. Im ländlichen Norwegen gab es auf vielen Bauernhöfen ein – so nannte man es wirklich – Missionsschaf, dessen Wolle ausschließlich für Basare der örtliche Missionsgesellschaft verstrickt wurde.

Bereitwillig und gern folgten 2008 Leserinnen dem Aufruf der Zeitschrift Brigitte, für Neugeborene in Entwicklungsländern Mützchen zu stricken, um die Kindersterblichkeit zu bekämpfen. Es kamen 71 000 Babymützen zusammen, einige davon – ich gestehe, dass mich das immer noch rührt – hatte eine Bekannte von mir gestrickt, die damals gerade 100 Jahre alt geworden war. Ein weiteres Beispiel für die zahllosen wunderbaren Hilfsaktionen dieser Art sind hunderte von orangefarbenen Schals, die die Stadtmission seit einigen Jahren zu Winterbeginn in Oslos Innenstadt aufhängt. Wer einen braucht, darf sich bedienen.

Es stellt die Großzügigkeit dieser Spenden nicht in Frage, wenn man erwähnt, dass eine eifrige Strickerin bald mehr Gestricktes besitzt, als sie selbst tragen kann. Die Zahl der warmen und dekorativen Decken, die man braucht, ist endlich, auch die Aufnahmefähigkeit des nahen Umfelds erschöpft sich irgendwann. (Es sei denn, man hat, wie eine norwegische Freundin, neun Enkelkinder, die mit der Urenkel-Produktion nicht aufhören – obwohl schon zehn da sind, die sie als Urgroßmutter unermüdlich bestrickt.) Neue Betätigungsfelder können einer eifrigen Strickerin also durchaus willkommen sein.

Eine etwas ungewöhnliche Spielart der handarbeitenden Wohltätigkeit ist der Fall einer Engländerin, die 4000 Arbeitsstunden und große Mengen Wolle investierte, um herrenlosen Greyhounds zu Weihnachten überaus farbenfrohe Pullover und Bommelmützen schenken zu können. Das darf man wohl exzentrisch nennen, aber Pullover für kleine Pinguine, Hühner oder herrenlose Mischlinge, die angeblich eine wärmende Hülle brauchen, sind inzwischen nichts Ungewöhnliches mehr.

Während es sich beim Einkleiden von Tieren um eine (vielleicht etwas gewöhnungsbedürftige) Variante traditioneller Wohltätigkeit handelt, ›wärmen‹ andere Strickerinnen (und viele Häklerinnen) Türklinken, Lampenpfosten, Bänke, ja komplette Doppeldeckerbusse und Panzer. Die etwas kriegerischen Bezeichnungen *Guerilla Knitting* oder *Yarn Bombing* deuten schon an, dass es hier nicht um Wohltätigkeit geht – *bombing* ist in der Sprache der Graffitisprüher das Malen mit Sprühdosen, bei dem schnell und mit viel Farbe gearbeitet wird. Eine amerikanische Künstlerin findet *Yarn Bombing* weiblicher als die männlich dominierten Aktivitäten von Graffiti und Street Art. »Wir machen«, sagte sie, »Grafitti mit Oma-Pullovern.« Was, wenn Sie mich fragen, skurriler und zugleich niedlicher klingt als nötig.

Bei weltweiten Bewegungen, und das ist *Yarn Bombing* schon seit Jahren, ist es meist schwierig bis unmöglich, die Anfänge und Initiatoren auszumachen. Sie kennen sicher den Satz »Der Erfolg hat viele Väter«, dies aber ist eine Ausnahme, denn als Mutter dieser Idee wird immer die Texanerin Magda Sayeg genannt. Sie besaß einen kleinen Laden in Houston und an einem Tag des Jahres 2005, an dem nicht viel los war, befiel sie aus heiterem Himmel die Idee, für die Klinke der Ladentür einen blau-rosa Bezug zu stricken. Dieses bescheidene Teilchen löste bei Passanten so viel Begeisterung aus, dass sie als Nächstes den Stoppschildpfosten vor ihrem Laden einstrickte, dann einen Straßenpfosten, noch einen, noch einen ... bald gab es kein Halten mehr. Heute ist sie Textilkünstlerin, hat ein Atelier mit mehreren Angestellten und strickt (auch) für Werbekampagnen großer Unternehmen, nun aber nicht mehr von Hand, sondern mit der Maschine.

Eine ganze Reihe von Künstlerinnen arbeiten mit Gestrick, ohne Textilkünstlerinnen zu sein. Für sie sind Stricken und Wolle Arbeitstechniken und -materialien wie viele andere auch, die sie gezielt wählen, um sich des Themas ›Frausein‹ anzunehmen und es, durchaus auch ironisch, durchzuspielen. Als möglicherweise erste Künstlerin tat das Rosemarie Trockel, die in den 1980er Jahren mit ihren Strickbildern berühmt wurde. Die Kölner Künstlerin, die übrigens selbst nicht strickt und den Begriff ›Frauenkunst‹ innig hasst, steht gegenwärtig auf Platz 9 des internationalen Kunstmarkt-Rankings, fünf Plätze vor Ai Weiwei. Doch die Art, wie der offizielle Kunstbetrieb bis heute über ihre Strick-Arbeiten spricht, zeigt ebenso deprimierend wie erhellend, welche Vorurteile, ja Verachtung allen und schon gar Frauen – entgegenschlagen, die mit weiblichen Handwerkstechniken arbeiten (dabei strickte Trockel nur mit Maschinen). Ich beschränke mich zur Illustration dieser Art von Herablassung auf ein besonders unangenehmes Zitat, das sich offenkundig als eine Art Ehrenrettung für Trockel versteht: »Und doch ist Trockel keine plump-feministische Strickliese, sondern eine scharfe Beobachterin weiblicher Verhaltensmuster. Viele ihrer Werke machen deutlich, wie peinlich Frauenthemen sein können.«

Trockel selbst reagiert gelassen darauf, dass sie lange »Stricktrockel« genannt wurde: »Wenn Frauen auf ein ganz bestimmtes Material reduziert werden, dann ist das manchmal tatsächlich schwierig. Aber das liegt vielleicht auch daran, dass das noch 'ne Zeit braucht. Das glaub ich ganz bestimmt. Also es ist immer diskriminierend gemeint. Aber damit muss man leben, wenn man so was macht. Ich würde es vielleicht gar nicht machen, wenn es keine Diskriminierung mehr wäre.«

*Yarn Bombing* ist in aller Regel nicht die Ausdrucksform von Künstlerinnen, sondern von künstlerisch inspirierten und begabten Strickerinnen. Im öffentlichen Raum überrascht das Gestrick einerseits durch den Gegensatz zwischen der unpersönlichen urbanen Umgebung mit industriell gefertigtem, funktionalen ›Mobiliar‹ wie Pfosten oder Sitzbänken, und andererseits durch die Wollobjekten, die sich davon in vielerlei Hinsicht unterscheiden: Sie sind weich, handgemacht, häuslich, ja persönlich, ihre Herstellung war offenbar aufwendig, doch an diesem Ort sind sie kurzlebig; Wind und Regen machen sie unansehnlich und nagen an ihnen, manche werden von Passanten mitgenommen. Außerdem handelt es sich hier – künstlerisch hin, künstlerisch her – rechtlich gesehen um Vandalismus und kann von der Stadtreinigung entfernt werden. Da die Wollumhüllungen, anders als Graffiti, keine bleibenden Spuren hinterlassen, sind sie keine Sachbeschädigung, außerdem gelten sie, wie manches gesprühte Graffiti, als *künstlerischer* Vandalismus. Das Ganze geschieht in einer juristischen Grauzone, wirklich legal wäre es nur mit einer Straßenkünstlergenehmigung oder der amtlichen Erlaubnis für jede einzelne Aktion.

Was viele Passanten freut – und manche irritiert –, ist die offenkundige Sinnfreiheit der bunten Textilbezüge (die auch Äste, Baumstämme und Geländer überziehen können). Die Frage »Was soll das?« liegt in der Luft, nicht jede/r mag sich der Antwort »Es sieht schöner aus« anschließen – es gibt durchaus Leute, die das als ärgerliche Verkuschelung und Verkitschung ihrer Umwelt empfinden. Im größeren Kontext ist *Yarn Bombing*, manchmal auch *urban knitting* genannt, Teil einer Bewegung, die sich als »Urbanismus von unten« versteht: Bürger beginnen, sich die Stadt anzueignen und sie zu verändern. *Guerilla Knitting* ist in seinem Anspruch dem Guerilla Gardening verwandt, bei dem Einzelne oder Gruppen öffentliche Flächen durch Privatinitiativen in Gärten umwandeln.

Aber nicht jedes Stricken im und für den öffentlichen Raum soll ›nur‹ schön sein, manchmal geht es um politische Botschaften. Die Farbflächen können ein Hinweis darauf sein, dass der öffentliche Raum traditionell den Männern vorbehalten war, dass Frauenarbeit jahrhundertelang jede Form öffentlicher Anerkennung versagt wurde. Sie können auch zu einem Instrument des konkreten politischen Protests werden. 2012 strickten Frauen in Offenbach einen 465 Quadratmeter großen »Lärmteppich« und legten ihn auf einem Platz in der Innenstadt aus, um gegen eine neue Landebahn des Frankfurter Flughafens zu protestieren, von der Offenbach stark betroffen war.

Und dann gibt es eine politische Strick-Aktion aus jüngerer Zeit, die in ihrer Schlichtheit und gleichzeitiger Raffinesse einfach genial ist: die Pussyhats, die Amerikanerinnen zum ersten Mal im Januar 2017 trugen, als sie zu Hunderttausenden gegen den gerade vereidigten Präsidenten demonstrierten. Der Name der pinkfarbenen Demo-Strickmütze verbindet den Hinweis auf dessen empörende Bemerkung, er könne jede Frau in den Schritt fassen *(grab her by the pussy)* mit dem Wort »pussy«, das auch Kätzchen bedeutet; darauf beziehen sich die ›Ohren‹, die bei der rechteckig gestrickten Mütze auf dem Kopf entstehen.

Vielleicht dachten die Erfinderinnen der Mütze – wie ich es tue – an die roten Strickmützen, die während der Französischen Revolution aufkamen und als Jakobinermütze zum Symbol der Freiheit wurden. Sicher ist, dass die Signalfarbe Rot, die im politischen USA die Farbe der republikanischen Partei ist, durch ein ziemlich schrilles Pink ersetzt wurde, um den *weiblichen* Protest sichtbar zu machen. Vor allem setzt die Mütze den männlich konnotierten roten Truckerkappen und den roten Strickmützen der Präsidentenanhänger etwas entgegen. Diese Massenware ist mit dem Slogan *Make America Great Again* bedruckt und wurde in China, Vietnam und Bangladesch produziert. Die Pussyhats hingegen sind in den USA entstanden, jede wurde Masche für Masche, Reihe um Reihe von einer Frau gestrickt oder gehäkelt, um der Welt zu sagen: Nicht mit mir.

## *DER GLOBALE BAUERNMARKT*
## DIE WUNDERTÜTE RAVELRY

Am 2. Oktober 2010 bekam ich eine E-Mail aus den USA, Absender waren Jess, Casey, Mary-Heather und Sarah, die ich gar nicht kannte. Sie schickten mir einen Link, der mir Zugang zu ihrer Webseite *Ravelry* gewährte. Damit war ich die 1 046 391. Nutzerin einer Seite geworden, die mein Strickerinnenleben völlig auf den Kopf stellen sollte. Ich kann mich ehrlich gesagt kaum erinnern, wie das mit dem Stricken vor Ravelry und vor dem Internet war.

Das Kunstwort *Ravelry* spielt mit einigen Assoziationen im Englischen. *To ravel* bedeutet *sich verwickeln, sich verheddern, to unravel etwas entwirren, etwas auftrennen, etwas enträtseln*, und auch: *Gestricktes aufziehen.* In Ravelry schwingt *revelry* mit, *ausgelassenes Feiern, to revel* heißt *schwärmen, to revel in something* schließlich: *in etwas schwelgen, etwas mit wahrer Wollust tun.*

Nüchtern gesprochen ist Ravelry eine Online-Datenbank für Menschen, die sich Yarnies nennen, das sind Leute, die sich für Stricken, Häkeln, Spinnen und Weben interessieren (Sticken und Nähen gehören nicht dazu). Da es auf der Seite überwiegend um Stricken geht, rede ich hier der Einfachheit halber von Stricken und Strickerinnen.

Die Registrierung ist kostenlos, die Nutzerin gibt sich einen Ravelry-Namen und bekommt eine eigene Seite. Sie kann so anonym bleiben, wie sie will, Angaben wie Geschlecht, Namen, Alter, Wohnort, Vorlieben, Familienstand, Zahl der Kinder und Lieblingsschimpfwort sind optional, sie allein bestimmt, was sie von sich preisgibt. Von ihrer E-Mail-Adresse und dem Herkunftsland abgesehen, wissen auch die Ravelry-Betreiber über sie nur das, was auf ihrer Seite steht.

Ob und wie eine Raveler ihre persönliche Seite nutzt, ist völlig ihr überlassen. Sie kann sich anmelden, weil sie Zugang zu der Datenbank haben möchte, ohne je selbst aktiv zu werden, doch sehr viele nutzen diese Seite als persönliches Archiv. Sie speichern, welche Projekte sie begonnen und beendet haben, schreiben dazu, welche Anleitung, welches Garn und welche Nadelstärke sie benutzt haben, was sie von Anleitung und Garn halten, ob sie an der Anleitung etwas verändert haben – und falls ja, was; sie können auch Fotos von verschiedenen Arbeitsschritten und dem fertigen Projekt hinzufügen. Je mehr Details eine Strickerin auf ihrer eigenen Seite verrät, umso besser für alle Ravelers, denn das Besondere ist, dass alles, wirklich alles, was auf Ravelry eingestellt wird, allen registrierten Nutzerinnen zugänglich ist (persönliche Nachrichten natürlich ausgenommen). Die Nutzerinnenseiten sind das Herzstück von Ravelry, denn jede wird zur Informationsquelle für Millionen anderer Strickerinnen.

Das alles funktioniert so großartig, weil alles mit allem vernetzt ist. Die geniale Grundidee ist folgende: Jede Variable, die eine Strickerin interessieren könnte, ist ein möglicher Ausgangspunkt für eine Suche durch diese immense Datenbank. Auf diese Weise trägt jede aktive Nutzerin dazu bei, Ravelry vielfältiger und informativer zu machen, es entsteht ein Nachschlagewerk, das durch die Beiträge von Millionen Nutzerinnen minütlich wächst. Unlängst hörte ich in einem Wollgeschäft eine Kundin mit großem Nachdruck sagen, wer nicht bei Ravelry sei, sei einfach nur blöd. So weit würde ich nicht gehen – aber ich gestehe, dass ich es unklug finde. Man beraubt sich eines geradezu magischen Werkzeugs, dessen Vielfalt und Reichtum man erst erfassen kann, wenn man es eine Zeitlang ausprobiert hat.

Ein Beispiel: Ich besitze dreihundert Gramm Merinowolle in der Qualität DK von der Wollfärberei Rohrspatz & Wollmeise, aber mir fehlt eine Idee, was ich daraus machen könnte. Im Suchfeld *yarns* gebe ich die Wolle ein, sie hat (wie 114 000 weitere Garne) eine eigene Seite. Dort erfahre ich wichtige Details wie Lauflänge usw., mir wird auch angezeigt, dass es in der Datenbank gegenwärtig 13 500 Projekte gibt, die mit dieser Wolle gestrickt wurden. (Das beliebteste Garn mit 216 500 Projekten ist, ich erwähnte es schon, ein 100%iges Acrylgarn aus den USA.)

Auf jedes dieser 13 500 Projekte wird verlinkt, ich könnte mir jedes ansehen – aber wer will sich durch dreizehntausendfünfhundert Seiten samt Fotos klicken! Also setze ich Suchfilter ein – Garnmenge und nur eine Farbe. Maximal 300 Meter und nur eine Farbe ergeben immer noch fast 2000 Treffer. Meist gibt es ein Foto der fertigen Arbeit, ich scrolle mich durch die ersten ein- oder zweihundert, bleibe bei einer Mütze hängen, klicke auf das Bild und lande auf der Seite einer Strickerin, die sich Giskejente nennt. Sie hat die Mütze mehrmals gestrickt, Wollmeise DK, vermerkt sie, sei dafür gut geeignet, und die Anleitung namens Mahunga sei »a very easy and well written pattern for all sizes«. Über ihren Link komme ich direkt zur Seite der Mahunga-Designerin Kelly van Niekerk aus Neuseeland. Dort sehe ich, dass diese Mütze bisher an die 200 Mal gestrickt wurde, sollte ich Fragen zur Anleitung haben, könnte ich mich direkt an die Designerin, aber ebenso gut an jede der 200 Strickerinnen wenden. Die Anleitung kostet 5,36 Dollar, das ist auf Ravelry ein durchschnittlicher Preis. Die teuren kosten bis zehn Dollar und mehr, andererseits sind hunderttausende kostenlos. Ich klicke auf »buy it now«, bezahle mit einem Online-Zahlungssystem, kann die Anleitung sofort herunterladen und die Maschen anschlagen.

Viele andere Wege hätten mich zu Mahunga führen können: Über das Stichwort ›Mütze‹, über Garngewicht, Farbe, Nadelstärke; ich hätte sie auch zufällig auf einer Strickerinnen-Seite entdecken können. Wie stets im Internet, führt ein Klick zum nächsten, aber die Zahl der Querverbindungen bei Ravelry ist wirklich verblüffend. Auf der *Giskejente*-Seite sehe ich auch, dass sie mit einer *Deditte* befreundet ist. Auf deren Seite finde ich vieles, was mir gefällt, einiges davon könnte ich vielleicht eines Tages auch stricken, daher speichere ich sie in meiner persönlichen »Library« – so kann ich sie unter (derzeit) etwa 670 000 Anleitungen jederzeit problemlos wiederfinden.

*Deditte* hat angegeben, dass sie in Frankfurt wohnt, wir könnten uns also ohne großen Aufwand kennenlernen (was wir einige Zeit später tatsächlich tun). Sie gehört dreiunddreißig Gruppen an, darunter ist eine Frankfurter Gruppe, die mich natürlich interessiert, andere Gruppen widmen sich einem bestimmten Garn oder einer Designerin. Ravelry ist auch ein riesiger Chatroom mit zahllosen Foren und Gruppen zu so ziemlich allen vorstellbaren (auch sachfremden) Themen. Strickerinnen tauschen sich dort aus, manche Gruppen haben mehrere tausend Mitglieder, die über den Globus verteilt leben. In einer solchen Gruppe landet nur, wer sich aktiv für sie interessiert, Ravelers werden nicht mit Hilfe bezahlter Werbeaktionen zusammengekarrt. Die Gruppen werden von Nutzerinnen gegründet, organisiert und moderiert; wer sich mit Internet-Foren auskennt, staunt, wie selten es zu verbalen Ausrutschern, persönlichen Angriffen oder gar Hetzkommentaren kommt.

Die Gründe dafür sind (mir) nicht ganz klar. Es mag daran liegen, dass die Ravelers zwar anonym, aufgrund ihres Profils aber nicht gesichtslos sind. Der ›spirit of Ravelry‹ besteht in Interaktion und persönlicher Teilnahme sowie einer bemerkenswerten Großzügigkeit im Umgang mit dem eigenen Wissen und den eigenen Fähigkeiten. Ich finde diese Selbstverständlichkeit des Teilens einerseits ganz und gar nicht selbstverständlich, andererseits erstaunt sie mich eigentlich nicht. Eine gewisse Großzügigkeit gehört im Grunde untrennbar zum Stricken – wer strickt, verschenkt auch und denkt daher Andere mit.

Ich stelle ein Foto meiner Mahunga-Mütze auf meine Seite und erwähne, dass ich dafür knapp 100 Gramm Wolle gebraucht habe, vielleicht nützt der Hinweis einmal jemandem. Auf der Suche nach einem neuen Projekt verliebe ich mich in die Jacke einer schwedischen Designerin. Ich kaufe auch dieses Muster, schaue, welches Garn andere dafür genommen haben und entscheide mich für ein handgefärbtes in Blaugrün. Da es dieses Garn offenbar in Frankfurt nicht gibt, gehe ich auf die Website eines Münchner Ladens, von dessen Existenz ich ohne Ravelry nichts wüsste.

Dort ist ›mein‹ Garn vorrätig, ich bestelle die Stränge noch am selben Abend. Das ist ein Beispiel dafür, auf welche Weise nicht nur Strickerinnen, sondern auch Anbieterinnen von Ravelry profitieren.

Beim Stricken der Jacke kann ich die Projektnotizen anderer konsultieren. Ich sehe, dass einige Abschnitte der Anleitung nicht nur mir Rätsel aufgeben. Häufig hat aber eine Strickerin ein solches Problem schon gelöst und sich obendrein die Zeit genommen, ihre Lösung detailliert für eine Gemeinschaft von Strickerinnen zu schildern, von denen sie vielleicht keine einzige persönlich kennt. Für die Designerin ist dergleichen natürlich ein bisschen blamabel, andererseits kann sie ihr Muster verbessern und ähnliche Fehler künftig vermeiden.

Am Beginn von Ravelry stand der Wunsch einer Strickerin namens Jess Forbes, die vielen Informationen, die sie aus Publikationen und vor allem aus dem Internet bekam, übersichtlich zu organisieren: »Ich habe beispielsweise nach einer Anleitung gesucht, die zu einem bestimmten Garn oder einer Nadelstärke passte, und wusste genau, dass alles, was ich brauche, irgendwo da draußen war. Aber es gab einfach keine leicht zugängliche Stelle, wo ich es hätte finden können.« Ihr Mann Casey, von Beruf Programmierer, tüftelte eine Online-Datenbank aus, mit der sie rund um ihr Hobby alles archivieren und organisieren konnte. »Ich dachte, ich investiere ein paar Wochen und dann ist gut.« Diese Seite teilten die beiden mit einigen Strickfreundinnen. Die waren begeistert und fügten ihr eigenes Material hinzu. Die Idee zog so schnell Kreise, dass Jess und Casey wenig später ihre Stellen kündigten und nur noch an der Seite arbeiteten. Anfangs wurden sie von Nutzerspenden unterstützt, das ist schon lange nicht mehr nötig. Reich sind sie trotz des großen Erfolgs nicht, denn sie haben sich offenbar strenge Regeln auferlegt. Über solche Regeln haben sie, soweit ich weiß, nie öffentlich gesprochen, aber wenn man sieht, wie sie das Unternehmen führen, kann man die wichtigste erahnen: Es ist mit ihren ethischen Vorstellungen offenbar unvereinbar, persönliche Reichtümer anzuhäufen, indem sie die Daten der Ravelers zu Geld machen.

Konkret sieht das so aus, dass keine Nutzerprofile erstellt werden und auf den Nutzerinnenseiten keine personalisierte Werbung auftaucht, auch nicht vom Hersteller jenes zitronengelben Acrylgarns, das man sich vor Monaten einmal angesehen hat. Man muss nichts liken, man wird nicht mit Mails verfolgt, die einen bedrängen, sich mit jemandem zu befreunden, mehr zu kaufen, mehr zu spenden oder sonst etwas zu tun. Die Firma hat keine Investoren, und die zahllosen fachfremden Unternehmen, die gern an so viele Millionen Verbraucherinnen herankämen, haben keine Chance: Werben darf auf Ravelry nur, wer im engen Sinne mit dem Ravelry-Thema zu tun hat. Zu den Regeln gehört auch, dass die aktuellen ›Bestenlisten‹ – Listen wie die, welche Anleitung und welche Wolle am häufigsten verarbeitet wurden oder welche Gruppe die meisten Mitglieder hat – ausschließlich durch die Aktivitäten der Nutzerinnen entstehen. Auf Platz eins erscheint, was bei den Ravelers zu diesem Zeitpunkt am beliebtesten ist.

Den meisten strickenden Ravelers ist vermutlich nicht klar, welche immense Bedeutung die Seite für all jene hat, die in Yarnie-Bereichen arbeiten. Tatsächlich wollten Jess und Casey Forbes, als sie Ravelry 2007 in Boston gründeten, von Anfang an eine Seite machen, die den Strickerinnen ebenso nützt wie den ›Berufs-Yarnies‹, denen sie den Weg in die Erwerbstätigkeit ebnen soll. Sie wollten, wie sie sagen, selbständigen, unabhängig arbeitenden Designern und Yarnies einen Ort bieten, wo sie ihre Produkte zeigen und bekannt machen können. Bei dieser Förderung ist es geblieben, denn Ravelry behält von den Verkäufen eine sehr geringe Provision ein und hält die Anzeigenkosten so niedrig, dass wirklich jede/r sie sich leisten kann.

Ohne die Möglichkeit, die eigenen Sachen einem so großen Publikum zum direkten Kauf anbieten zu können, wäre eine Existenzgründung für viele, vielleicht die meisten Berufs-Yarnies unrealistisch gewesen. Und da die finanzielle Schwelle so niedrig ist, können sie Neues testen, ohne ein allzu großes Risiko eingehen zu müssen.

Das Internet im Allgemeinen und Ravelry im Besonderen sind der Ort, wo sich Produzent und Endverbraucher direkt, ohne einen zwischengeschalteten Groß- oder Einzelhandel begegnen. Das hat eine Reihe konkreter Auswirkungen auf das Leben der Anbieter. Sie müssen beispielsweise nicht dorthin ziehen, wo sie die meisten Kunden vermuten, sondern können ihren Wohnort (ziemlich) frei wählen und dennoch ein erfolgreiches Unternehmen aufbauen. Ganz entscheidend dafür sind Online-Zahlungssysteme, weil so bei der Verkäuferin die Bestellung zusammen mit der Zahlungsbestätigung eingeht. So kann sie die Ware – sei es digital, sei es auf dem Postweg – sofort aus der Hand geben und muss nicht um ihr Geld bangen.

Ravelry ist inzwischen das Herz der weltweiten Strick-Community und es wächst explosiv. Von Januar 2016 bis Ende März 2017, pünktlich zum zehnjährigen Bestehen des Unternehmens, stieg die Zahl der angemeldeten Nutzerinnen von (knapp) sechs auf genau sieben Millionen, täglich kommen also etwa 2800 neue hinzu und die Seite wird pro Monat etwa eine Million Mal aufgerufen. Obwohl die Sprache der amerikanischen Seite selbstverständlich vor allem Englisch ist, gab es Anfang 2017 Ravelers aus etwa 110 Ländern. In vielen dieser Länder haben Strickerinnen erst durch das Internet und vor allem durch Ravelry Muster und Techniken kennengelernt, von deren Existenz sie zuvor wegen Devisen-, Zoll- oder Zensurbestimmungen nicht einmal etwas ahnten. Man braucht nicht viel Fantasie, um sich vorzustellen, dass eines Tages alle Strickerinnen der Welt *Ravelers* sein werden.

Im Februar 2014, als sich die viermillionste Raveler registrierte, veröffentlichte Ravelry einige »fun facts« über die Seite: Montags werden die meisten neuen Anleitungen hochgeladen, freitags die meisten gekauft, sonntags die meisten neuen Projekte samt Fotos eingestellt. 2014 wuchs Ravelry alle 24 Stunden um 65 000 Forumseinträge, 7000 neue Projekte und 30 000 Fotos. Die meisten Ravelers per 10 000 Einwohner hatte damals Island – es waren 346, in Kanada waren es 90, in den USA 84. Deutschland lag mit 16 Ravelers auf Platz 14, schon an vierter Stelle stand das winzige Norwegen, das damit seinem Ruf als Stricknation gerecht wurde.

In absoluten Zahlen belegen die deutschen Nutzerinnen nach den USA und Kanada Platz drei, Anfang 2017 waren es über 27 000. Ravelry arbeitet daran, die Benutzeroberfläche ins Deutsche und Französische zu übersetzen, weitere Sprachen sind geplant, auch das geschieht, wie nahezu alles auf Ravelry, im Wesentlichen durch Freiwillige.

Ravelry hat die Welt des Strickens völlig verändert. Ich sitze immer noch allein oder mit Freundinnen strickend auf dem Sofa, aber Anleitung und Garn finde ich nicht mehr nur in meinem Stadtteil, sondern, hier passt der Ausdruck, im globalen Dorf. Dort treffe ich Menschen, die mich inspirieren, die ich um Rat fragen kann, die ihr Wissen geduldig und großzügig mit mir teilen. Sie machen mich nicht nur auf die spannendsten Designerinnen aufmerksam, sie können mir auch sagen, was deren Stärken und Schwächen sind, ob sie schmale oder großzügige Größen machen, welche Garne sie bevorzugen, wo ich die bekommen kann. Wie jedes Handwerk, entwickelt sich auch das Stricken weiter; ich lerne ständig etwas, von dem ich keine Ahnung hatte und sonst auch nie etwas erfahren hätte: Magic Loop, nahtlos gestrickte Kugelschultern, nicht rollende Abschlüsse.

Dank der Hinweise in den Foren finde ich die wunderbarsten Links im Internet: All die kostenlosen Videos auf YouTube, die mir sooft ich will (und es brauche) zeigen, wie ich eine verkürzte Reihe oder einen lettischen Zopf stricke, wie »kitchener stitch« und »linen stitch« gehen, was eine Anleitung meint, wenn sie mir einen »italienischen Anschlag« oder einen »Elizabeth Zimmerman's Sewn Bind Off« empfiehlt. Und wenn ich etwas fertig gestrickt habe, teile ich ein Foto (für das ich mir, ich gestehe es, große Mühe gebe) – und werde von Menschen gelobt, die sachkundig sind und wirklich einschätzen können, was ich gemacht habe.

Die Schriftstellerin Birgit Vanderbeke, die hervorragend stricken kann und selbst Strickkurse gibt, hat in einer Mail an mich beschrieben, wie wichtig Ravelry nicht nur für die einzelne Strickerin ist, sondern auch für das Handstricken generell:

»Vor 2006 konnte ich meine Strickideen oder -anleitungen aus zwei Quellen holen: Entweder aus sehr teuren Strickbüchern (die deutschen waren grottenschlecht, ich habe gerade wieder welche weggeworfen, die englischen, die besser waren, kannte ich gar nicht. Ich hätte sie vielleicht im Londoner Wollgeschäft Loop finden können, aber für eine Russin in Sibirien, die diese Strickbücher auch gern gelesen hätte, waren sie vollkommen unerreichbar). Die andere Quelle waren die von diversen Wollmarken herausgegebenen Muster (»man braucht 11 Knäuel Lang Yarn der Sorte XY, Nadelstärke ab 5 usw.«), solche Muster gab es auch bei Constanze, Brigitte usw.

Vor Ravelry war Stricken eigentlich erledigt. Es hatte einen sehr beschädigten Ruf von ›Alte-Oma‹ und ›démodé‹, ohne Ravelry wäre es still von der Erdoberfläche verschwunden. Tat es aber nicht, weil die Leute auf der Welt, die es mit dem Stricken haben, durch Ravelry wirklich in Kontakt miteinander kommen. Es holt jede einzeln aus der Einsamkeit ihres Tuns, verschafft ihr Anerkennung, stärkt das Selbstbewusstsein, spornt sie an, weil sich da technisch sehr viel tut.

Ravelry ist im Grunde das, was die Globalisierung hätte werden können, wenn nicht ... Die Idee ist einfach, sie funktioniert phantastisch und ist bis heute vollkommen ungewöhnlich: nur fünf Leute halten das Ding am Laufen und verdienen damit monatlich ein gutes Gehalt.«

Wenn Sie als Strickerin noch nicht bei Ravelry sind, melden Sie sich an. Lassen Sie sich vom Englisch nicht einschüchtern, es gibt viele hundert Seiten auf Deutsch, andere Ravelers helfen Ihnen, außerdem finden Sie im Internet viele zweisprachige Wortlisten für Strickbegriffe und Abkürzungen, mit denen Sie die Anleitungen verstehen werden. Wenn Sie schon bei Ravelry sind, dann teilen Sie bitte, was Sie gemacht haben. Geben Sie so viele Details an wie möglich, beschreiben Sie vielleicht sogar Ihren Arbeitsprozess samt eventueller Schwierigkeiten und Lösungen. Das ist es nämlich, was uns Ravelers zu einer so starken Gemeinschaft macht.

Am Ende dieses Kapitels schulde ich Ihnen ein Geständnis. Meine Mahunga-Geschichte ist zwar real, aber ein wenig geflunkert. *Giskejente* bin ich selbst.

# EINE NACHBEMERKUNG

Das Material für dieses Buch habe ich über viele Jahre und aus zahllosen Quellen zusammengetragen. Ich habe im Text meist vermerkt, woher eine Information stammt, alles, was ich wörtlich übernommen habe, ist als Zitat gekennzeichnet. Doch es wäre völlig unsinnig, all das mit Hunderten von Fußnoten nachweisen zu wollen. Stattdessen führe ich am Ende des Buches einige Autorinnen, Bücher und Blogs auf, von denen ich – nicht nur für dieses Buch – sehr profitiert habe. Ihnen und vielen anderen, die ungenannt bleiben, verdanke ich sehr viel. Mein Buch baut auf ihrer Arbeit auf; ohne sie hätte ich es nicht schreiben können.

Ganz besonders aber danke ich den Menschen in meinem Leben, die das Buch möglich gemacht, die mich ermutigt, belehrt, beraten und berichtigt haben: Margret von Allwörden, Martina Behm, Anne Benoit, Regine Elsässer, Susanne Gretter, Jule Kebelmann, Ursula Köhler, Lothar Ruske, Margit Schönberger, Judith Thiery, Birgit Vanderbeke.

Noch eins: Ich habe beim Schreiben durchgehend die weibliche Form benutzt – es sei denn, es geht wirklich nur um Männer.

## EINIGE NAMEN

Kate Davies. Schottische Historikerin, Designerin und Bloggerin. Ihr besonderes Interesse gilt den Stricktraditionen Schottlands und der Shetlandinseln. (https://katedaviesdesigns.com)

Jared Flood. Amerikanischer Designer, Gründer und Eigentümer der Firma Brooklyn Tweed, die Anleitungen für klassische Stricksachen sowie in den USA gefertigte Strickwolle verkauft. (https://www.brooklyntweed.com/)

Tina Hees. Deutsche Designerin. Schrieb bis Anfang 2016 einen außerordentlich informativen Blog über Theorie und Praxis des Strickens. Die Einträge sind noch abrufbar. (http://tichiro.net/)

Stephanie Pearl-McPhee. Kanadische Designerin, Schriftstellerin und Bloggerin, auch bekannt als *The Yarn Harlot*. Ihre Bücher zu Strickthemen haben es auf die Bestsellerliste der *New York Times* geschafft. (http://www.yarnharlot.ca/)

Richard Rutt (1925 –2011). Englischer Geistlicher und eine Kapazität auf dem Feld des Handstrickens. Von ihm stammt das Standardwerk *A History of Hand Knitting* (1987). Seine umfangreiche Strickbibliothek vermachte er der Winchester School of Art an der University of Southampton.

Annemor Sundbø. Norwegische Fachfrau für Textilgeschichte, vor allem in Norwegen. Besitzt die vermutlich größte Sammlung alter Handstrickstücke aus allen Teilen des Landes. (https://annemor.com/; auf Englisch: https://annemor.com/english/)

Elizabeth Zimmermann. (1910 –1999). Gebürtige Engländerin, die in den USA lebte. Designerin und Lehrerin, die das Handstricken in vielerlei Hinsicht revolutionierte. (Die Webseite des 1958 von ihr gegründeten Unternehmens: http://www.schoolhousepress.com/)

Und außerdem:

Victoria and Albert Museum, London. Museum für angewandte Kunst mit einer überwältigenden Sammlung historischer und zeitgenössischer Textilien.

## EINIGE BUCHTITEL

Das Material für dieses Buch habe ich über viele Jahre und aus zahllosen Quellen zusammengetragen. Ich möchte Ihnen einige wenige Autorinnen, Bücher und Blogs nennen, von denen ich viel profitiert habe.

Sandy Black, Knitting: Fashion, Industry, Craft. V&A Publishing, London 2012.

Kate Davies. Alle Bücher, denn sie verbindet ihre Ausbildung als Historikerin mit dem Beruf der Strickdesignerin, sowie ihren Blog auf https://katedaviesdesigns.com

Sylvia Greiner. Kulturphänomen Stricken. Verlag Bernhard Albert Greiner, Weinstadt 2002/2011.

Tina Hees mit ihrem Blog tichiro.net. Sie bloggt nicht mehr, aber die außerordentlich informative Seite ist noch zugänglich.

Lela Nargi, Knitting Around the World: A Multistranded History of a Time-Honored Tradition. Voyageur Press, Minneapolis 2011.

Stephanie Pearl-McPhee mit all ihren Büchern und ihrem Blog www.yarnharlot.ca. Niemand schreibt so unterhaltsam und dabei so kenntnisreich über Stricken wie sie.

Richard Rutt, The History of Hand Knitting. BT Batsford Ltd, London 1987.

Elizabeth Zimmermann. Einfach nur: Alles.

Susan M. Strawn und Melanie Falick, Knitting America: A Glorious Heritage from Warm Socks to High Art. Voyageur Press, Minneapolis 2007.

Viel gelernt habe ich aus folgenden norwegischen Büchern:

Anne Bårdsgård, Selbuvotter. Museumsforlaget, Trondheim 2016. Das Buch enthält Bilder von vielen hundert verschiedenen Handschuhen sowie zahllose Zählmuster, die auch Strickerinnen in Ekstase versetzen werden, die kein Norwegisch können.

Silje Een de Amoriza und Ingrid Myrstad, Vintagestrikk. Strikkeoppskrifter for smarte klær til alle og enhver, 1935-1955. Spartacus, Oslo 2013. (Ein Buch über die Entwicklung des Strickens seit 1935.)

Eva Lutnæs, Plantefarging, Farg garn med vekster fra naturen. Vigmostad Bjørke, Bergen 2015. (Ein informatives und schön gemachtes Buch über das Färben mit Pflanzen.)

Annemor Sundbøs Bücher über norwegische Stricktraditionen, von denen einige auf Englisch erschienen sind.

## ABBILDUNGSTEXTE

S. 1 Dieses Bild eines zornig blickenden Mädchens, das mit ausgefahrenen Ellbogen und weit gespreizten Beinen strickte, war sicher auch 1938 schon amüsant – als gut erzogen galt so etwas aber nicht. Wie ein Mädchen beim Handarbeiten sitzen sollte, sehen Sie auf Seite 104.
Die Grafikerin Mary Highsmith ist übrigens die Mutter der Schriftstellerin Patricia Highsmith.

S. 8 Die elegante Schöne stammt von dem spanischen Künstler Jesuso Ortiz, der in seine kleinen Zeichnungen immer Gegenstände einbezieht.

S. 12 Das Detail einer Babydecke, die ich nach einer Anleitung der Norwegerin Ann Myhre gestrickt habe.

S. 24 Der Strumpf entstand etwa im 12. Jahrhundert n. Chr. in Ägypten; er ist eines der ältesten Strickstücke, die bisher gefunden wurden.

S. 42 Die Wollen stammen (oben links beginnend) von den Schafrassen Texel, Schwarzkopf aus Brandenburg, Coburger Fuchs; in der Mitte: Swaledale, Finn aus Smaland, Gotland aus Lüneburg; untere Reihe: Blue Faced Leicester, Corriedale, Jakobs.

S. 49 Zum Stricken braucht man außer Garn und Stricknadeln noch dieses und jenes: Dies sind einige meiner Utensilien, ein wichtiges fehlt – mein iPad, das mich über zahllose Webseiten und vor allem über Ravelry jederzeit mit der Welt der Strickerinnen verbindet.

S. 56 Eine »Ausbeute« der Handfärberin Christina Dieterle, die in der Nähe von Stuttgart lebt und seit geraumer Zeit mit Pflanzenfarben färbt.

S. 66 Dieses Foto gehört der Weltmeisterin im Schnellstricken, Hazel Tindall. Es entstand um 1930 in Northmavine, Shetland, abgebildet sind drei Tanten von Hazel und zwei Nachbarinnen.

Alle halten den Knäuel mit dem rechten kleinen Finger, das
Garn läuft über den linken Zeigefinger. Diese Technik heißt
in Großbritannien noch heute »kontinental«.

S. 72 Die Szene aus einem Dorf im englischen Yorkshire, wo alle
immer strickten, entstand 1814.

S. 80 Diese vier Handschuhpaare zeigen eindrücklich, wie grob
die heutigen Selbu-Handschuhe im Vergleich zu den detailreichen Originalen sind.

S. 87 Drei Generationen in Fair-Isle-Gestricktem – die Aufnahme
entstand 1970 in Lerwick, der Hauptstadt der Shetlandinseln.

S. 93 Ein Stück Strick-Globalisierung: Diane Thomsen, die Strickerin dieser Mütze, lebt im amerikanischen Bundesstaat Minnesota. Das Schildchen erläutert, dass das Muster durch verschiedene Techniken inspiriert wurde, u. a. durch den Designer Kaffe
Fasset und die schwedische Bohus-Tradition.

S. 104 Das Gemälde des dänischen Malers P. S. Krøyer von 1881
zeigt Heinrich und Pauline Hirschsprung mit ihren vier Söhnen und der Tochter Ellen. Vater und Söhne beschäftigen sich
schauend und lesend mit der Welt jenseits der Terrasse, während Mutter und Tochter handarbeiten und in Türnähe sitzen,
was sie mit dem Heim und dem Privaten verbindet.

S. 124 Ein Blick auf den Schreibtisch des amerikanischen Strickdesigners Jared Flood.

S. 134 und 139 Die schottische Designerin Kate Davies hat diese
Strickjacke auf einem Flohmarkt gefunden. Sie stammt aus
den 1930er Jahren und ist nicht nur hervorragend gestrickt,
sondern auch äußerst sorgfältig repariert.

S. 142 Das Besondere an diesem Foto ist, dass es 1927 in Ardara in
Nordwestirland und nicht, wie man vermuten könnte, in Schottland fotografiert wurde. Dennoch hat der Pullover das klassische Muster der schottischen Fair Isles – mit Ausnahme des
breiten Mittelstreifens: Der ist einzigartig und wurde vermutlich von der jungen Frau selbst ersonnen.

S. 145 Eine Küche mit Strickmaschine – das seltene und eindrückliche Bild der Heimarbeit auf den Shetlands stammt von 1979.

S. 148 Eine Doppelseite aus Heft 1 der Zeitschrift *Constanze Strickmoden* von 1951.

S. 152 Die Original-Musterkarte für das legendäre Bohus-Modell *Blå skimmer*. Anna-Lisa Mannheimer-Lunns Entwurf von 1949 verbindet acht Blau-, Grau- und Grüntöne. Als Wollqualität sind *eja- och angoragarn* angegeben; *Eja* steht für *Emma Jacobsson angora*, ein von der Bohus-Begründerin geschaffenes Garn aus 30% Angora und 70% Wolle einer schwedischen Schafrasse.

S. 164 Die Skizze stammt von Kate Davies, die von sich sagt, dass Zeichnen nicht zu ihren Stärken gehöre. Mit dieser entzückenden »visuellen Notiz« begann die Entwurfsarbeit für ein Pullover mit Rundpasse, dem sie den Namen *Port Charlotte* gab.

S. 171 Eine Doppelseite aus der amerikanischen Zeitschrift *Woman's Day* von 1955: In dem Artikel erklärt Elizabeth Zimmermann den Leserinnen, mit welchen Kniffen auch sie ein solches Meisterstück stricken können.

S. 176 *Yarn Bombing* oder *Guerilla Knitting* – zwei von vielen Namen für die Kunst, Gestricktes in den öffentlichen Raum zu bringen. Als ich an Silvester 2015 am Berliner Friedrich-Wilhelm-Platz aus der U-Bahn kam, sah ich diesen geschmückten Baum. Die Installation hat mich bezaubert, falls ihre Schöpferinnen das lesen sollten: Vielen Dank.

S. 188 Die chilenischen *Hombres Tejedores*: Die Gruppe demonstriert mit Anzug, Schlips und Stricknadeln gegen Geschlechterstereotypen.

S. 193 Der Mann in einer (selbst?) gestrickten Badehose, der einen schönen Ärmel strickt, ist ein deutscher oder italienischer Seemann. Die USA beschlagnahmten im Zweiten Weltkrieg Schiffe der Kriegsgegner und internierten die Besatzungen. Diese Aufnahme entstand in einem solchen Lager im Bundesstaat North Dakota.

S. 198 Schauspielerin Bette Davis strickte nicht nur, wie hier in dem Film *Reise aus der Vergangenheit* von 1942, für die Kamera, sie strickte und häkelte auch »im wahren Leben«.

S. 208 Am 21. Januar 2017 demonstrierten in Washington, D. C., etwa 500 000 Menschen für die Rechte von Frauen. Das Symbol dieser Bewegung ist der pinkfarbene »Pussyhat« – jede Mütze ist ein gestricktes oder gehäkeltes Unikat.

S. 222 Ein Ausschnitt aus meiner eigenen Ravelry-Seite.

S. 234 In den 1960er Jahren in Norwegen: meine Großmutter, meine Mutter und ich. Die Jacke hat meine Mutter gestrickt.

S. 236 Wer sagt, dass man Glück nicht kaufen kann? Ich hatte dieses Garn – madelinetosh DK – im Internet gesehen und in London bestellt. Als ich den Karton öffnete, war ich von seiner Schönheit so überwältigt, dass ich vor Glück fast geweint hätte.

S. 240 Das Shetland-Foto von 1939 ist nicht gestellt. Das kleine Mädchen mit einem (fast) ebenso großen Strickzeug heißt Chrissie Cheyne. Es trägt einen Strickgürtel und arbeitet wirklich an diesem Strickstück.

# BILDNACHWEISE

S. 1: *Home Arts*, Februar 1938.

S. 8: Jesuso Ortiz.

S. 12, 49, 80, 176, 222, 234, 236: Archiv Ebba Drolshagen.

S. 24: The Textile Museum, Washington, D. C., Inv.Nr. 73.698. George Hewitt Myers erwarb den Strumpf 1953.

S. 42: Jule Kebelmann.

S. 56: Cerid Christina Dieterle.

S. 66: Shetland Museum and Archives, Lerwick, Shetland.

S. 72: George Walker, *A Group of People*, 1814 © British Library, London, © British Library Board / Bridgeman Images, Berlin.

S. 87: Chris Morphet/Kontributor (Redferns)/Getty Images.

S. 93: Diane Thomsen.

S. 104: Sammlung Hirschsprung, Kopenhagen.

S. 124: Jared Flood.

S. 134 und 139: Tom Barr, www.ootlier.com

S. 142: Clifton R. Adams/National Geographic.

S. 145: Alamy Stock Foto.

S. 148: Foto der Zeitungsdoppelseite: Martina Hees.

S. 152: Bohusläns Museum, Uddevalla, Schweden.

S. 164: Tom Barr, www.ootlier.com

S. 171: © Hearst Communications Inc., New York. Abdruck mit freundlicher Genehmigung von Meg Swansen, www.schoolhousepress.com

S. 188: Hombres Tejedores, Santiago, Chile.

S. 193: Franklin D. Roosevelt Library, New York, National Archives and Records Administration (NARA).

S. 198: Bette Davis und Lee Patrick in *Now, Voyager* (1942), Regie: Irving Rapper, Warner Bros.

S. 208: REUTERS/Shannon Stapleton/T.

S. 240: Shetland Museum and Archives, Lerwick, Shetland.